Grammaire expliquée du français contemporain

Marguerite Mahler

Framingham State College
Ecole française, Middlebury College

Grammaire expliquée du français contemporain,
deuxième édition revue

First published in 1995 by
Canadian Scholars' Press Inc.
180 Bloor St. W., Ste. 402,
Toronto, Ontario M5S 2V6

Original material © 1995 by Marguerite Mahler and Canadian Scholars' Press Inc. All rights reserved. No reproduction, copy or transmission of this publication may be made without written permission.

First published 1992
Reprinted with corrections 1993
Second revised edition 1995

Canadian Cataloguing in Publication Data

Mahler, Marguerite, 1945–
    Grammaire expliquée du français contemporain

Rev. 2nd ed.
For English-speaking students of French as a
second language.
Includes index.
ISBN 1-55130-068-0

1. French language – Grammar. 2. French language – Grammar – Problems, exercises, etc. 3. French language – Text-books for second language learners – English speakers. * I. Title.

PC2112.M35   1995   445   C95-930167-4

Cover design by Brad Horning

Printed and bound in Canada

TABLE DES MATIÈRES

Avant-Propos	iii

I. LA PHRASE

Notions préliminaires	1

II. LE GROUPE NOMINAL

Vue d'ensemble	7
1. Le nom	11
2. Le genre des noms	15
3. Le nombre des noms	21
4. La nominalisation	25
5. Les déterminants	29
6. L'article défini	35
7. L'article indéfini et partitif	43
8. L'adjectif possessif	49
9. L'adjectif démonstratif	53
10. L'adjectif interrogatif et exclamatif	57
11. L'adjectif numéral	61
12. L'adjectif indéfini	67
13. L'adjectif qualificatif	73
14. Le complément du nom et de l'adjectif	83

III. LE VERBE ET LA CONJUGAISON

Vue d'ensemble	87
15. Le sujet du verbe	95
16. Le présent de l'indicatif	99
17. Le futur simple	109
18. Le passé composé	115
19. L'imparfait	123
20. Le passé composé et l'imparfait	127
21. Les temps relatifs: Le futur antérieur, le plus-que-parfait, le passé surcomposé....	135
22. Les temps littéraires: le passé simple et le passé antérieur	141
23. L'impératif	145
24. Le conditionnel	149

IV. LE GROUPE PRÉPOSITIONNEL ET ADVERBIAL

Vue d'ensemble	153
25. Les prépositions	155
26. Les adverbes	161
27. La négation	169
28. Les degrés de la comparaison	177
29. Le superlatif	183

V. LE SYSTÈME PRONOMINAL

Vue d'ensemble	187
30. Les pronoms personnels sujets	191
31. Les pronoms personnels compléments d'objet direct (COD)	195
32. Les pronoms personnels compléments d'objet indirect (COI)	201
33. Le pronom *en*	207
34. Le pronom *y*	211
35. Les pronoms réfléchis	215
36. Les pronoms toniques	219
Récapitulation de l'emploi des pronoms personnels	222
37. Les pronoms interrogatifs	227
38. Les pronoms relatifs	235
39. Les pronoms démonstratifs	243
40. *C'est, il est* et les présentatifs	247
41. Les pronoms possessifs	253
42. Les pronoms indéfinis	257

VI. LES PROPOSITIONS

Vue d'ensemble	261
43. Le subjonctif	265
44. Le subjonctif et les complétives	269
45. Le subjonctif et les subordonnées circonstancielles	277
46. L'infinitif	285
47. Le participe présent	293
48. Le discours indirect	297
49. La voix passive	303
50. L'accord du participe passé	307
APPENDICE	315
INDEX	323

Avant-propos

Beaucoup d'apprenants, après quelques semestres d'apprentissage, souhaitent une étude plus systématique des formes et des structures du français contemporain. Cet ouvrage s'adresse aux étudiants désireux de construire un savoir grammatical et de parfaire leur compétence linguistique. Il s'adresse également aux nombreux professeurs qui recherchent une petite grammaire commode et actuelle.

La terminologie grammaticale, que l'on ne peut éviter dans ce genre d'ouvrage, est en harmonie avec celle des manuels de français langue première. C'est dans le domaine des explications que l'utilisateur trouvera des innovations. Nous soulignons, en particulier, la description de l'opposition du passé composé et de l'imparfait et l'incorporation systématique des adverbes et des expressions de temps et de durée dans le domaine de la concordance des temps. Les explications sont présentées dans une langue volontairement simple et qui tient compte, dans la mesure du possible, de la spécificité de la langue orale et écrite ainsi que des divers niveaux de langue.

Le public auquel ce manuel est destiné étant en majorité anglophone, nous avons donné l'équivalent anglais d'un exemple, là où une traduction s'avérait plus naturelle qu'une longue explication. De même, chaque fois que l'occasion a semblé bonne, nous avons indiqué les structures ou séquences non permises de la langue, que nous avons mises à l'écart du texte, entre crochets. Il nous a paru utile également de schématiser les phénomènes présentés et de regrouper les formes et les séquences dans de nombreux tableaux.

La *Grammaire expliquée* est accompagnée de nombreux exercices dont le but est de sensibiliser l'apprenant aux problèmes de formes et d'usage et de susciter chez lui une expression conforme aux normes de la langue.

Je tiens à remercier les étudiants de l'Ecole française de Middlebury College et les étudiants de l'Institut d'Etudes Françaises pour Etudiants Etrangers d'Aix-en-Provence qui ont participé au banc d'essai de cet ouvrage. Je remercie également Pierre Haillet (The University of Toronto), Catherine Masson (Wellesley College), Mary Perramond (James Madison University), Christine Valéro (Middlebury College et Columbia University à Paris) de leur précieux soutien et de leurs remarques judicieuses. Je ne voudrais pas non plus oublier les lecteurs anonymes dont la lecture minutieuse a contribué à parfaire la mise au point de cette grammaire.

I. La phrase
Notions préliminaires

A. La phrase. La phrase est un assemblage de mots qui présente une unité de sens et une certaine organisation. A l'écrit, la phrase commence par une lettre majuscule et se termine par un point [.], un point d'interrogation [?], un point d'exclamation [!] ou des points de suspension [...].

1. La phrase simple - Une phrase peut avoir un ou plusieurs verbes. Une phrase qui n'a qu'un verbe est dite 'simple'.

> Paul **dort**.
>
> Je vous **accompagnerai** en voiture jusqu'à Lyon.
>
> Il y **a eu** un tremblement de terre à San Francisco en octobre 1989.

La phrase simple doit comporter tous les éléments indispensables. Les phrases ci-dessous ne sont pas acceptables parce que le verbe demande un complément.

> Paul veut [?].
> Paul veut **des vacances**.
>
> Eric dit [?] à son copain.
> Eric dit **tout** à son copain.
>
> La mère a permis [?] de sortir.
> La mère a permis **à ses enfants** de sortir.
>
> Les enfants vont [?].
> Les enfants vont **à l'école.**

2. La phrase complexe - La phrase complexe comprend deux ou plusieurs verbes. Le verbe principal est normalement conjugué. Les autres verbes se présentent, selon le contexte syntaxique, sous la forme d'un verbe conjugué, d'un infinitif ou d'un gérondif.

> Marie **a dit** en **partant**
> ... de ne pas l'**attendre**.
> ... qu'elle **rentrerait** tard.
> ... où elle **allait**.
>
> Marie **a dit** *(verbe principal conjugué)* en **partant** *(gérondif)* ... de ne pas l'**attendre** *(infinitif)* ... qu'elle **rentrerait** *(verbe conjugué)* tard ... où elle **allait** *(verbe conjugué)*.

3. La phrase réduite - Pour des raisons d'économie, certaines phrases se construisent autour d'un verbe sans sujet, autour d'un nom sans verbe ou autour d'un attribut sans copule.

- LA PHRASE INFINITIVE : un verbe sans sujet.

  > **Répondre** à toutes les questions par une phrase complète.
  > Moi, **avoir dit** cela!
  > Qui **croire**? Que **faire**? Où **aller**?

- LA PHRASE NOMINALE : un nom sans verbe.

  > **Prière** de ne pas toucher aux meubles.
  > **Attention** au chien méchant.
  > Ce soir, **grand spectacle** sur la place du village.
  > **Quel temps!**
  > **Quels copains!**

- LA PHRASE ADJECTIVE : un attribut sans la copule *être*.

  > **Curieux** ce type!
  > **Heureux** les humbles!
  > **Finies** les vacances!

B. Les types de phrases. Une phrase est soit un énoncé, soit une question, soit un ordre, soit une exclamation. Ces types ne peuvent pas se combiner entre eux.

- LA PHRASE DÉCLARATIVE

  > Nous aimerions visiter l'Afrique.
  > J'ai des amis qui habitent au Sénégal.

- LA PHRASE INTERROGATIVE

  > Connaissez-vous la géographie de l'Europe?
  > Quelle est la capitale du Canada?

- LA PHRASE IMPÉRATIVE

  > Visitez la Provence.
  > Avouez que vous aimez voyager.

- LA PHRASE EXCLAMATIVE

  > Quel beau pays!
  > Comme il fait froid!

C. L'ordre des éléments dans la phrase. L'ordre normal des éléments de la phrase déclarative est : le sujet, le verbe, le complément d'objet direct (COD) et le complément d'objet indirect (COI). L'ordre peut changer pour des raisons de rythme ou de mise en relief. La présence de certaines conjonctions rend l'inversion obligatoire.

1. L'ordre normal - Par convention, on place les compléments circonstanciels (C. CIRC.) après les compléments d'objet (COD, COI).

SUJET	VERBE	COD	COI	C. CIRC.
Claire	dit	la vérité		
Anne	a donné	son adresse	à Denise	dans le train.

2. La permutation des compléments

- LES COMPLÉMENTS D'OBJET : on renverse l'ordre des compléments d'objet si le complément d'objet direct est sensiblement plus long que le complément d'objet indirect ou si le complément d'objet direct est une proposition.

SUJET	VERBE	COI	COD
On	a écrit	à Simone	une longue lettre terrifiante.
Jean	a promis	à son père	de travailler sérieusement.
Tu	as dit	à Paul	qu'il était trop sérieux.

- LES COMPLÉMENTS CIRCONSTANCIELS : les compléments circonstanciels ne sont généralement pas indispensables à la structure de la phrase et sont, par conséquent, plus mobiles. L'importance que l'on attache à certaines circonstances détermine l'ordre.

    Où - quand - comment ?
    Viens me chercher [**à la gare de Lyon**] [**le jeudi 16, à 14 h.**] [**en voiture**].

    Comment - quand - où ?
    Viens me chercher [**en voiture**] [**le jeudi 16, à 14h.**] [**à la gare de Lyon**].

    Quand - où - comment ?
    Viens me chercher [**jeudi**] [**à la gare de Lyon**] [**en voiture**].
    [**Jeudi**], viens me chercher [**à la gare de Lyon**] [**en voiture**].

- LA MISE EN RELIEF : un groupe de mots peut être placé en tête de phrase à l'aide de *c'est ... qui* ou *c'est ... que* ou par dislocation.

    C'est notre équipe qui a gagné.
    C'est toi que j'aime.
    C'est tout de suite qu'il faut agir.
    Ce type, nous l'avons vu à la gare.
    Courageux, ils le sont sûrement.

3. L'inversion du sujet et du verbe

- LES PHRASES INTERROGATIVES : l'inversion du sujet et du verbe est caractéristique des phrases interrogatives.

    Avez-vous des nouvelles de vos amis du Proche-Orient?
    Votre soeur **est-elle** rentrée du Brésil?

> Comment **vont-ils** faire pour s'enfuir?
> Pourquoi ce candidat **serait-il** différent des autres?

- LES INCISES : l'ordre des mots est également inversé dans les propositions qui indiquent qu'on rapporte les paroles de quelqu'un.

> Nous avons été contactés, **a annoncé le président**.
> Les êtres humains, **dit-on**, sont raisonnables.
> Il faudra, **dis-je**, que je finisse mon histoire.

- CERTAINES LOCUTIONS ADVERBIALES : certaines locutions adverbiales entraînent l'inversion du sujet et du verbe. Les plus courantes sont : *à peine, peut-être, aussi, ainsi, encore, sans doute, du moins, au moins, de même*.

> Peut-être **les enfants voudront-ils** nous accompagner.
> Aussi **faudra-t-il** prévenir leur mère.
> De même **devrions-nous** avertir leur père.
> Sans doute **seront-ils** en retard.
> Encore **faut-il** savoir pourquoi.

- UN ADVERBE DE TEMPS OU DE LIEU : le sujet se met facultativement après le verbe lorsque la phrase commence par un adverbe de temps ou de lieu.

> A ce moment-là, **est apparu un chevalier inconnu**.
> Là **sont tombés tous les soldats du premier régiment**.

- LA LONGUEUR DU SUJET : l'ordre sujet-verbe est souvent inversé lorsque le sujet est long comme dans les énumérations. On rencontre également l'inversion dans les relatives. Cela permet d'ajouter une expansion au nom et d'éviter la contiguïté de deux verbes de propositions différentes.

Une énumération

> Ont été admis avec mention : **Garnier Paul, Depardieu Marie, Lalonde Jacques, Valier Flora.**

Une expansion

> Les problèmes [qu'**ont les jeunes que vous rencontrez dans les rues des capitales occidentales**] sont décrits dans ce livre.

Plutôt que:

> Les problèmes [que **les jeunes que vous rencontrez dans les rues des capitales occidentales ont**] sont décrits dans ce livre.

EXERCICES

A. Mettez entre parenthèses les mots ou les groupes de mots qui ne sont pas essentiels à la phrase.

1. Nous partons tous pour trois mois.

2. Le train en provenance de Nantes arrive à l'instant.

3. Un de mes amis vient de s'acheter une petite voiture très économique.

4. Mon neveu, qui travaille chez Renault, va se marier.

5. Nous avons promis à nos parents que nous serions à l'heure.

6. Je voudrais bien que tu m'écoutes!

B. Indiquez si chacune des séquences données présente une unité de sens. Sinon, indiquez ce qui manque.

1. Quelle comédienne
2. Nous avons 50
3. J'espère que tu vas
4. L'ordinateur que j'ai acheté et dont je t'ai parlé la semaine dernière
5. Je sors
6. Garder la droite
7. Je le leur ai dit

C. Indiquez si les phrases suivantes sont des phrases simples, des phrases complexes ou des phrases réduites.

1. La question des dissidents a pesé sur les quatre jours de la visite du Premier ministre dans cet état de l'Asie orientale.

2. La visite du chef d'Etat a été marquée une nouvelle fois par une série de manifestations.

3. Sa musique parle au coeur de millions de jeunes qui ressentent le malaise que causent la violence, les divorces, la drogue, le sida et le chômage.

4. Il est toujours plus facile d'exploiter les craintes et les peurs que de faire renaître l'espoir.

5. Demain soir, bal masqué à 19 heures dans le grand salon du château.

6. Pendant plusieurs mois, le professeur Deshayes, en collaboration avec le professeur Dufresne, a mené des expériences en parallèle avec celles du docteur Smith, de l'Institut national de la santé.

D. Indiquez si les éléments dans chaque phrase suivent l'ordre normal. Sinon, justifiez la transformation.

1. Ils ont persuadé le chef de l'entreprise de leur accorder six semaines de vacances.

2. Il a fait de nos recommandations un ensemble harmonieux qu'il a présenté à l'assemblée.

3. Demain, nous prendrons l'avion de huit heures pour Dakar.

4. Peut-être auraient-ils dû nous avertir des risques que nous courions.

5. C'est de nous que vous parlez?

6. Elle s'est décidée à partir pour l'étranger.

II. Le groupe nominal
Vue d'ensemble

A. Le groupe nominal. Ce groupe se compose d'un élément essentiel, le nom, et des expansions de ce nom. Les expansions sont de trois types : l'adjectif qualificatif, le complément du nom et la proposition relative. Le groupe nominal peut se présenter sous la forme réduite du pronom.

> **Le chien** aboie *(barks)*.
> **Le chien méchant** aboie.
> **Le chien des Dupont** aboie.
> **Le chien que je viens d'acheter** aboie.
> Il aboie.

LE GROUPE NOMINAL

Déterminant	NOM	Expansions
Défini l'article défini l'adjectif possessif l'adjectif démonstratif l'adjectif interrogatif **Indéfini** l'article indéfini, partitif l'adjectif numéral l'adjectif indéfini une expression de quantité	LE NOM	l'adjectif qualificatif, participe, verbal le complément du nom la proposition relative

B. Les éléments antéposés. Le nom commun est généralement déterminé. Il existe plusieurs catégories de déterminants, comme l'indique le tableau ci-dessus (voir chapitre 5).

1. **Les déterminants définis**

   | **le** chien | **ce** chien | **mon** chien | **quel** chien |

2. **Les déterminants indéfinis**

   | **un** chien | **des** chiens | **plusieurs** chiens |
   | **dix** chiens | **quelques** chiens | **beaucoup de** chiens |

C. Les éléments postposés. Une expansion est un groupe syntaxique que l'on ajoute facultativement au nom pour le modifier, le compléter ou le préciser. Ces expansions appartiennent à diverses catégories grammaticales.

1. Les adjectifs - Les adjectifs qualificatifs se placent généralement après le nom. Certains, toutefois, le précèdent. Dans un groupe nominal, l'adjectif participe ou verbal est postposé (voir chapitre 13).

- L'ADJECTIF QUALIFICATIF

    | Un chien **méchant**
    | Certains **petits** chiens **mignons** et **calmes**

- L'ADJECTIF PARTICIPE OU VERBAL

    | Des chiens bien **dressés**
    | Un chien **obéissant**

2. Le complément du nom - Le complément du nom est un groupe prépositionnel qui se place, sans exception, après le nom qu'il détermine (voir chapitre 14).

| La maison **des Dupont**   Un mur **en pierre**
| Une maison **de retraite**   Une machine **à écrire**

3. La proposition relative - La proposition relative se place toujours après le nom qu'elle complète (voir chapitre 38).

| C'est le type **qui a épousé ma cousine.**
| C'est le cousin **que tu connais.**
| C'est le voisin **dont je t'ai parlé.**

D. Les fonctions du groupe nominal. Le groupe nominal peut occuper la position sujet, objet du verbe ou objet d'une préposition.

- SUJET DU VERBE

    | **Trois gros chiens** aboient.
    | **Beaucoup d'enfants** ont peur des chiens.

- COMPLÉMENT D'OBJET DIRECT DU VERBE

    | J'ai vu **la jolie petite maison de ton cousin.**
    | Nous connaissons **les gens qui ont acheté la maison de vos voisins.**

- OBJET DE LA PRÉPOSITION

    | Il pensait souvent à **la jolie petite maison qu'il avait vue.**
    | Le chien circulait parmi **les invités.**

EXERCICES

A. Identifiez les expansions du nom (adjectif, complément prépositionnel, proposition relative) et indiquez à quel nom elles se rattachent.

1. un vieux marchand de meubles anciens
2. une curieuse aventure dont on se souviendra longtemps
3. deux longs murs de brique(s) sans ouverture
4. quelques feuilles de travail indispensables

B. Identifiez la fonction des groupes nominaux en italique : sujet, cod, complément d'une préposition.

Si vous voulez acheter (1) *une petite propriété ou un château*, vous n'avez qu'à consulter (2) *les petites annonces* (3) *dans les pages spécialisées des journaux et des magazines*. (4) *De nombreuses agences immobilières* publient également (5) *de très jolis prospectus illustrés* ou mettent à la disposition (6) *des futurs clients* (7) *des cassettes vidéo*. Ainsi peut-on 'survoler' (8) *en quelques heures* (9) *plusieurs propriétés* et se faire une idée (10) *des offres et des prix* sans avoir à se déplacer.

1 Le nom

A. Les noms 'communs' et les noms 'propres'

1. La typographie - On distingue les noms communs et les noms propres par l'emploi de la minuscule ou de la majuscule.

- LA MAJUSCULE : cette marque est caractéristique des noms propres.

    Les noms et les prénoms de personnes
    Pierre Arnaud, Josette Duval, Monique Gendron

    Les noms de lieux et les habitants
    le Japon, Boston, les Marseillais

    Les noms de corps constitués, d'institutions
    la Croix-Rouge, l'Assemblée nationale, le Parlement

    Les noms personnifiés
    la Liberté, l'Amour, la Sincérité

    Les noms d'oeuvres artistiques
    la Reine morte, la Mer, le Rouge et le Noir

    Les noms d'entreprises commerciales, de produits
    la S.N.C.F. (la société nationale des chemins de fer français), le Concorde

- LA MINUSCULE : cette forme est caractéristique des noms communs. A noter qu'en français, les noms suivants s'écrivent avec une minuscule.

    Le nom des langues
    l'anglais, le swahili, le chinois

    Le nom des jours, des mois, des saisons
    le lundi dix octobre, en automne

    Le nom des points cardinaux
    le nord, le sud, l'est, l'ouest

2. Les déterminants - Les noms communs sont généralement déterminés. Parmi les noms propres, la détermination varie selon la catégorie.

- LES NOMS PROPRES QUI NE SONT PAS DÉTERMINÉS : les noms de personnes, de divinités ainsi que la plupart des noms de villes et d'îles ne prennent pas de déterminants.

    Jean-Marc se prend pour **Apollon**.
    Toronto est une grande métropole.
    Cuba est situé dans la mer des Caraïbes.

- LES NOMS PROPRES QUI SONT DÉTERMINÉS : les noms de régions, de pays, de continents; les noms de montagnes et de fleuves sont déterminés.

> **Les Pyrénées** se trouvent entre **la France** et **l'Espagne**.
> **L'Afrique** comprend plusieurs pays.
> **Le Saint-Laurent** est un fleuve majestueux.

Exception: l'article ne s'emploie pas devant Israël.

> Il s'agit de la frontière entre Israël et l'Egypte.

B. Les catégories de noms

1. Les noms 'collectifs'. Un nom collectif est un mot concret qui représente un ensemble. Ce nom est du nombre singulier.

> **Le peuple** demande la liberté.   **La foule** applaudit le chef.
> **La police** s'occupe de l'ordre.   Il y a **du monde** qui arrive.

2. Les noms dits 'comptables' et 'non comptables'. Les noms non comptables ne se mettent pas au pluriel et prennent l'article partitif lorsque la détermination est indéfinie.

> NOMS COMPTABLES   NOMS NON COMPTABLES
> Achète **une baguette**.   Achète **du pain**.
> J'ai apporté **une bouteille d'eau**.   J'ai apporté **de l'eau**.
> Il y a **des boeufs** dans le champ.   Je voudrais **du boeuf**.

3. L'opposition 'animée' et 'inanimée'. La catégorie animée comprend les êtres humains et les animaux. De façon générale, seuls les noms animés peuvent être remplacés par un adjectif possessif ou un pronom tonique.

> La clé **de Jean** > **Sa** clé
> Le collier **du chien** > **Son** collier
>   La clé **de la porte**   *On ne dit pas:* [*Sa clé*].
> Il était près de **Jérôme**. > Il était près de **lui**.
> Il était près de **son cheval**. > Il était près de **lui**.
>   Il était près **de la porte**. *On ne dit pas:* [*près d'elle*].

Dans une construction passive, on évite la séquence sujet inanimé et complément animé.

> Pierre a reconnu la logique de notre argument.
>   *On dira rarement* : [Notre logique a été reconnue par Pierre].

4. L'opposition 'humain' et 'non humain'. Certains pronoms, tels que les indéfinis, ne s'utilisent que pour les êtres humains. Les animaux sont exclus.

> Avez-vous vu **quelqu'un**? - Non, je n'ai vu **personne**.
> Et le chien? - Il était là.

EXERCICES

A. Corrigez la typographie, s'il y a lieu, en changeant la minuscule en majuscule.

Si vous êtes étudiant en france, vous pouvez voyager en train. Les trains de la s.n.c.f. sont très ponctuels. Souvent, le samedi et le dimanche, il y a des trains en supplément, où il faut payer quelques francs en sus du prix du billet. Les trains, qui quittent paris, vont dans toutes les directions: nord, nord-est, nord-ouest, sud, sud-est, sud-ouest, etc. Si vous êtes pressé et que vous voulez aller passer le week-end sur la côte d'azur, vous pouvez prendre le tgv, qui est un train très rapide. La plupart des voyageurs sont des français mais il y a aussi des visiteurs qui viennent d'îles lointaines comme la réunion et madagascar. Vous pouvez leur parler en français car ils sont francophones.

B. Trouvez les catégories sémantiques auxquelles appartiennent les groupes suivants: concret/ abstrait; animé/ inanimé; humain/ non humain; mâle/ femelle; masculin/ féminin; comptable/ non comptable/ collectif.

1. cheval - chien - loup
2. vache - jument - chèvre
3. lait - beurre - sucre
4. tante - présidente - doyenne
5. village - lac - musée
6. patience - énergie - joie
7. peuple - famille - troupeau
8. foule - monde - gens
9. viande - farine - eau

C. Complétez les phrases à l'aide d'un nom qui convient.

1. Si on allait visiter quelques _____ ?

2. Le week-end dernier, nous avons rendu visite à _____ .

3. Tu as vu _____ qui attend devant l'entrée du cinéma!

4. Les Dumas n'habitent plus ici; ils ont quitté _____ il y a deux mois.

5. Cela te dirait d'aller à une course de _____ cet après-midi?

6. _____ est la principale source d'énergie.

7. Pourrais-tu m'acheter un kilo de _____ et une bouteille de _____ .

2 Le genre des noms

Le genre. Le genre, en français, comprend deux catégories bien distinctes : le genre naturel et le genre grammatical. Le genre naturel correspond aux notions de 'mâle' et de 'femelle'. Le genre grammatical s'applique à deux classes de noms dénommées traditionnellement de 'féminin' et de 'masculin'.

A. Le genre naturel. Les noms qui différencient les sexes ont souvent une forme unique pour chaque genre.

1. **Les radicaux n'ont pas la même origine**

   l'homme : la femme   le coq : la poule
   l'oncle : la tante   le taureau : la vache
   le mari : la femme   le cheval : la jument
   le parrain : la marraine   le cerf : la biche
   le frère : la soeur   le bélier : la brebis
   le père : la mère

2. **Les radicaux remontent à un même radical, mais lointain**

   un dieu : une déesse   le roi : la reine
   le fils : la fille   le neveu : la nièce

3. **La formation du genre féminin** - On obtient le féminin à l'écrit en ajoutant un *e* à la forme masculine à moins que le nom ne se termine déjà par un *e*. Dans plusieurs cas, on double la consonne avant d'ajouter le *e* du féminin.

LA FORMATION DU FÉMININ

La formation normale	Le nom se termine par *e*	La consonne est doublée
un ami : une amie un avocat : une avocate un marchand : une marchande	un Russe : une Russe un Asiatique : une Asiatique un élève : une élève	un chat : une cha**tte** un cadet : une cade**tte** un lion : une lio**nne**

4. La prononciation - Le *e* ne se prononce pas à l'oral mais la consonne qui le précède est articulée. La voyelle se dénasalise devant une consonne nasale articulée.

- LA PRONONCIATION EST IDENTIQUE POUR LES DEUX GENRES

    un invité : une invitée   un Espagnol : une Espagnole
    un ami : une amie   un Suisse : une Suisse

- LA CONSONNE, SIMPLE OU DOUBLE, EST ARTICULÉE DEVANT LE *e* MUET

    un chat [a] : une chatte [at]   un Danois [wa] : une Danoise [waz]
    un protestant [ã] : une protestante [ãt]   un blond [õ] : une blonde [õd]

- LA VOYELLE EST DÉNASALISÉE DEVANT *n, nn + e muet*

    un cousin [ɛ̃] : une cousine [in]   Jean [ã] : Jeanne [an]
    un lycéen [ɛ̃] : une lycéenne [ɛn]   un champion [õ] : une championne [ɔn]

5. Autres modifications graphiques et phonétiques - La formation du féminin des formes régulières et irrégulières est signalée dans les dictionnaires. Nous notons les cas les plus courants.

-er	->	-ère	un boucher : une bouchère
-x	->	-se	un époux : une épouse
-teur	->	-trice	un directeur : une directrice
-f	->	-ve	un veuf : une veuve
-eau	->	-elle	un jumeau : une jumelle
-	->	-esse	un prince : une princesse

6. Les noms sans féminin - Certains noms de personnes n'ont qu'une forme.

un médecin - un auteur - un écrivain - un vainqueur - un chef

On entend fréquemment un déterminant féminin devant certains noms masculins tels que *la prof*, *la chef* (dans le sens de quelqu'un qui dirige). Pour opposer les sexes, on peut ajouter le mot 'femme' pour les humains et 'femelle' ou 'mâle' pour les animaux.

Les femmes écrivains   -   une souris mâle

Au Canada, les noms de professions ont été 'féminisés'. On dit donc, en parlant d'une femme, qu'elle est *auteure, professeure, écrivaine*.

B. Le genre grammatical. Tous les noms ont un genre grammatical en français. Le genre est exprimé par le déterminant et est fonction de l'usage. Il est parfois possible d'induire le genre du nom par la terminaison ou le groupe auquel il appartient.

1. Les noms de villes - Les noms de villes ne sont pas déterminés. Certains noms de villes sont formés d'un article défini et d'un nom.

Toronto - Boston - San Francisco - Berlin - Madrid - Londres - Moscou
Le Caire - La Haye - Le Mans - La Rochelle - La Nouvelle-Orléans

Le genre qu'on attribue aux noms de villes lorsqu'ils sont modifiés par un adjectif ou un attribut se présente ainsi : si le mot 'ville' est sous-entendu, l'adjectif est du féminin; si c'est le mot 'quartier', l'adjectif est du masculin. *Paris* est masculin.

| Venise était radieu**se**. *(la ville)* | Paris est **beau** le matin. |
| **Le** vieux Venise *(un quartier)* | **Son** Paris à elle. |

2. Les noms de pays, de régions, d'états. En général, les noms de pays et d'états qui se terminent à l'écrit par *e* sont du genre féminin. Les autres sont du genre masculin. Tous les continents sont du genre féminin. Le genre des provinces et des départements suit généralement la règle mais comprend plusieurs exceptions.

LES NOMS DE PAYS ET DE RÉGIONS

	Pays	États américains	Provinces, départements
Féminin	la Suède la Chine l'Arabie Saoudite la Colombie	la Floride la Californie la Georgie la Louisiane	la Bretagne la Provence la Nouvelle-Ecosse la Colombie britanique
Masculin	le Canada le Portugal le Chili le Japon	le Vermont le Michigan le Texas le Massachusetts	le Berry le Cher le Québec le Manitoba
Certaines exceptions	le Mexique le Cambodge le Zaïre	l'état de New-York l'état de Washington	le Maine le Vaucluse la Saskatchewan

New York et *Washington* étant également des noms de villes, on précise l'état en ajoutant le mot '*état*'.

3. Le genre selon la terminaison ou la catégorie

LE GENRE DE CERTAINS NOMS COMMUNS

Catégories	Exemples
Féminin	
Les noms abstraits en *-eur*,	*la douleur, la chaleur, l'odeur*
Les noms abstraits en *-té, -tié*	*la liberté, la charité, la pitié, l'amitié*
Les noms abstraits en *-ion*	*la nation, l'élection, la passion*
Les noms abstraits en *-ure, -ude*	*la nature, la littérature, la certitude*
Les noms abstraits en *-ie, -ence*	*la comédie, la fantaisie, la différence*
Les noms de sciences	*l'informatique, la physique, la chimie*

Masculin	
Les noms en *-asme, -isme, -age*	*le sarcasme, le réalisme, le ménage*
Les noms en *-ment*	*le parlement, le mouvement*
Les noms de langues	*le français, le russe, le danois*
Les noms d'arbres	*le chêne, le palmier, le sapin, le hêtre*
Les noms de métaux	*le cuivre, le zinc, l'or, l'argent*
Le nom des points cardinaux	*le nord, le sud, l'est, l'ouest*
Le nom des saisons	*le printemps, l'été, l'automne, l'hiver*
Le nom des mois	*janvier, février, mars*
Le nom des jours	*lundi (le lundi), mardi (le mardi)*
Un adverbe employé comme nom	*le dessus, le devant*
Les noms d'origine anglaise	*le parking, le sandwich, le Coca, le whisky*

4. Le genre des noms composés - Les noms composés qui comportent un verbe ou qui sont d'origine étrangère prennent le genre masculin. Dans les autres cas, le nom ou le nom tête du groupe détermine le genre. Cette règle ne s'applique pas toujours aux expressions toutes faites.

LE MASCULIN	LE FÉMININ
un **compte**-gouttes	une **eau**-de-vie
un **blue-jeans**	une **assurance**-accident
un **oiseau**-mouche	une plate-**bande**
un **coffre**-fort	une basse-**cour**
un demi-**cercle**	une demi-**colonne**
un arrière-**goût**	une arrière-**pensée**
un sous-**officier**	une sous-**préfecture**
un contre-**essai**	une contre-**attaque**
EXPRESSIONS TOUTES FAITES	
un tête-à-tête, un en-tête, un sans-gêne	

5. Le sens de certains noms selon le genre - Selon le genre, une même forme aura deux sens.

LE MASCULIN	LE FÉMININ
un livre *(a book)*	une livre *(a pound)*
un tour *(a turn)*	une tour *(a tower)*
un manche *(a handle)*	une manche *(a sleeve)*
le Concorde *(the plane)*	la Concorde *(the square)*
le mode *(the manner, mood)*	la mode *(fashion)*
le critique *(the reviewer)*	la critique *(the review)*
le poste *(the job, position)*	la poste *(the post-office)*
le voile *(veil)*	la voile *(sail)*
le mémoire *(report, thesis)*	la mémoire *(memory)*

EXERCICES

A. Ecrivez au féminin les noms qui changent de forme.

1. un enseignant
2. un directeur
3. un Algérien
4. un Québécois
5. un duc
6. un héros
7. un champion
8. un vainqueur
9. un acrobate
10. un fou
11. un monsieur
12. un enfant

B. Substituez un nom féminin au nom masculin et faites les changements nécessaires.

Il était une fois un petit garçon qui voulait aller rendre visite à son grand-père, qui habitait dans une ferme. Le père était veuf et travaillait toute la journée. Le gamin n'avait pas de frère pour l'accompagner. «J'amènerai le chien, a dit le fils, et pour rentrer, je demanderai à mon cousin Jean ou à mon oncle Denis, de me raccompagner.» Comme il allait partir, le voisin est arrivé et leur a dit qu'il pouvait conduire le petit. Tout le monde a été content.

C. Mettez les noms suivants au masculin.

1. une doyenne
2. une cantatrice
3. une tigresse
4. une épouse
5. une servante
6. une girafe
7. une Monégasque
8. une reine
9. une Turque
10. une aviatrice

D. Mettez l'article qui indiquera le genre du nom. La terminaison du nom ou le groupe auquel appartient le nom sont des indices utiles.

1. __ meeting
2. __ nord
3. __ raison
4. __ solitude
5. __ couleur
6. __ couvre-feu
7. __ romantisme
8. __ comédie
9. __ printemps
10. __ chimie
11. __ fantasme
12. __ post-scriptum
13. __ lundi
14. __ pin
15. __ triangle
16. __ dessus
17. __ whisky
18. __ fraternité
19. __ fer
20. __ basse-cour
21. __ swahili
22. __ carnage
23. __ grammaire

E. Complétez le texte en ajoutant l'article défini, s'il y a lieu. (L'article *le* se contracte avec les prépositions *à, de* pour donner *au, du*).

Ce soir, nous partons pour ___ Dakar, qui est la capitale (de) ___ Sénégal. ___ Sénégal est un pays (de) ___ Afrique occidentale. Il est entouré (de) ___ Mauritanie, (de) ___ Mali, et (de) ___ Guinée. Les Français sont arrivés (à) ___ Sénégal au XVIIe siècle et y ont fondé la ville (de) ___ Saint-Louis. Le pays a appartenu (à) ___ France jusqu'en 1960. ___ vieux Saint-Louis n'existe plus.

F. Même exercice.

Les Français ont également colonisé une partie (de) ___ Amérique du Nord. Ils ont découvert ___ Canada en 1534 et se sont établis dans les régions que l'on appelle aujourd'hui ___ Québec, ___ Nouveau-Brunswick et ___ Nouvelle-Ecosse. Ils ont poussé plus loin jusqu'à ___ Louisiane, en suivant ___ Mississippi. La ville principale de cet état, ___ Nouvelle-Orléans, est construite autour (de) ___ *Vieux Carré*, ancien quartier français. Plusieurs autres villes américaines portent des noms français comme ___ Détroit et ___ Marquette dans ___ Michigan, ___ Des Moines et ___ Dubuque dans ___ Iowa et ___ Bourbon dans ___ Kansas.

G. Trouvez l'élément dans le groupe nominal qui révèle le genre du nom indiqué: le déterminant, un adjectif, la terminaison du nom, l'accord d'un participe passé.

Des *différences* de prix parfois monumentales

Les *consommateurs* européens, à la recherche des *produits* les moins chers, se rendent assez fréquemment dans les *pays* voisins. Une *Renault* coûte moins cher au *Luxembourg* qu'en *France*. Il est vrai que les *articles* achetés dans les autres pays doivent être déclarés au *fisc*, une des *branches* de l'*Administration* publique chargée de percevoir les *droits* imposés sur les marchandises. Mais lors du grand *marché* de 1993, l'*obligation* de déclarer la *marchandise* deviendra abstraite puisqu'il n'y aura plus de douane. L'*enjeu* est colossal pour les pays de la CEE puisque les *écarts* de prix entre deux pays sont parfois fabuleux.

H. Ajoutez l'article dont le genre révélera le sens qu'il faut donner au nom.

1. J'ai acheté ___ petit livre en Angleterre qui m'a coûté ___ livre.

2. Je cherche ___ nouveau poste parce que je ne veux plus travailler à ___ poste.

3. Pour être reçus, les étudiants doivent écrire ___ mémoire de 50 pages.

4. J'aimerais bien prendre ___ Concorde mais ça coûte trop cher.

5. La partie par laquelle on tient un instrument est ___ manche.

6. J'ai déchiré ___ manche de mon manteau.

7. Donne ___ tour de clé en fermant la porte, on ne sait jamais.

✧✧✧

3 Le nombre des noms

A. Les noms communs. Les noms 'comptables' peuvent être du nombre singulier ou pluriel. La marque normale du pluriel est *s*. Certains noms ont un pluriel en *x*.

1. Le pluriel normal, -s - On ajoute un *s* au nom à moins que celui-ci ne se termine au singulier par *s, x, z*. La marque du pluriel ne se prononce qu'en liaison.

- LA FORMATION NORMALE : on ajoute un *s*.

    | l'écolier : les écoliers | une boîte : des boîtes |
    | le sac : les sacs | un crayon : des crayons |

- LE NOM SE TERMINE PAR -*s*, -*x*, -*z* : la forme ne change pas.

    | le sens, un cas, une souris | les sens, des cas, trois souris |
    | le nez, un raz, le gaz | les nez, des raz, les gaz |
    | le prix, un choix | les prix, des choix |

- LES NOMS EN -*ou*, -*ail*. Ces terminaisons comprennent des exceptions.

    | -ou > -ous | *Exceptions : -ou > -oux* |
    | un cou : des cous | *les bijoux, les cailloux, les choux,* |
    | un clou : des clous | *les genoux, les hiboux, les joujoux,* |
    | un matou : des matous | *les poux* |
    | -ail > -ails | *Exceptions : -ail > -aux* |
    | un rail : des rails | *les émaux, les coraux, les travaux,* |
    | un détail : des détails | *les vitraux, les baux, les soupiraux* |
    | un éventail : des éventails | |

2. Le pluriel, -x - Pour un petit nombre de noms qui se terminent en -*au*, -*eau*, -*eu*, la marque graphique du pluriel est *x*.

- LES CAS RÉGULIERS : on ajoute *x*.

    | - *au* : les tuyaux, les boyaux, les étaux |
    | - *eau* : les eaux, les peaux, les chapeaux, les jumeaux |
    | - *eu* : les cheveux, les jeux, les creux, les dieux |

    Certaines exceptions: bleus, pneus

- LES NOMS EN - *al* : le pluriel de cette terminaison est -*aux*.

    | les animaux, les chevaux, les généraux, les canaux, les journaux |

    Certaines exceptions: les bals, les carnavals, les festivals, les récitals

3. Les noms à double forme - Quelques noms ont une forme irrégulière au pluriel.

| un oeil : des yeux | le ciel : les cieux |
| un aïeul : des aïeux | un ail : des aulx |

B. Les noms d'origine étrangère. Les gens 'cultivés' s'efforcent d'observer les règles morphologiques de la langue d'origine. Toutefois, la marque du pluriel en -*s* est autorisée.

- des média *ou* des médias
- des spaghetti *ou* des spaghettis
- des barmen *ou* des barmens

C. Les noms propres de famille. Traditionnellement invariables, les noms propres de famille peuvent maintenant prendre la marque du pluriel.

- Les Duval(s) habitent sur le même palier que les Dupont(s).

Les noms de dynasties ou de familles illustres, les noms propres désignant des types et les noms d'oeuvres ont toujours suivi la règle du pluriel.

- On ne parle presque plus des Lucrèces et des Condés.
- Les Picassos et les Cézannes sont au premier étage.

D. Les noms communs composés. De manière générale, les adjectifs et les noms prennent la marque du pluriel. Les autres éléments, verbes, prépositions, adverbes, compléments du nom, sont invariables.

LE PLURIEL DES NOMS COMPOSÉS

Pluriel	Invariable
Nom, adjectif des **arcs-boutants** des **choux-fleurs** des **rouges-gorges** des **chefs-lieux**	**Verbe, adverbe, préposition** des **couche**-tôt des **savoir-faire** des **avant**-gardes des **contre**-attaques **Complément du nom** des *timbres-***poste** des *chefs-***d'oeuvre**

Les noms composés écrits en un seul mot suivent la règle des noms simples. Nous notons quelques exceptions.

madame : me<u>s</u>dames	un bonhomme : des bon<u>s</u>hommes
monsieur : me<u>ss</u>ieurs	un gentilhomme : des gentil<u>s</u>hommes
mademoiselle : me<u>s</u>demoiselles	

◆◆◆

EXERCICES

A. Mettez les noms au singulier ou au pluriel selon le contexte.

A : - Je voudrais accrocher ces deux (tableau).

B : - Il faut des (clou) et un (marteau) ou des (vis) et un (tournevis).

A : - Je n'ai pas d'(outil). Je ne fais jamais de (travail) manuels.

B : - Il est vrai que tu préfères les (passe-temps) intellectuels et les (jeu) éducatifs. Que représentent ces (toile) ?

A : - Ce sont des (allégorie). Les (animal) personnifient les (désir) et les (passion) qui animent les (être) humains.

B. Mettez au pluriel les noms suivants.

1. un monsieur
2. un nez
3. un noyau
4. un feu
5. un chou-fleur
6. un pneu
7. un oeil
8. un festival
9. un lave-vaisselle
10. un hôpital
11. un index
12. un amiral
13. un détail
14. un mal
15. un portail
16. un ciel

C. Mettez au singulier les noms suivants.

1. des pois
2. des souris
3. des noyaux
4. des vitraux
5. des radis
6. des héros
7. des poids
8. des croix
9. des bijoux
10. des voeux
11. des pas

D. Certains noms ont un sens différent au singulier et au pluriel. Expliquez ces différences.

1. Il ne faut pas beaucoup d'*instruction* pour suivre des *instructions*.

2. Malgré son manque d'*attention*, il est plein d'*attentions* pour sa famille.

3. Elle a entretenu des *intelligences* avec l'ennemi pendant la guerre. Cela fait douter de son *intelligence*.

4. C'est un homme d'*honneur* qui s'intéresse peu aux *honneurs*.

5. J'aime contenter ma *curiosité* mais pas dans les magasins de *curiosités*.

4 La nominalisation

A. La nominalisation. On dit qu'il y a nominalisation lorsqu'une phrase est réduite à un groupe nominal. La structure nominale, à la manière d'un passif, met l'accent sur le résultat de l'action.

> *On **a détruit** les puits de pétrole.*
> -> La **destruction** des puits de pétrole
>
> *Les soldats **ont détruit** les puits de pétrole.*
> -> La **destruction** des puits de pétrole <u>par les soldats</u>

B. La formation. La forme nominale provient soit d'un adjectif attribut, soit d'un verbe et se fait à l'aide de suffixes. Les suffixes sont variés. (Consulter un dictionnaire pour la dérivation appropriée.) Il est à noter que les verbes et les adjectifs n'ont pas tous une forme nominale correspondante. La nominalisation produit un certain nombre de changements syntaxiques. Nous signalons les structures de base.

- La forme nominalisée vient occuper la tête du groupe nominal.
- La forme nominalisée est suivie d'un complément introduit par la préposition *de*.

-Lorsque la phrase initiale ne contient pas de complément, le sujet vient occuper la position après la préposition *de*.

> <u>Paul</u> est **franc**.
> **La franchise** ⃞de⃞ <u>Paul</u>
>
> <u>L'épopée</u> **est née**.
> **La naissance** ⃞de⃞ <u>l'épopée</u>

-Lorsque la phrase initiale a un complément, ce complément suit la préposition *de*.

> On **changera** <u>la musique</u>.
> **Le changement** ⃞de⃞ <u>la musique</u>
>
> Ils **ouvrent** <u>la boutique</u>.
> **L'ouverture** ⃞de⃞ <u>la boutique</u>

-Lorsque la phrase initiale a un complément et un sujet exprimé par un nom, le complément suit la préposition *de* et le sujet-agent est introduit par la préposition *par*.

> Le ministère **a créé** un poste.
> **La création** ⃞d'⃞ un poste ⃞par⃞ le ministère
>
> Des gangsters **ont enlevé** la femme d'un banquier.
> **L'enlèvement** ⃞de⃞ la femme d'un banquier ⃞par⃞ des gangsters

- On substitue l'adjectif possessif à la structure *de* + pronom.

  > Je suis **certain**. -> **Ma** certitude.
  > *[On ne peut pas dire: *la certitude de + moi.]*
  > Nous sommes **joyeux**. -> **Notre** joie

- On substitue un adjectif à l'adverbe qui modifie le verbe ou l'adjectif de la phrase initiale.

  > Les hommes politiques sont très **réticents**.
  > La grande **réticence** des hommes politiques
  >
  > Ce métal **résiste** bien.
  > La grande **résistance** de ce métal

C. L'emploi. Ce procédé sert à exprimer les énoncés avec plus de concision et à éviter certaines structures lourdes. C'est la formule privilégiée des titres de journaux. Un groupe 'nominalisé' perd l'indication de temps. On peut joindre au nom les adjectifs 'récent' ou 'prochain' pour lever l'ambiguïté.

1. **Les titres**

   > **Atterrissage** forcé d'un avion de la British Airways
   > *Un avion de la British Airways a été forcé d'**atterrir**.*
   >
   > **Réunion** des chefs d'Etat à Ottawa
   > *Les chefs d'Etat **se sont réunis**/ **se réunissent**/ **se réuniront** à Ottawa.*
   > **Réunion prochaine** des chefs d'Etat à Ottawa
   >
   > **Récente arrestation** d'un terroriste recherché par la police
   > *La police **vient d'arrêter** un terroriste qu'elle recherchait.*

2. **Phrases condensées**

   > Le **dérapage** de la voiture a entraîné la **mort** du conducteur.
   > *La voiture **a dérapé**. L'homme qui conduisait la voiture **est mort**.*
   >
   > L'**annonce** d'une nouvelle autoroute a soulevé l'**enthousiasme** chez les futurs usagers mais le **mécontentement** chez les agriculteurs de la région.
   > *On **annonce** la construction d'une nouvelle autoroute. Les futurs usagers **sont enthousiastes** mais les agriculteurs qui habitent la région **se montrent mécontents**.*

3. **Pour éviter l'emploi d'un temps surcomposé**

   > Après **le départ** du journaliste, nous nous sommes mis à discuter.
   > *Après que le journaliste **a été parti**, nous nous sommes mis à discuter.*
   >
   > Il nous a tout raconté après **son arrivée**.
   > *Il nous a tout raconté après qu'il **a été arrivé**.*

EXERCICES

A. Récrivez ces phrases en remplaçant l'adjectif attribut par le nom correspondant. Exemple: *Son accueil a été froid. -> la froideur de son accueil.*

1. Cet enfant est très *franc*.
2. Vos propos sont *ardents*.
3. Vous êtes tous *gourmands*.
4. Nous sommes *certains*.
5. L'équipe a été *victorieuse*.
6. Ils sont tous très *jaloux*.
7. Personne n'est aussi *courageux* que lui.
8. Cet étudiant est très *timide*.
9. Cette chambre est *tranquille*.

B. Récrivez ces phrases en nominalisant le verbe.

1. J'*écris* très mal.
2. Les Télécom *ont créé* des postes récemment.
3. Ils vont *réformer* l'université.
4. Les gamins *partent* pour Genève.
5. Ces produits *polluent* l'air.
6. Les parents *aiment* leurs enfants.
7. Le président *est élu* au suffrage universel.
8. Les participants *seront sélectionnés* la semaine prochaine.
9. On *a volé* un ordinateur.

C. Faites une seule phrase en nominalisant le mot en italique. Exemple : *Notre directeur est courageux; tout le monde apprécie. -> Le courage de notre directeur est apprécié de tous.*

1. Les étudiants sont *aimables*; cela contribue à la bonne ambiance.
2. Cette tapisserie est *authentique*; cela ne fait aucun doute.
3. Nos parents sont *inquiets*; cela nous chagrine.
4. Les propos du chef sont *incohérents*; cela nous inquiète.
5. Ses revenus sont *importants*; cela nous étonne.

5 Les déterminants

A. Les espèces de déterminants. Le déterminant donne au nom ses marques de genre et de nombre et indique si ce nom doit être pris dans un sens défini ou indéfini. Il y a plusieurs espèces de déterminants.

LES DÉTERMINANTS

	Singulier			Pluriel
	Masculin	Féminin	+ voyelle	Masc. & Fém.
Définis				
l'article défini	le	la	l' + masc./fém.	les
l'adjectif démonstratif	ce	cette	cet + masc.	ces
l'adjectif interrogatif	quel	quelle		quels quelles
l'adjectif possessif	mon	ma	mon + fém.	mes
	ton	ta	ton + fém.	tes
	son	sa	son + fém.	ses
	notre	notre		nos
	votre	votre		vos
	leur	leur		leurs
Indéfinis				
l'article indéfini	un	une		des
l'adj. numéral cardinal	un	une		deux, trois ...
l'article partitif	du	de la	de l' (masc./fém.)	
l'adjectif indéfini	tout	toute		tous, toutes
(Voir liste, chap. 12)				

B. L'omission du déterminant. Les noms communs sont généralement déterminés. Toutefois, le déterminant peut s'effacer devant un nom commun ou être obligatoire devant un nom propre.

1. L'omission est obligatoire

- LE NOM EST EN APOSTROPHE

    Garçon!   Jeune homme!   Chef!   Cher collègue!

CHAPITRE CINQ - *Les déterminants*

- LE NOM EST UN ATTRIBUT : on omet l'article lorsque les noms indiquant la nationalité, la fonction, la religion ou l'affiliation politique occupent la position attribut.

  | Elle est **italienne**. | Ils sont **musulmans**.
  | Je suis **étudiant**. | Nous sommes **démocrates**.

- LE NOM DES JOURS DE LA SEMAINE ET DES MOIS DE L'ANNÉE : bien qu'ils s'écrivent avec une minuscule, les jours de la semaine et les mois de l'année fonctionnent comme des noms propres et s'emploient sans article. Le nom du mois s'emploie le plus souvent comme complément de nom ou de temps.

  | Après **samedi**, c'est **dimanche**.
  | Ils sont partis **lundi** dernier.
  | Ils arrivent **mardi** en huit.
  |
  | **Complément de nom**
  | Le mois **de juillet** a été très ensoleillé.
  | Quel mois?   - Le mois de juillet.
  |
  | **Complément de temps**
  | Il fait chaud **en juillet**.
  | Quand?   - En juillet.

2. L'omission n'est pas obligatoire - L'omission est généralement respectée en langue soutenue.

- LES ÉNUMÉRATIONS

  | **Hommes, femmes, enfants**, tous accouraient vers le port.
  | **Les hommes, les femmes, les enfants**, tout le monde était de la partie.

- UN NOM MIS EN APPOSITION

  | M. Dupont, **directeur** de l'entreprise, fit un voyage.
  | M. Dupont, **le directeur** de l'entreprise, a fait un voyage.

- UNE PHRASE INTERROGATIVE NÉGATIVE

  | A-t-on jamais vu **homme** plus ridicule?
  | A-t-on jamais vu **un homme** plus ridicule?

- UNE ADRESSE: on peut omettre la préposition qui introduit le complément de lieu du verbe *habiter*. On peut également omettre le déterminant.

  | Ils habitent **dans la rue** de la Paix.
  | Ils habitent **la rue** de la Paix.
  | Ils habitent **rue** de la Paix.

C. L'insertion du déterminant. Les noms, propres ou autres, particularisés par un titre ou par une expansion prennent un déterminant. Les expansions du nom sont l'adjectif qualificatif, la proposition relative, le complément de nom.

SANS TITRE	AVEC UN TITRE
Kennedy	**le président** Kennedy
Jean Paul II	**le pape** Jean Paul II

de Gaulle	**le général** de Gaulle
Einstein	**le professeur** Einstein
SANS EXPANSION	AVEC UNE EXPANSION
New-York	**le tout** New-York
Marie	**la petite** Marie
Charles	**l'horrible** Charles
Paul	Ce n'est pas **le Paul que je connais**.
Jacques	**Ce** Jacques, **dont vous parlez**, m'est inconnu.
mercredi	**le** mercredi **des Cendres**
lundi	**le** lundi **de Pâques**
vendredi	**le** vendredi **4 septembre**

D. Certaines prépositions. Le nom complément de certaines prépositions figure sans déterminant. Modifié par une expansion, le nom suit la règle générale de la détermination.

Avec - Le nom introduit par la préposition *avec* fonctionne comme un adverbe de manière et s'emploie sans article lorsqu'il représente une abstraction. (Modifié par une expansion, il prend un déterminant.) Les noms concrets, par contre, sont généralement déterminés. Le complément a le sens de *en compagnie de* ou *au moyen de*.

NOMS ABSTRAITS

La présidente parle **avec enthousiasme** et répond **avec humour**.
Elle parle **avec un enthousiasme débordant** et répond **avec un humour qui déroute**.

NOMS CONCRETS

La présidente parle **avec les représentants**.
Le gamin joue **avec un copain**.
Mange **avec ta fourchette**, pas **avec tes doigts**!

Sans - Un nom abstrait ou concret non modifié s'emploie généralement sans déterminant. Modifié par une expansion, le nom est accompagné d'un déterminant.

NOMS ABSTRAITS

Le témoin parle **sans haine** et s'explique **sans crainte**.
Il parle **sans cette haine qui anime certains témoins**.

NOMS CONCRETS

Il est parti **sans lunettes**.
Il est parti **sans ses lunettes**.

Il est arrivé **sans document**.
Il est arrivé **sans les documents qu'on lui avait demandé d'apporter**.

Par - Le complément de *par* exprime des valeurs diverses. Nous signalons quelques cas d'usage sans déterminant. (S'il est modifié, le nom prend un déterminant : *par avion* -> *par l'avion de 19 h*.)

UN MOYEN DE TRANSPORT

> Comment voulez-vous expédier ce colis? **Par avion** ou **par bateau?**
>
> Comment allez-vous à Amsterdam?
> - Nous allons partir **par bateau** et revenir **par avion.**
>
> Mais on dit: 'voyager par le train'.

LE COMPLÉMENT DE DISTRIBUTION

> Je vous demanderai de travailler **deux par deux** et de lire ce document **page par page**.
>
> Vous allez souvent au cinéma?
> - Deux ou trois fois **par semaine**. Nous voyons environ dix films **par mois**.

En - Le complément s'emploie généralement sans article.

> **en** anglais - **en** Chine - **en** automne - **en** coton - **en** danger - **en** panne - **en** deuil - **en** colère - **en** bonne santé - **en** ami

A noter: modifiés par un adjectif, les noms de langues et de lieux prennent la préposition *dans*.

> Ils parlaient **dans** un anglais approximatif.
>
> Nous nous sommes retrouvés **dans** une Chine transformée.

De - La préposition *de* introduit des compléments de valeurs diverses. On omet le déterminant lorsque le complément représente la matière, le contenu, la destination, l'origine. (Voir également chapitre 7 E, règle de cacophonie.)

> un objet **de** métal   une table **de** marbre
> un verre **de** vin   une coupe **de** champagne
> une salle **de** spectacle   des articles **de** sport
> une eau **de** source   l'histoire **de** France

EXERCICES

A. Indiquez la catégorie (définie ou indéfinie) à laquelle appartient le déterminant en italique.

1. Il existe *une* soixantaine de projets de thérapie génétique.

2. Dans *leurs* expériences sur *les* rats, *quelques* chercheurs ont réussi à faire disparaître *certaines* cellules tumorales.

3. *Une* efficacité complète ne peut être envisagée à *ce* jour.

4. *Quelques* malades ont été guéris.

5. *Cette* campagne a été marquée par *le* grand nombre de scandales.

6. *Plusieurs* malades souhaiteraient *ce* genre de traitement.

7. *Quelle* est la marque de *ce* produit?

8. Je les ai vus à *toutes* les réunions.

B. Ajoutez un article, s'il y a lieu. Sinon, inscrivez ø.

1. __ général de Gaulle a fondé la Ve République.

2. Je vais commander deux cafés. __ garçon!

3. Il me semble que les Boisset sont __ protestants.

4. __ petit Martin a mal à la gorge.

5. Ce sont des cigares de __ Havane.

6. Ils habitent __ rue des Bernardines.

7. Il n'y a pas de réunion __ lundi; c'est __ dernier lundi du mois.

8. Nous n'avons jamais de cours __ lundi de Pâques.

9. __ lundi, c'est __ lundi de Pâques.

C. Inscrivez la préposition qui manque et le déterminant, s'il y a lieu. Les prépositions sont: *avec, sans, par, en, de*.

1. Ils sont partis ___ bagages.

2. Il faut parler ___ conviction.

3. Ce film n'était pas ___ certain intérêt.

4. Mon rêve serait d'aller ___ Chine.

5. Il vaut mieux envoyer cette lettre ___ avion que ___ bateau. Elle arrivera plus vite.

6. Vous prendrez bien une tasse ___ café avec nous?

7. Cette robe ___ coton est très jolie.

8. J'accepte ___ plaisir.

6 L'article défini

A. Les formes. Les articles définis sont : *le, la, les*. Ces articles peuvent se présenter sous une forme modifiée.

LES ARTICLES DÉFINIS

	Masculin	Féminin	Pluriel
Les articles	le	la	les
L'article élidé	l'	l'	
Les articles contractés			
à + le > au	**au**	**à la**	**aux**
à + les > aux			
de + le > du	**du**	**de la**	**des**
de + les > des			

1. L'article élidé - La forme *l'* remplace *la* et *le* lorsque le mot qui suit l'article commence par une voyelle ou un *h* dit 'muet'.

- LE MOT COMMENCE PAR UNE VOYELLE

    l'article - l'île - l'amateur - l'inspiration - l'ouverture - l'autre

    Une exception : le onze, le onzième

- LE MOT COMMENCE PAR UN *h* -MUET

    l'homme - l'héroïne - l'histoire - l'horoscope - l'harmonie
    l'horrible catastrophe - l'honorable juge

2. Le cas du *h* dit 'aspiré' - Un nombre assez important de mots commencent par le *h* dit 'aspiré'. L'article ne s'élide pas. (Certains dictionnaires signalent l'aspiration par un astérisque ou une apostrophe.)

le héros - le huit - le haut - le hasard - le haricot - le hameau
la honte - la hache - la hantise - la harangue - la halle

3. L'article contracté - Précédés de la préposition *à* ou *de*, les articles *le* et *les* se soudent à la préposition pour aboutir à : *à+le > au; à+les > aux; de+le > du; de + les > des*. L'article féminin, *la*, et l'article élidé, *l'*, ne se contractent pas.

- MASCULIN SINGULIER : contraction

  | Je vais parler | **au** directeur | **du** lycée. |
  | Nous irons | **au** musée | **du** quartier. |

- MASCULIN ET FÉMININ PLURIEL : contraction

  | Je vais parler | **aux** dirigeants | **des** entreprises. |
  | Nous irons | **aux** réunions | **des** professeurs. |

- FÉMININ SINGULIER : pas de contraction

  | Je vais parler | à la maîtresse | de la maison. |
  | Nous irons | à la préfecture | de la ville. |

- ARTICLE ÉLIDÉ : pas de contraction

  | Je vais parler | à l'oncle | de l'auteur. |
  | Nous irons | à l'école | de l'île. |

Remarque: La règle de contraction s'applique aux articles définis et non aux pronoms compléments.

Je m'attends à le *(pronom)* voir.

J'ai envie de les *(pronom)* entendre.

B. L'emploi général. Le nom est déterminé par l'article défini s'il représente une chose unique, un ensemble ou une catégorie ou si le nom est connu ou qu'on le fait connaître.

1. **Le nom est unique** - Le nom désigne une chose unique en son genre.

   Le soleil réchauffe **la Terre**.
   = Il n'y a qu'un soleil dans notre système et qu'une planète que l'on appelle Terre.

   L'Afrique subit des changements importants.
   = Il n'y a qu'un continent appelé l'Afrique.

   Je prends toujours **le train**, jamais **l'avion**.
   = Il n'y a qu'un moyen de transport que l'on appelle 'le train' ou 'l'avion'.

2. **Le nom représente un ensemble, une catégorie ou une entité**

   Les fourmis sont des insectes.
   = Toutes les fourmis sont des insectes.

   Les chiens détestent **les chats**.
   = Les chiens en général détestent les chats en général.

   Est-ce que tu pourrais me passer **le pain**, s'il te plaît?
   = Tout le pain. Donc, la corbeille.

   Nous cherchons **la sagesse**.
   = Cette vertu que l'on appelle la sagesse.

   Ils se battent pour **la liberté**.
   = Ce pouvoir que l'on appelle la liberté.

3. **Le nom est supposé connu**

> Attrape **la** balle!
>> = La balle **avec laquelle nous jouons**.
>
> **Le** président arrivera-t-il à l'heure?
>> = Le président **que nous attendons**.
>
> **La** table n'est pas bien mise. Il manque **les** couteaux.
>> = La table **que l'on a mise** et les couteaux **pour chaque couvert**.

4. **On fait connaître le nom par une expansion** - Cette expansion est une proposition relative, un adjectif ou un complément.

> Rends-moi **la** vidéo **que je t'ai prêtée**.
>> - Quelle vidéo?
>> - Celle que je t'ai prêtée.
>
> Vous lirez **les dix premières** pages.
>> - Quelles pages?
>> - Les dix premières.
>
> Je voudrais emprunter **le** vélo **de Gilberte**.
>> - Quel vélo?
>> - Celui de Gilberte.

C. Cas particuliers d'emplois

1. **Le complément de certains verbes** - Le complément des verbes *aimer, adorer, détester, préférer* représente généralement un ensemble ou une catégorie. Le complément est donc déterminé par l'article défini.

> Il aime **les bonbons**.
>> = Toutes les sortes de bonbons.
>
> Nous préférons **les pays chauds**.
>> = L'ensemble des pays où il fait chaud.
>
> Ils détestent **le lait**.
>> = Le lait en général.

Remarque: Pour exprimer la partie d'un tout, comme dans l'exemple anglais '*I like some books, some brands of chocolate*', on a recours à l'adjectif indéfini *certains*.

> J'aime **certains livres**, **certaines marques** de chocolat.

2. **Le superlatif et le comparatif** - Un nom modifié par un superlatif devient unique dans ce contexte et prend l'article défini. Le comparatif exprime un degré relatif à un ensemble plus grand. Le nom est modifié par un déterminant indéfini.

- LE SUPERLATIF : le domaine est unique.

> Les chiens sont **les** animaux <u>les moins</u> difficiles à domestiquer.
> Les enfants sont **les** êtres <u>les plus</u> vulnérables de tous.

- LE COMPARATIF : le domaine est relatif.

> Les chiens sont **des** animaux <u>moins</u> exotiques que les tigres.
> Les enfants sont **des** êtres <u>plus</u> vulnérables que les adultes.
> Nous vendons **des** meubles <u>aussi</u> solides que ceux de nos concurrents.

3. Les unités de quantité - On emploie l'article défini plutôt que *chaque* pour indiquer le prix d'une unité. Il correspond à l'anglais *per/ a*.

> 5 $ **la douzaine**
> = Chaque douzaine coûte 5 $.
>
> 100 F **le litre**
> = Chaque litre coûte 100 F.
>
> 20 £ **la bouteille**
> = Chaque bouteille coûte 20 £.

4. Les jours de la semaine - Les jours de la semaine et les moments de la journée représentent un ensemble lorsqu'ils sont déterminés par l'article défini (voir chapitre 5).

> **le** lundi
> = Tous les lundis, chaque lundi.
>
> **le** matin
> = Tous les matins, chaque matin.
>
> Je vous signale que les contrôles hebdomadaires auront lieu **le vendredi** et non plus **le mercredi**.
> = Tous les vendredis et non plus tous les mercredis.

D. Les parties du corps. On utilise l'article défini pour déterminer les parties du corps lorsque l'appartenance est claire et mise en évidence par un complément dans la phrase.

1. Le verbe est *avoir*. Le verbe *avoir* indique la possession. La partie du corps, objet du verbe *avoir*, appartient à la personne désignée par le sujet et, de ce fait, n'admet pas l'adjectif possessif. Le choix du déterminant, article défini ou article indéfini, dépend de l'expansion du nom.

- L'ARTICLE DÉFINI : l'expansion est une caractéristique générale. On emploie l'article défini lorsque l'expansion représente une caractéristique naturelle telle que la couleur ou la forme. L'adjectif possessif n'est pas permis dans ce contexte.

> Isabelle a **les** cheveux blonds.
> Son frère a **les** cheveux courts.
> L'amie de Jacques a **les** cheveux frisés.
>
> J'ai **les** yeux bleus.
> Laurent a **les** yeux bridés.
>
> François a **le** nez droit.
> Marie a **le** nez de son père.

- L'ARTICLE INDÉFINI : l'expansion individualise. On emploie l'article indéfini lorsque l'expansion qui modifie ou qualifie le nom sert à particulariser la partie du corps.

  > Il a **des** yeux bizarres.
  > Il a **des** yeux qui vous fixent.
  > Il a **un** visage curieux.
  > Il a **un** visage que l'on n'oublie pas.

  Les adjectifs qui précèdent le nom sont descriptifs. On utilise toujours l'article indéfini dans ce contexte. (A noter qu'en langue soutenue et écrite, l'article *des* se transforme en *de* devant un nom précédé d'un adjectif.)

  > Il a **de(s)** <u>beaux</u> yeux.   Il a **un** <u>drôle de</u> nez.
  > Il a **de(s)** <u>petits</u> pieds.   Il a **une** <u>grosse</u> tête.
  > Il a **de(s)** <u>grands</u> yeux bleus.

2. Les mouvements dits 'naturels' - On entend par mouvement 'naturel', un mouvement que tout être humain sait faire. Cette catégorie comprend également certains états ou changements que l'on subit. On emploie l'article défini dans ce contexte. Si la partie du corps est particularisée par un adjectif autre que *droite* et *gauche*, on marque l'appartenance par l'adjectif possessif.

- L'ARTICLE DÉFINI : la partie du corps n'est pas caractérisée.

  > Elle a ouvert **les** yeux.
  > Nous avons tourné **la** tête.
  > Il a tendu **la** main.
  > Ouvrez **la** bouche!
  > Il a perdu **la** mémoire.
  > J'ai mal à **la** tête.
  > Levez **la** main droite!

- L'ADJECTIF POSSESSIF : la partie du corps est caractérisée.

  > Il a ouvert **ses** <u>grands</u> yeux <u>bleus</u>.
  > Elle a tendu **sa** <u>petite</u> main <u>frêle</u>.

3. Les autres verbes - Lorsque la partie du corps est l'objet d'un verbe autre que le verbe *avoir* ou un verbe dit de 'mouvement naturel', on précise l'appartenance par l'adjectif possessif. Si la possession est indiquée par un des compléments, on évite la redondance et on détermine la partie du corps par l'article défini.

- L'ARTICLE DÉFINI : l'appartenance est indiquée par un complément.

  > Je <u>me</u> suis cassé **le bras**.
  >   = Mon bras à moi, indiqué par le pronom réfléchi <u>me</u>.
  >
  > Elle <u>se</u> regarde **la main**.
  >   = Sa main à elle, exprimée par le pronom réfléchi <u>se</u>.
  >
  > Le médecin <u>lui</u> a ouvert **les yeux**.
  >   = Les yeux de la personne représentée par le pronom <u>lui</u>.

> Je lui ai fait mal à **la tête**.
> = La tête de la personne représentée par le pronom lui.
>
> J'admire **les ongles** de Marie.
> = Les ongles de Marie.

- L'ADJECTIF POSSESSIF : l'appartenance n'est pas indiquée parmi les compléments. Dans ce cas, on introduit le nom par l'adjectif qui correspond au possesseur.

> Je regarde **ma** main.
> Elles admirent **leurs** ongles.
> Il perd **ses** cheveux.
> J'aime bien **tes** cheveux.
> Regarde bien **ses** pieds quand il joue au tennis.

Notez le contraste entre *s'arracher les cheveux* et *perdre ses cheveux*. Même si l'appartenance est claire dans le deuxième cas, l'absence de pronom complément empêche l'emploi de l'article défini.

4. Sujet du verbe - Lorsque la partie du corps se trouve en position sujet, on utilise l'adjectif possessif pour indiquer le possesseur.

> **Tes** pieds sont petits.
> **Ses** yeux se ferment à peine quand il dort.
> Comme **tes** mains sont sales! Va te les laver!
> **Mon** bras me fait mal.

EXERCICES

A. Cochez [√] les phrases où *des* est une contraction de la préposition et de l'article défini.

1. On servira *des* amuse-bouche.
2. Avez-vous besoin *des* formulaires que nous venons de recevoir?
3. Parlons *des* dernières aventures de Jean-Jacques!
4. Les étudiants veulent *des* options.
5. Est-ce qu'il reste encore *des* copies à corriger?
6. Les questions *des* enfants sont souvent indiscrètes.
7. Que pensez-vous *des* propos de ce candidat?

B. Reliez le verbe à son objet en intégrant la préposition.

La préposition 'à'
1. Qui veut jouer   - le tennis
2. Ce livre a plu   - les lecteurs
3. Je dois penser   - les conséquences
4. Répondez   - le téléphone
5. Il faut résister   - la tentation

La préposition 'de'
6. Il a peur   - la foudre
7. Il se souvient   - le film
8. Nous arrivons   - les îles Canaries
9. Je me méfie   - la politique
10. Ils parlent   - les élections

C. Justifiez l'emploi de l'article indiqué en italique.

1. Je ne travaille que *le* mercredi et *le* jeudi.
2. *Les* carottes coûtent 12F *le* kilo.
3. Pendant *la* seconde guerre mondiale, il y a eu des résistants.
4. On voit toutes sortes de choses sur *la* Terre.
5. *Le* sel, s'il te plaît.
6. Je n'aime pas *le* chocolat.
7. *Le* chien est *l'*animal le plus fidèle.
8. *Le* chauffeur *du* taxi qui nous a amenés à l'aéroport était drôle.
9. *Les* corbeaux ont mangé *les* graines qu'on avait laissées sur *le* banc.

D. Complétez le paragraphe à l'aide des articles *le, la* ou *les*. Justifiez l'emploi de l'article défini.

___ semaine dernière, il a plu toute ___ semaine. Quand il fait mauvais, ___ gens sont de mauvaise humeur. Même ___ chat avait ___ air ennuyé car il aime ___ soleil et ___ chaleur. Ce n'est que dimanche que ___ beau temps est revenu. C'était ___ quinze mai et nous devions aller chez ___ soeur de mon père pour ___ Fête (de) ___ Mères. Nous étions en retard. C'était évidemment ___ moment idéal pour que ___ voiture tombe en panne. Comme ___ garages sont fermés ___ dimanche, nous avons dû prendre ___ train. ___ chauffeur (de) ___ taxi qui nous a amenés à ___ gare était très liant. Mon père lui a donné ___ 30 francs qu'il demandait et un bon pourboire. Quand nous sommes arrivés (à) ___ guichet pour acheter ___ billets, il n'avait pas assez d'argent. Il a proféré quelques gros mots, qui ont fait rire ma

CHAPITRE SIX - *L'article défini*

soeur. Nous sommes rentrés à ___ maison à pied, en chantant.

E. Complétez les phrases par un article ou un adjectif possessif. Justifiez votre choix.

1. Elle a ___ yeux bleus.
2. Elle a ___ beaux yeux bleus.
3. Tu lui as effleuré ___ joue.
4. Il a coupé ___ longue barbe blanche.
5. ___ yeux ne sont pas marron!
6. Il a une perruque sur ___ tête.
7. Comme ___ mains sont sales!
8. Il s'est fait couper ___ cheveux.
9. Qu'est-ce que tu t'es fait à ___ jambe?
10. Le petit a mal ___ yeux.
11. Il a ___ oreilles décollées.
12. Elle préfère ___ yeux verts!
13. Arrête! Tu vas me casser ___ bras!
14. Levez ___ main droite et dites: *Je le jure!*
15. J'ai une poussière dans ___ oeil gauche
16. Elle déteste ___ cheveux longs.
17. Pliez ___ genou droit et tournez ___ tête.
18. Il ne m'a pas serré ___ main.
19. Je ne tiens plus sur ___ jambes.
20. Elle a ___ joli petit nez.
21. Je me suis foulé ___ cheville en courant.
22. ___ yeux étaient grands ouverts.
23. Il a fermé ___ grands yeux tristes.
24. Je lui aurais tordu ___ cou!
25. Elle a tendu ___ main froide et frêle.

◇◇◇

7 L'article indéfini et partitif

A. Les formes. Les formes varient selon le genre et le nombre.

LES ARTICLES INDÉFINIS ET PARTITIFS

	Masculin	Féminin	Pluriel
Les articles indéfinis *les noms 'comptables'*	un	une	des
Les articles partitifs *les noms 'non comptables'*	du de l'	de la de l'	des (rare)

B. L'article indéfini

1. L'emploi général - On emploie l'article indéfini pour introduire un nom qui n'est pas encore précisé ou connu ou pour exprimer la partie d'un tout comptable.

> Nous avons vu **un** type entrer dans **un** bâtiment.
> Il y avait **des** verres sur **une** table.
> Dans la chambre de Paul, il y a **un** lit, **une** table, **des** lampes et **des** livres.
> J'ai surtout lu **des** romans quand j'étais jeune.

2. Les cas particuliers

- LE COMPLÉMENT D'*il y a* : le complément est généralement déterminé par l'article indéfini.

> Il y a **une** dame qui veut vous voir.
> Il y a **des** étudiants qui attendent.
> Il y a **des** gens qui disent tout.

- LE SUJET DU VERBE : si le nom sujet représente un groupe particulier, on emploie l'adjectif indéfini *certains* et non l'article *des*. Si le nom représente une quantité, on peut utiliser l'article indéfini. On utilise de préférence une autre tournure.

Le déterminant a le sens de *certains* : le nom représente un groupe particulier.

> **Certains** enfants n'aiment pas le lait; surtout ceux qui sont allergiques au lactose.
> *Some children do not like milk.*
> *On ne peut pas dire:* [*Des enfants n'aiment pas le lait].

Une autre tournure

> **Il y a** des enfants qui n'aiment pas le lait.
> **Il existe** des enfants qui n'aiment pas le lait.

Le déterminant a le sens de *quelques* ou *plusieurs* : le nom représente une quantité.

> **Des** enfants chantaient dans la rue. Il devait y en avoir une dizaine.
> *Some children were singing in the street.*

C. L'article partitif. On emploie cet article pour exprimer une quantité indéterminée ou la partie d'un tout non comptable.

1. Les noms non comptables - Ces noms n'admettent pas les nombres. Pour indiquer la quantité, on utilise une expression de poids ou de mesure ou un adverbe.

- LE NOM EST NORMALEMENT AU SINGULIER

  > de l'eau - du pain - du beurre - du fromage - de la vanille
  > du bonheur - de la grâce - de la force - de la lumière
  >
  > Ajoutez **du** sucre et **de la** farine.
  >
  > Il faut avoir **du** courage et **de la** patience!

- QUELQUES NOMS AU PLURIEL : il s'agit de noms représentant des unités trop petites pour être comptées. L'ensemble est pris en bloc.

  > Comme hors d'oeuvre, il y a **des** rillettes et comme légumes, **des** épinards.

2. Le nom est particularisé - Lorsque le nom est particularisé par une expansion, l'article partitif *du, de la* est remplacé par l'article indéfini *un(e)*.

> Il fait **du** soleil.
> Il fait **un** soleil magnifique.
> Il tombe **de la** pluie.
> Il tombe **une** petite pluie fine.

3. D'autres cas - Les activités sportives ou musicales objet des verbes *faire* et *jouer* sont généralement déterminées par l'article partitif.

> Elle fait **du** tennis; il fait **de l'**avion.
> Il joue **du** piano et **de la** clarinette.

Remarque: Comme pour l'article indéfini indiquant une quantité, on évite l'article partitif en tête de phrase.

> *On ne dit pas:* [*Du fromage est dans le frigo].
> *mais:* → **Il y a** du fromage dans le frigo.

D. La forme *de*

1. La négation - Après une négation, les articles indéfinis et partitifs se transforment en *de*. Il n'y a pas de modification si le nom est attribut.

44 *LE GROUPE NOMINAL*

- LE NOM EST OBJET

  > Il faut s'occuper de Louis. Il n'a <u>pas</u> **d'**amis, <u>pas</u> **d'**argent et <u>plus</u> **de** famille.
  >
  > Ils n'ont <u>jamais</u> **de** devoirs à faire à la maison.

- LE NOM EST ATTRIBUT DU VERBE *ÊTRE*

  > - Est-ce que ce <u>sont</u> **des** légumes?
  > - Non, ce ne <u>sont</u> pas **des** légumes.

2. Devant un adjectif - Placé devant un adjectif épithète, *des* est remplacé par *de*. Cet usage, qui a tendance à disparaître dans la langue courante, est toujours de rigueur dans la langue écrite. Devant *autres* ou un adverbe, *de* persiste dans tous les cas.

- LA LANGUE SOUTENUE ET ÉCRITE

  > Ce sont **de** <u>vieilles</u> gens.
  >
  > **De** <u>petits</u> groupes s'étaient constitués dans chaque quartier et préparaient l'arrivée du dignitaire.

- LA LANGUE COURANTE

  > Il y a **de(s)** bons restaurants dans ce quartier?
  >
  > Nous avons vu **de(s)** petits groupes le long des rues.
  >
  > ***De* est de rigueur:**
  > Il y a **d'**<u>autres</u> restaurants près d'ici?
  >
  > Nous avons vu **de** <u>très</u> grandes maisons.

3. Le complément d'une quantité - Le complément d'une quantité est introduit par la préposition *de*. On omet le déterminant indéfini ou partitif dans ce contexte. Le déterminant défini ne change pas.

- UN ADVERBE DE QUANTITÉ : il s'agit des adverbes *beaucoup de* + nom, *assez de* + nom, *plus de* + nom, *trop de* + nom, *autant de* + nom, *moins de* + nom, etc.

  > Tu as **du** travail?
  > - Oui. **Trop de** travail.
  >
  > Il y a **des** verres?
  > - Pas **assez de** verres pour tout le monde.
  >
  > Nous avons **peu de** vin mais **beaucoup de** lait.

- UNE MESURE DE POIDS, DE VOLUME, UNE UNITÉ

  > Il y avait **des** fraises?
  > - Non, mais j'ai acheté **un kilo de** cerises.
  >
  > Ils veulent **de l'**eau.
  > - Je cours chercher **une bouteille d'**eau.
  >
  > Il me faut **50 grammes de** sucre et **deux cuillerés de** farine.

E. Une règle de cacophonie. On omet les articles *du, de la, des* après la préposition *de*. Ceci pour éviter la séquence phonique désagréable des syllabes *d- d*.

1. **Les séquences**

INADMISSIBLES	ADMISES
*de + du	de + un -> d'un
*de + de la	de + une -> d'une
*de + de l'	de + deux -> de deux
*de + des	de + plusieurs -> de plusieurs

2. **Les cas** - Les crochets [ ] indiquent l'omission de l'article *du, de la, des*.

   - APRÈS LE *de* D'UNE EXPRESSION DE QUANTITÉ

     J'ai déjà entendu **cette** musique.
     On a entendu **de la** musique.

     J'ai trop entendu de **cette** musique pour l'apprécier.
     On a assez entendu de [ ] musique.

   - APRÈS LE *de* NÉGATIF

     Vous avez de **ce** produit dont on a parlé à la télévision?
     Ils ont **de la** chance.

     Ils n'ont pas de **ce** produit dont on a parlé à la télévision.
     Ils n'ont pas de [ ] chance.

   - APRÈS LA PRÉPOSITION *de* D'UN GROUPE VERBAL

     Nous voulons **plusieurs** livres.
     Nous voulons **des** livres.

     Nous avons besoin de **plusieurs** livres.
     Nous avons besoin de [ ] livres.

F. Opposition: article indéfini et article contracté

   Le chauffeur de taxi
       = Le chauffeur [**de** + n'importe quel taxi].
   Le chauffeur **du** taxi
       = Le chauffeur [**de** + le taxi qui nous a amenés à l'aéroport].
   Nous avons besoin de livres.
       = Nous avons besoin [**de** + **des** livres].
   Nous avons besoin **des** livres.
       = Nous avons besoin [**de** + les livres que nous avons commandés].

EXERCICES

A. Complétez le passage à l'aide de l'article indéfini ou partitif. Justifiez l'emploi.

Christine Lepage a plusieurs talents et fait __ carrière remarquable dans __ grande boîte de publicité. C'est __ bonne employée ainsi qu' __ bon chef car elle dirige également __ département. Quand il y a __ problèmes à résoudre ou __ conseils à donner, elle est toujours disponible. On l'apprécie beaucoup car elle a __ patience, __ imagination et __ tact.

B. Distinguez les emplois de *du, de la, des, de* (préposition, article indéfini/partitif, préposition + article).

1. Il n'y a plus *de* glace! Est-ce qu'il reste *du* gâteau? J'ai envie *de* dessert.
2. Je prendrai volontiers un peu *de* thé avec *du* citron et *du* sucre.
3. Il y avait *du* monde au rallye *du* Maroc.
4. Je suis descendu *du* train dans un petit village.
5. Les employés *des* transports en commun seront en grève à partir *du* huit mai.
6. Je viens *de la* poste; j'ai acheté *des* timbres.

C. Complétez les phrases par l'article défini ou indéfini, s'il y a lieu.

1. __ sommeil est indispensable à __ vie.

   Il faut respecter __ sommeil des autres.

   Certains ont __ sommeil très léger.

2. __ Camembert est __ fromage assez fort. Nous mangeons __ fromage presqu'à tous les repas.

   Tiens! Il n'y a plus de __ fromage. Tu serais gentil d'aller acheter __ petit Camembert.

3. Les jeunes s'intéressent beaucoup à __ musique.

   Est-ce qu'ils écoutent __ musique classique ou __ chansons modernes?

   Ce qu'ils préfèrent, c'est surtout __ jazz.

D. Même exercice. Attention à l'article contracté.

__ été, il fait souvent __ chaleur écrasante. On peut alors aller à __ plage ou rester dans son jardin, à __ ombre. Si l'on a __ piscine, c'est encore mieux. On prépare __ jus de fruits que l'on déguste __ pieds dans __ eau. Il y a parfois __ étés froids où __ soleil se fait rare et où __ orages sont nombreux. On en profite pour lire __ livres que l'on n'avait pas eu __ temps de lire. Ou alors, on répond à __ lettres qui se sont accumulées. On peut les écrire à __ main ou utiliser __ ordinateur. Dans __ premier cas, on prend __ feuille de papier et __ plume et on s'installe près de __ cheminée. Dans l'autre cas, il faut, en plus de __ ordinateur, __ imprimante et __ papier spécial.

E. Même exercice. Inscrire ø si le nom n'est pas déterminé.

A : - J'ai enfin trouvé __ appartement!

B : - Je croyais que tu achetais __ maison que tu es allé voir __ mois dernier.

A : - __ maison est bien mais il n'y a pas __ jardin. Alors, __ maison sans __ jardin, ce n'est pas vivable. Il y a __ choses bizarres dans __ appartement.

B : - Comment, il y a encore __ monde dedans?

A : - Oui, mais __ type déménage à __ fin de __ mois. Il est __ artiste, je crois. Il y a __ drôles de tableaux sur __ murs: __ personnages sans __ yeux, __ petits robots avec __ harpes. En plus, __ fenêtres sont peintes en jaune. Alors, tu vois!

B : - C'est __ original, ce type! Et __ loyer est cher?

A : - 4 000 F par __ mois.

F. Complétez les phrases à l'aide d'un équivalent du *some* anglais.

1. __ personnes sont allergiques au pollen.
2. __ jeunes discutaient dans un parc.
3. __ fruits ne sont pas assez sucrés.
4. __ gros flocons de neige tourbillonnaient dans l'air.
5. __ exercices sont faciles.
6. J'aime __ cours de langue.

G. Mettez les phrases à la forme négative.

1. Il y a un piano dans le bar.
2. Je veux faire la vaisselle.
3. Nous avons de l'huile pour faire la mayonnaise.
4. J'aime les fruits tropicaux.
5. Nous avons besoin de volontaires.
6. Ce sont des légumes.

H. Formez une phrase complète en ajoutant les éléments qui manquent.

1. *(some)* enfants n'aiment pas / bonbons.
2. Il y a / gens que rien n'intéresse.
3. Je n'ai pas assez / farine pour / crêpes. Pourrais-tu m'acheter / kilo / farine?
4. Ce soir, je sers / poisson. Va me chercher / bouteille / vin blanc à / cave!
5. Je sors acheter / dictionnaire. Avez-vous besoin / cahiers ou / stylos?
6. Vous faites / tennis ou / voile? Un peu / tennis mais pas / voile.

8 L'adjectif possessif

A. La fonction. L'adjectif possessif traduit en général une idée d'appartenance. Il correspond à la construction génitive *de + nom*. L'adjectif possessif et le complément de possession sont incompatibles dans la même proposition.

> La guitare **de Pierre-Yves** -> **Sa** guitare
> *On ne peut pas dire:* [*<u>Sa</u> guitare <u>de Pierre-Yves</u>].
> La voiture **de nos voisins** -> **Leur** voiture

B. Les formes. La forme de l'adjectif possessif indique, d'une part, la personne du possesseur et, d'autre part, le genre et le nombre de l'objet possédé.

LES FORMES DE L'ADJECTIF POSSESSIF

La personne du possesseur			Le genre et le nombre de l'objet possédé		
			MASC. SING.	FÉM. SING.	PLURIEL
POSSESSEUR	**Singulier**				
	1e =	à moi	*mon* père	*ma* mère	*mes* parents
	2e =	à toi	*ton* père	*ta* mère	*tes* parents
	3e =	à lui	*son* père	*sa* mère	*ses* parents
		à elle	*son* père	*sa* mère	*ses* parents
	Pluriel				
	1e =	à nous	*notre* père	*notre* mère	*nos* parents
	2e =	à vous	*votre* père	*votre* mère	*vos* parents
	3e =	à eux	*leur* père	*leur* mère	*leurs* parents
		à elles	*leur* père	*leur* mère	*leurs* parents
	Le nom commence par une voyelle			ma -> mon *mon* amie *ton* amie *son* amie	

1. L'accord

- EN GENRE ET EN NOMBRE

> <u>le</u> chat *(masc. sing.)* de Paul   : <u>son</u> chat
> <u>la</u> chatte *(fém. sing.)* de Paul   : <u>sa</u> chatte

les chattes *(fém. plur.)* de Paul	:	ses chattes
les chats *(masc. plur.)* de Paul	:	ses chats

- EN PERSONNE

le disque qui **m'**appartient	:	mon disque
la chaîne Hi-fi qui **t'**appartient	:	ta chaîne
les affaires de **ma soeur**	:	ses affaires
la fille de **mon frère**	:	sa fille
les problèmes qui **nous** concernent	:	nos problèmes
le quartier où **vous** habitez	:	votre quartier
la voiture des **Dupont**	:	leur voiture
les enfants de **M. et de Mme Jean**	:	leurs enfants

2. Les noms féminins qui commencent par une voyelle - Lorsque le nom qui suit est féminin et commence par une voyelle ou un '*h*-muet', on substitue les formes *mon, ton, son* aux formes *ma, ta, sa* pour éviter la contiguïté de deux voyelles.

l'ardeur de Marie : **son** ardeur
l'honnêteté de Pierre : **son** honnêteté
l'indulgence de ma mère : **son** indulgence
mon âme - **mon** imagination - **mon** humeur
ton automobile - **ton** outrance - **ton** habitude

C. Les emplois

1. L'adjectif remplace généralement un possesseur 'animé' - Pour les autres compléments de possession, on peut avoir recours au pronom *en*.

la clé **de Paul** : **sa** clé

la clé **de la porte** *On ne dit pas:* [*sa clé].

Nous étions près de la porte. Le guide en a sorti la clé (la clé de la porte).

Pour animer la description, il est de coutume de décrire les monuments historiques ou les sites particuliers d'une ville ou d'une région par l'adjectif possessif.

Paris! **Sa** cathédrale, **ses** musées, **ses** cafés, **ses** bateaux-mouches.

La Provence! **Ses** ruines romaines, **ses** châteaux, **son** bon vin.

2. La valeur expressive de l'adjectif - L'adjectif possessif peut prendre une valeur expressive et traduire des sentiments variés.

J'ai vu **ton** Bertrand.
Elle et **son** Debussy!
Voilà **notre** chère Marie qui arrive.
Mon bon monsieur!

3. Cas d'ambiguïté - Pour lever l'ambiguïté quant à l'identité d'un possesseur à la 3e personne du singulier (*his/ her* anglais), on peut utiliser un pronom tonique, qui distingue le genre, ou l'expression *propre (self)*, qui renvoie au sujet.

> Paul a parlé à Marie de **sa** victoire. [*his/ her victory*]
> Paul lui a parlé de sa victoire **à elle**. [*her victory*]
> Paul lui a parlé de sa **propre** victoire. [*his victory*]

4. Répétition de l'adjectif possessif - On répète l'adjectif devant chaque nom à moins que le nom ne désigne la même personne.

> **Mon** chef et **mon** collègue organisent un colloque.
>   = Deux personnes différentes.
> **Mon** chef et collègue organise un colloque.
>   = La même personne.

5. Les parties du corps (voir chapitre 6, D).

EXERCICES

A. Récrivez les groupes nominaux en utilisant l'adjectif possessif. Exemple: *la composition que j'écris - > ma composition.*

1. le pays où je suis né
2. le chemin que tu suis
3. l'avion qu'ils viennent de prendre
4. la clé de l'hôtel où nous logeons
5. les chats qu'elle a trouvés
6. les ennuis que vous avez
7. le coup de fil qu'il a donné

B. Ecrivez l'adjectif possessif qui correspond à la personne-sujet.

1. Apporte __ parapluie car il va pleuvoir.
2. Un peu de patience! Attends __ tour.
3. Ta soeur et Madeleine vont nous présenter __ copains.
4. Ces deux frères s'occupent de __ affaires.
5. Notre région a gardé __ traditions.
6. Nous partons demain matin. Faites __ valise!
7. Madame Prévost a perdu __ frère et __ mère dans un accident de voiture.
8. Quand il était jeune, il passait __ vacances chez __ grands-parents.

C. Complétez le paragraphe par un adjectif possessif ou un article défini.

Gilberte était dans ___ métro. Elle avait mis ___ sac sur ___ banquette à côté d'elle et en avait sorti un livre quand tout à coup ___ voisin de gauche s'est levé et s'est enfui avec ___ objet qu'il convoitait. Elle a élevé ___ voix et a crié: « ___ sac!» Mais ___ voleur était déjà loin. Un (de) ___ passagers, témoin de la scène, a couru après lui et a crié. ___ malfaiteur s'est retourné pour voir ___ poursuivant. C'est alors qu'il a perdu ___ équilibre et est tombé. Il se tenait ___ tête quand l'autre est arrivé à sa hauteur. Le type était plutôt jeune. Il avait ___ cheveux blonds et ___ petite barbe. Il s'est excusé en disant qu'il n'avait pas de travail et que ___ deux enfants n'avaient plus rien à manger depuis trois jours.

D. Revoir Chapitre 6, exercice E, p. 42.

9 L'adjectif démonstratif

A. Les formes simples. L'adjectif démonstratif sert à montrer la personne ou l'objet désigné par le déterminant.

1. Les formes - En français, l'idée de proximité (l'anglais *this*) ou d'éloignement (l'anglais *that*) n'est pas indiquée dans les formes simples. On emploie *cet* au lieu de *ce* devant un nom ou un adjectif masculin qui commence par une voyelle ou un '*h*-muet'.

LES ADJECTIFS DÉMONSTRATIFS

	Masculin	**Féminin**
Singulier	**ce** *ce copain* *ce petit arbre* *ce beau jardin* **cet** *cet ami* *cet homme* *cet horrible moustique*	**cette** *cette copine* *cette promenade* *cette petite voiture* *cette amie* *cette héroïne* *cette agréable randonnée*
Pluriel	**ces** *ces copains* *ces horribles moustiques*	**ces** *ces copines* *ces héroïnes tragiques*

2. L'emploi - L'adjectif démonstratif a plusieurs fonctions. Nous notons les plus courantes.

- LOCALISER DANS L'ESPACE OU DANS LE TEMPS

    Tu as vu **ce** chapeau?
    = Le chapeau qui est là, devant toi.

    Cette année, la rentrée est le 10 septembre.
    = L'année dans laquelle nous sommes.

- REPRENDRE CE QUI A DÉJÀ ÉTÉ MENTIONNÉ

    On nous a donné 1 000 $. **Cette** somme nous a paru énorme.

> Les choses ne sont plus ce qu'elles étaient. Avez-vous remarqué que les gens sont de plus en plus pressés. Ils achètent des choses toutes faites chez les traiteurs. **Ces** changements ...

- INDIQUER LA NOTORIÉTÉ

  > Ah! **ce** cher Gaston! **Ce** Paul est bien insolent!
  > *Dear old Gaston!* *Paul is rather insolent!*

- ACCENTUER UNE CIRCONSTANCE

  > J'ai une de **ces** faims! J'ai eu une de **ces** peurs!
  > *I am **really** hungry.* *I **really** got scared.*

B. Les formes composées

1. Les formes - L'adjectif démonstratif peut être renforcé par les particules *-ci* et *-là*, que l'on joint au nom par un trait d'union.

LES ADJECTIFS COMPOSÉS

	-ci	*-là*
Singulier	ce bâtiment-ci cet immeuble-ci cette maison-ci	ce bâtiment-là cet immeuble-là cette maison-là
Pluriel	ces bâtiments-ci ces immeubles-ci	ces maisons-là ces édifices-là

2. L'emploi - De façon générale, la particule *-ci* désigne ce qui est proche dans l'espace ou dans le temps. La particule *-là* désigne ce qui est plus éloigné.

> **Ce** train-**ci**, c'est le TGV; **ce** train-**là**, c'est le Corail.
>
> Ils sont de mauvaise humeur **ces** jours-**ci**.
> *They have been in a bad mood **these** past few days.*
>
> A **cette** époque-**là**, c'était autre chose!
> *In **those** days, things were quite different.*

3. Une nouvelle opposition - Dans les expressions spatiales, la forme *-là* tend tout simplement à renforcer la valeur démonstrative de *ce*.

> Vous voulez me donner ce bureau-**là**. Regardez! Il n'y a même pas de fenêtre!
>
> Ce gadget-**là** sert à compter les grains de riz.

L'adverbe *-là* et le présentatif *voilà* s'emploient très souvent pour *ici* et *voici*.

> Je suis là! Les voilà!
> *I'm here!* *Here they come!*

EXERCICES

A. Complétez les phrases par l'adjectif démonstratif approprié.

1. Est-ce que __ livre est à Charles?
2. Que __ personne m'énerve!
3. J'ai une de __ faims!
4. __ héros a été oublié.
5. __ hiver, nous n'irons pas à la montagne.
6. Regarde __ imbécile qui immobilise la circulation!

B. Récrivez les phrases selon le modèle. Exemple : *Je ne mange pas de pain de mie. -> Je ne mange pas de ce pain-là.*

1. Nous ne buvons pas de bière russe.
2. Ils ne jouent pas au foot américain.
3. Il ne prend pas l'avion du Caire.
4. Elle ne lit pas les journaux de gauche.
5. Ils ne vont pas dans certains pays.

C. En fonction du sens, ajoutez à chaque groupe nominal comportant un adjectif démonstratif, l'adverbe -ci ou -là.

1. En ce temps- ___ , les gens étaient plus pieux.
2. Ce type- ___ ne me revient pas.
3. Ces vacances-___ , j'irai à Nice.
4. Ils arrivent ces jours- ___ .
5. Voulez-vous cette salle- ___ ou cette salle- ___ ?
6. Cette fois-___ , je ne dirai rien.
7. Où es-tu? - Je suis ___ .

D. Complétez le paragraphe par l'adjectif possessif ou démonstratif.

___ matin, pendant que ___ camarade de chambre prenait ___ douche, j'ai entendu crier à l'étage. J'ai pris ___ clé et je suis sortie voir d'où venaient ___ cris effrayants. ___ camarades de couloir sont sorties également. Marie avait pris ___ raquette de tennis! Tout à coup, la lumière s'est éteinte. Nous n'avons plus bougé, ni parlé. ___ silence, qui nous était inhabituel, était plus terrifiant encore. Nous sommes restées dans ___ état pendant plusieurs minutes. L'électricité est revenue. Chacune est rentrée dans ___ chambre. Nous ne savons toujours pas ce qui s'est passé.

E. Récapitulation. Complétez les phrases à l'aide des articles définis ou indéfinis et des adjectifs possessifs ou démonstratifs.

D'après ___ petit article paru récemment dans *Le Nouvel Observateur*, ___ licenciement, en France, peut rapporter gros surtout chez __ cadres. Une agence qui, parce qu'elle est rachetée ou restructurée, se voit obligée de réduire ___ effectifs doit payer ___ indemnités aux salariés licenciés. ___ somme représente ___ petit capital qui peut atteindre ___ 300 000 francs, somme intéressante d'autant plus qu'elle est nette de charges et non imposable. Ce qui n'empêche pas ___ nouveaux éjectés de se trouver ___ travail dans les mois qui suivent et de recommencer ___ jeu du licenciement.

❖❖❖

L'adjectif interrogatif et exclamatif

A. Les formes. Comme pour les autres déterminants, ces adjectifs précèdent le nom et servent à indiquer le genre et le nombre.

> **Quel** train prenez-vous?
> De **quels** voyageurs parlez-vous?
> Pour **quelle** banque travaille-t-il?
> **Quelle** honte!
> **Quel** acteur!
> **Quelles** vacances!

LES ADJECTIFS INTERROGATIFS ET EXCLAMATIFS

	Masculin	Féminin
Singulier	quel	quelle
Pluriel	quels	quelles

B. L'adjectif interrogatif. Comme le nom l'indique, cet adjectif sert à poser une question (voir chapitre 37).

1. L'interrogation directe - L'adjectif interrogatif se place en tête de phrase. S'il fait partie d'un groupe prépositionnel, la préposition précède l'adjectif interrogatif. En langue courante, on peut garder l'ordre de la phrase déclarative. *Quel* peut être épithète ou attribut du nom.

- *QUEL* ÉPITHÈTE : l'adjectif précède le nom.

> **Quelle rue** cherchez-vous?
> De **quel ordinateur** parlez-vous?
> Pour **quelle société** votre père travaille-t-il?
> Avec **quels employés** allons-nous parler?
> Contre **quelles idées** es-tu?

Langue courante

> Vous cherchez **quelle rue**?
> Vous parlez de **quel ordinateur**?
> Votre père travaille pour **quelle société**?
> Nous allons parler avec **quels employés**?
> Tu es contre **quelles idées**?

- *QUEL* ATTRIBUT : l'adjectif démonstratif est séparé du nom par le verbe *être*. Le nom est déterminé.

> **Quel** est votre **nom**?
> **Quelle** est son **adresse**?
> **Quelle** est la **couleur** de ses yeux?
> **Quelles** sont vos **raisons**?

2. L'interrogation indirecte - Dans l'interrogation indirecte, l'adjectif interrogatif ne subit pas de déplacement (voir chapitre 48).

> Nous vous demandons de **quels** problèmes vous parlez.
> Nous voudrions savoir **quel** formulaire il faut remplir.
> Il m'a dit pour **quelle** société il travaillait.

C. L'adjectif exclamatif. L'adjectif exclamatif a une valeur affective qui se traduit en anglais par *What a ...!* lorsqu'il porte sur la qualité et *What!* lorsqu'il désigne la quantité.

1. L'appréciation qualitative

> **Quelle** belle journée!
> **Quelle** performance!
> **Quelle** honte!
> **Quel** plaisir de nous retrouver!

2. L'appréciation quantitative

> **Quel** travail nous aurons à faire!
> **Quels** soins ils lui ont prodigués!

EXERCICES

A. Trouvez les questions pouvant entraîner les réponses suivantes. L'élément sur lequel porte l'interrogation est en italique.

1. Il fait *beau*.
2. Il est *minuit*.
3. Ce sera *un lundi*.
4. Elle est née *le 23 mars*.
5. Il vient d'avoir *18 ans*.
6. Son maillot est *jaune*.
7. Elle habite au *dixième* étage.
8. Je préfère voyager *en été*.
9. Il aime les films *muets*.
10. Ils ont visité le château *Frontenac*.
11. J'irai avec la voiture *de mon frère*.
12. Il faut un tableau *qui illustre les différents emplois de cette règle*.

B. Trouvez la question qui correspond à la partie en italique.

La vie de Jean-Paul n'est pas très compliquée. Il se lève tous les jours à (1) *six* heures. Il va au kiosque acheter le journal (2) *régional*. Il se fait un café au lait, s'installe à table et lit la rubrique (3) *des sports*. Ensuite, il lit les gros titres puis un ou deux articles sur les événements (4) *courants*. Quand c'est l'heure de partir, il lave sa tasse, plie le journal, prend (5) *ses* clés et s'en va.

C. Transformez ces phrases en utilisant l'adjectif exclamatif *quel*. Exemple : *Comme le soleil brûle! -> Quel soleil brûlant!*

1. Comme ce paysage est triste!
2. Comme cette route est étroite!
3. Comme ces vallées sont belles!
4. Comme il a menti!
5. Comme elle joue bien!
6. Comme elle étudie bien!
7. Comme il fait chaud!
8. Comme il vente!

D. Même exercice.

Exemple: *Nous aurons beaucoup de travail à faire! -> Quel travail nous aurons à faire!*

1. Il aura à passer des examens longs et difficiles.
2. Vous devrez suivre de petites routes tortueuses.
3. Elle a eu une vie longue et difficile.
4. Il leur a apporté beaucoup de joie et de bonheur.

11 L'adjectif numéral

A. La fonction. L'adjectif numéral sert à indiquer le nombre. On appelle 'adjectifs numéraux cardinaux', les formes qui indiquent la quantité et 'adjectifs numéraux ordinaux', celles qui marquent l'ordre et le rang.

- LES ADJECTIFS NUMÉRAUX CARDINAUX : le nom que l'adjectif numéral cardinal détermine est du singulier s'il s'agit du nombre *un(e)* sinon il est pluriel.

  > Ils ont **trois** enfants, **un** garçon et **deux** filles.
  > **Deux** choses semblables forment **une** paire.
  > Il y a combien d'habitants à Monaco? **50 000**?

- LES ADJECTIFS NUMÉRAUX ORDINAUX : le nom que l'adjectif numéral ordinal détermine est généralement du singulier.

  > Les personnes du **troisième** âge voyagent beaucoup.
  > C'est la **centième** fois que je leur dis d'arrêter de faire du bruit.

A cette catégorie, on peut ajouter les adjectifs *premier* et *dernier*.

> A **première** vue, c'est impressionnant.
> Les **premières** personnes sont arrivées à huit heures.
> Les **derniers** cours du semestre sont souvent bien remplis.

B. Les formes

1. Les adjectifs numéraux cardinaux

- LES NOMBRES INFÉRIEURS À 100 : ces chiffres présentent deux systèmes : les groupes de vingt et les groupes de dix. Les groupes de vingt comprennent les nombres de 1 à 20, de 60 à 80 et de 80 à 100. Les groupes de dix comprennent les nombres de 20 à 30, de 30 à 40, de 40 à 50 et de 50 à 60. On ajoute la préposition *et* devant *un* pour les nombres 21, 31, 41, 51, 61, 71. Les nombres 81 et 91 ne prennent pas de préposition : *quatre-vingt-un, quatre-vingt-onze*. On ajoute un trait d'union aux nombres composés qui n'ont pas *un*.

  > vingt et un - quarante-cinq - soixante-dix-huit - quatre-vingt-neuf

- LES NOMBRES SUPÉRIEURS À 100 : les nombres supérieurs à 100 qui proviennent d'adjectifs ne sont pas déterminés; ceux qui proviennent de noms le sont.

Adjectifs	Noms
cent	**un** million
mille	**un** milliard
	un trillion

2. Les adjectifs numéraux ordinaux - La formation de ces adjectifs est régulière. On ajoute *-ième* au nombre cardinal correspondant. *Premier* varie en genre et *deuxième* a pour synonyme *second*, qui varie aussi en genre.

> Nous avons visité les pyramides le **premier** jour. C'était la **première** fois que je voyais quelque chose d'aussi grandiose.
>
> C'est la **deuxième** fois que j'ai une chambre au **second** étage.

C. Les emplois

1. Le système métrique - Dans le système métrique, la virgule (,) sépare le nombre entier de la fraction décimale. Le point (.) marque les tranches de mille.

> 4, 50 F   se lit : quatre francs cinquante centimes
> 1, 500 kg   se lit : un kilo cinq cents grammes
> 1. 500 km se lit : mille cinq cents kilomètres

2. Les puissances

> 10^2 se lit : dix au carré
> 10^3 se lit : dix au cube
> 10^{12} se lit : dix puissance douze

3. Les fractions - De façon générale, le numérateur est désigné par l'adjectif numéral cardinal et le dénominateur, par l'adjectif numéral ordinal, sauf pour 2, 3 et 4 que l'on désigne par *demi(e), tiers, quart*.

1/2	un(e) demi(e), la demie	1/6	un sixième, le sixième
1/4	un quart, le quart	1/5	un cinquième, le cinquième
3/4	trois quarts, les trois quarts	4/5	quatre cinquièmes
1/3	un tiers, le tiers		les quatre cinquièmes
2/3	deux tiers, les deux tiers	5/8	cinq huitièmes
1/100	un centième, le centième		les cinq huitièmes
1/1 000	un millième, le millième		

4. Le rang d'un souverain, la date - Pour indiquer le rang d'un souverain et la date, on emploie l'adjectif numéral cardinal sauf pour le premier.

LE RANG D'UN SOUVERAIN	LA DATE
François 1er (François **premier**)	Le **premier** mars
Henri IV (Henri **quatre**)	Le **quatre** novembre
Louis XIV (Louis **quatorze**)	Le **quatorze** octobre

5. Les chapitres, les pages - Pour identifier le numéro d'un chapitre ou d'une page, on utilise généralement l'adjectif numéral cardinal, qui est invariable en genre. L'adjectif numéral ordinal met l'accent sur l'ordre.

> Ouvrez votre livre à la page **un**. Nous allons voir, dès la **première** page, que...

> Examinez la page **deux cent deux**. C'est la **première** page du chapitre **dix**.
>
> Le chapitre **trois** est plus clair que le chapitre **deux**.
>
> Quand je suis arrivé au **quatrième** chapitre, j'étais trop fatigué pour continuer.

6. L'heure - On utilise les nombres cardinaux pour lire l'heure. Il y a deux façons d'exprimer l'heure. La plus précise, celle des horaires, comprend les 24 heures de la journée. L'autre, qui appartient à la langue courante, comprend deux tranches de 12 heures. On emploie *et quart, et demi(e), moins le quart* pour *et quinze minutes, et trente minutes, moins quinze minutes*.

- LES HORAIRES

  > 13 h 30   se lit : treize heures trente
  > 21 h 40   se lit : vingt et une heures quarante
  > 0 h 05   se lit : zéro heure cinq

- L'HEURE COURANTE

  > 1 h 00   une heure **du matin**
  > 12 h 30   midi et demi
  > 16 h 15   quatre heures et quart **de l'après-midi**
  > 21 h 40   dix heures moins vingt **du soir**
  > 0 h 05   minuit cinq

7. Avec un déterminant - L'adjectif numéral cardinal peut se combiner avec un autre déterminant ou une expression de quantité.

> J'ai reçu **trois** lettres.
> J'ai reçu **les trois** lettres que tu m'as envoyées.
> Il a contacté **cinquante** personnes.
> Il a contacté **plus de cinquante** personnes.

8. Avec un complément - Dans l'expression *un de + nom*, l'expression numérale est du même genre que le nom complément. Le nom complément est accompagné d'un déterminant défini.

> **Une** de mes cousin<u>es</u> nous accompagnera.
> **Un** de ces étudiants a triché.
> <small>On ne peut pas dire: [*une (fém.) de mes amis (masc.)].</small>
> **Quatre** de<u>s</u> [de + les] gardes se sont endormis.

D. La prononciation de certains nombres

Six, dix - Selon le contexte phonétique, la consonne finale de *six* et *dix* aura trois prononciations différentes.

> *[s]* : lorsque le nombre n'est pas suivi d'un nom.
>   J'en ai six [sis] et eux, dix [dis].

> *[z]* : lorsque le nom qui suit commence par une voyelle ou un *h*-muet.
> Six [siz] amis et dix [diz] hommes.
>
> *Ne se prononce pas lorsque le nom qui suit commence par une consonne.*
> Six [si] livres et dix [di] cahiers.

Cinq, sept, neuf - La consonne finale de *cinq*, qui s'articule normalement, peut disparaître devant une consonne. La consonne finale de *sept* et de *neuf* se prononce. La consonne finale de *neuf* se prononce [v] dans *neuf ans, neuf heures*.

Vingt - Dans les nombres 21 et 28, il y a une liaison obligatoire entre *vingt* et le mot qui suit. On articule faiblement le *t* final de *vingt* dans les nombres 22, 23, 24, 25, 26, 27, 29.

Cent - La consonne finale de *cent* ne se lie jamais avec *un, huit* ou *onze*.

> cent || un
> cent || huit
> cent || onze

Mille - Pour les nombres de 1 100 à 1 999, on a le choix entre deux usages.

> 1 200 se lit : douze cents ou mille deux cents
> 1 600 se lit : seize cents ou mille six cents

E. L'accord

Un, une - Les adjectifs numéraux cardinaux sont invariables en genre sauf pour le nombre *un*. Ce nombre, simple ou composé, s'accorde en genre avec le nom qui suit.

> Vingt et **une** réponses
> Cent trente et **une** pages
> **Une** demi-baguette

Vingt, cent - Les adjectifs numéraux sont invariables en nombre sauf pour *vingt* et *cent*. Ces deux nombres prennent la marque du pluriel lorsqu'ils sont multipliés par un chiffre et terminent le nombre.

- PAS D'ACCORD

  > Il y a **vingt** tables et **cent** chaises dans la salle.
  >
  > Il faut prévoir **deux cent dix** places dont **quatre-vingt-dix** fauteuils.

- L'ACCORD

  > Tu me dois **quatre-vingts** dollars.
  >
  > J'ai acheté **six cents** actions.

- INVARIABLE : lorsque l'adjectif numéral indique le rang.

  > Ouvrez votre livre à la page **quatre-vingt**.

L'an **six cent** a marqué la fin de la dynastie.

Mille - Cet adjectif est toujours invariable. Ceci pour le distinguer du nom '*mille*', mesure anglo-saxonne de longueur. (On écrit aussi '*mile*' que l'on prononce à l'anglaise.) Quand le chiffre *mille* commence la date, on écrit de préférence *mil*.

100. 000   s'écrit : cent mille

100 miles   s'écrit : cent milles/ miles

L'an 1492   s'écrit : l'an **mil** quatre cent quatre-vingt-douze.

Million, milliard, trillion - Les nombres *million, milliard, trillion* sont des noms et varient, par conséquent, en nombre.

Deux million**s**

Dix milliard**s**

EXERCICES

A. Ecrivez en toutes lettres l'adjectif numéral entre parenthèses.

1. Vous n'y allez pas par (4) chemins.
2. Il faut éviter d'être (13) à table.
3. Ils se sont mis sur leur (31).
4. Ma soeur m'écrit tous les (36) du mois.
5. Les membres de l'Académie française sont dénommés les (40).
6. Dans sa jeunesse cet enfant a fait les (400) coups.
7. En attendant les résultats, la mère fait les (100) pas dans le couloir.
8. Ils ont (1 000) soucis en ce moment.

B. Ecrivez la somme indiquée en toutes lettres.

1. 32 dollars
2. 71 marks
3. 180 livres
4. 520 yens
5. 941 francs
6. 10 018 pesetas
7. 1 000 500 lires

C. Complétez chacune des phrases à l'aide d'une fraction, que vous écrirez en toutes lettres.

1. Quatre est __ de seize.
2. Le loyer me coûte __ de mon salaire.
3. Deux quarts font __ .
4. Je passe __ de mon temps à étudier.
5. La Chine comprend _ de la population mondiale.

D. Complétez chacune des phrases à l'aide d'un adjectif ordinal.

1. La _ guerre mondiale a éclaté en 1914.
2. Le régime politique français actuel s'appelle la _ République.
3. On appelle «_ colonne» les services d'espionnage sur un territoire ennemi.
4. Les noces d'or correspondent au _ anniversaire de mariage.

E. Ecrivez en toutes lettres.

1. François 1er
2. Henri IV
3. Page 80
4. 2/3
5. 6/7
6. 12 h. 30
7. 0 h. 10
8. 20 h. 50

✧✧✧

LE GROUPE NOMINAL

12 L'adjectif indéfini

A. L'adjectif indéfini. Cet adjectif sert à indiquer la quantité ou la qualité et s'accorde en genre et en nombre avec le nom qu'il détermine.

B. Les formes. Les formes expriment soit l'idée d'un négatif *(zéro)*, d'un singulier *(un)*, d'un partitif *(des)*, d'une totalité, d'une ressemblance ou d'une différence.

LES ADJECTIFS INDÉFINIS

Le sens	MASC. SING.	FÉM. SING.	MASC. PLUR.	FÉM. PLUR.
Zéro	aucun nul pas un	aucune nulle pas une	- - -	- - -
Un Des	certain quelque	certaine quelque	certains quelques divers différents plusieurs	certaines quelques diverses différentes plusieurs
Totalité	chaque tout n'importe quel	chaque toute n'importe quelle	tous n'importe quels	toutes n'importe quelles
Ressemblance ou Différence	même autre tel	même autre telle	mêmes autres tels	mêmes autres telles

C. L'emploi. Certaines formes s'utilisent seules, d'autres se combinent avec un autre élément.

1. L'adjectif n'est pas accompagné d'un déterminant - Les adjectifs de la catégorie 'zéro' et ceux indiquant 'une totalité', ainsi que *plusieurs* ne sont jamais précédés d'un article.

> **Aucun** départ n'est prévu pour demain.
> **Chaque** candidat présentera un dossier.
> **Plusieurs** fêtes ont été organisées.

2. Les adjectifs *même* et *autre* - Les deux adjectifs *même* et *autre* ne s'utilisent jamais seuls. Ils sont accompagnés d'un autre élément déterminatif.

> **Les mêmes** personnes se sont présentées deux fois.
> Vous verrez **ce même** film en ville.
> Je voudrais lire **un autre** roman.
> **Plusieurs autres** personnes se sont jointes à nous.
> **Aucun autre** départ n'est prévu pour ce soir.
> **Mes trois autres** neveux arrivent demain.

On rencontre ces adjectifs sans déterminant dans des cas d'ellipse ou dans certaines expressions figées.

> A la semaine prochaine! **Même** jour, **même** heure.
> **Autre** temps, **autres** moeurs.

L'article indéfini *des* change obligatoirement en *d'* devant l'adjectif *autres*.

> Il reste **d'autres** livres.
> Jamais : [*Il reste des autres livres*].
> Nous avons besoin **d'autres** services.
> *We need (some) other services.*

Il n'y a pas de changement lorsqu'il s'agit de la contraction *de + les*.

> Nous avons besoin **des autres** services mentionnés dans la brochure.
> *We need the other services.*

3. Avec ou sans déterminant - Les autres adjectifs varient quant à la présence d'un déterminant.

> **Certaines** gens se font **une certaine** idée de la vie.
> **Quelques** lecteurs ont lu **les quelques** pages qu'il a écrites.

D. Les emplois particuliers

Même - Placé après le nom, l'adjectif *même* n'indique plus la ressemblance mais la précision ou l'exactitude.

> Il a répété les **mêmes** [*the same*] paroles que son frère.
> Il a répété les paroles **mêmes** [*very own*] de son frère.

Quelque - Cet adjectif a le sens de *quelconque* au singulier et *un certain nombre* au pluriel.

> **Quelque** journaliste vous posera des questions.
> *Some (unspecified) journalist*
>
> **Quelques** journalistes vous poseront des questions.
> *A few journalists*

Tel - Accompagné d'un déterminant, cet adjectif a pour synonymes *si grand, si fort* et correspond à l'anglais *such*. Sans déterminant, il correspond à l'expression *un certain*.

> Un **tel** *[such]* succès est surprenant.
>
> **Tel** *[a certain]* voisin vous dira **telle** *[a certain]* chose.

Tout - Sans déterminant, *tout, toute* a le sens de *n'importe quel(le)*. Avec l'article défini, cet adjectif désigne l'ensemble.

> **Toute** *[any]* infraction est passible d'une amende.
>
> Ils ont interrogé **tous** *[all]* nos employés.

EXERCICES

A. Récrivez les expressions en utilisant le nom donné. Faites l'accord, s'il y a lieu.

1. toute la journée : (temps)
2. quelques litres : (boîtes)
3. divers sujets : (conversations)
4. chaque voyage : (randonnée)
5. certains travaux : (réparations)
6. plusieurs amis : (copines)
7. aucun problème : (difficulté)
8. de tels propos : (paroles)

B. Refaites les phrases en incorporant un adjectif indéfini.

1. Nous avons vu ces monuments.
2. Tu as commis des erreurs.
3. Ils répondront aux questions.
4. Je me souviens de mes professeurs.
5. Avez-vous besoin de renseignements?

C. Complétez ces phrases en ajoutant *tout, chaque, même, autre, tel, quelques, plusieurs, aucun, certain* selon le cas. Faites l'accord si nécessaire.

1. Ils se ressemblent beaucoup. Ils ont les __ yeux.
2. Cet arbre doit être mort. Il a perdu __ ses feuilles.
3. __ les élèves ne sont pas venus. __ élèves étaient malades.
4. Nous habitons ici depuis __ années.
5. __ fois que le téléphone sonne, je sursaute.
6. Ce film a eu un __ succès!
7. Il a répondu sans __ problème.
8. Ils ont refusé __ nos revendications.
9. Vous prendrez bien une __ tasse de café?

D. Traduisez les expressions entre parenthèses.

1. On peut recommencer sa vie à *[any age at all]*.
2. Je sais que *[several other people]* voudraient se joindre à nous.
3. *[I have no idea at all]* où nous sommes.
4. *[Not a single voter]* ne s'est élevé contre les abus du gouvernement.
5. *[Various people]* sont venu(e)s nous expliquer leur situation financière.
6. Dans *[numerous cases]*, l'accusé est innocent.

Récapitulation des déterminants

A. Complétez le texte en insérant les articles ou les adjectifs déterminatifs qui manquent. Mettez ø si le nom n'est pas déterminé.

La «Casa Miguel»

La «Casa Miguel» à Paris offre __ repas complet pour moins de trente francs. __ pain et __ vin sont compris. Selon __ *Guinness Book of Records*, c'est __ restaurant __ moins cher (de) __ monde occidental. __ petit restaurant, sans __ façon, contient __ trentaine de places et est ouvert __ fois par jour : pour __ déjeuner et pour __ dîner. __ petit paradis culinaire accueille __ gens peu fortunés, venus à Paris des __ coins du monde. On y trouve également __ étudiants et __ touristes égarés.

B. Même exercice.

Le festival d'Avignon

Tous __ étés, la Cité des Papes fête __ théâtre sous __ ses formes. __ programme de __ année offre plus de cent spectacles. Le nombre des spectacles recensés en dehors de __ festival officiel dépasse les deux cents. C'est __ diversité qui fait __ charme de __ événement culturel. Pour s'y retrouver, __ spectateur doit lire __ affiches qui couvrent __ murs ou écouter __ annonces au haut-parleur. Après, on va (à) __ spectacle comme on entre dans __ café. Il y en a pour tous __ goûts. __ délice!

C. Même exercice.

Un cambriolage

C'est la fête, __ samedi 4 avril, chez __ ingénieur Lepeyrec: __ fête très discrète car il ne reçoit que __ invités dans __ somptueuse propriété, __ petit château dans __ Cévennes. __ cuisinière, penchée sur __ casseroles, sent soudain __ bras qui lui entoure __ cou et entend __ voix menaçante lui dire à __ oreille: *«Ne crie pas, sinon on tire.»* __ hommes en cagoule noire viennent d'entrer par __ fenêtre. Ils sont bientôt rejoints par deux __ complices. Ils se dirigent aussitôt vers __ salle à manger; __ leader ordonne à tout le monde de se coucher. Tandis que __ invités restent sous bonne garde, __ couple est invité à descendre ouvrir __ coffre dans lequel se trouvent __ bijoux de famille, un peu d'argent --__ francs environ-- et __ papiers d'identité. __ truands ne s'intéressent pas à __ bijoux, ils cherchent __chose. Ils s'excusent, quasi respectueux, et quittent __ lieux. __ soirée!

13 L'adjectif qualificatif

A. L'adjectif. L'adjectif qualificatif fait partie des expansions facultatives du nom. Il s'accorde en genre et en nombre avec le nom qu'il modifie.

1. Les espèces d'adjectifs - A l'adjectif qualificatif, nous ajoutons l'adjectif participe et l'adjectif verbal.

- L'ADJECTIF QUALIFICATIF : cet adjectif exprime une qualité ou une manière d'être.

    | une rue **propre** | = une rue qui est propre |
    | un **petit** oiseau | = un oiseau qui est petit |
    | un élève **turbulent** | = un élève qui est turbulent |

- L'ADJECTIF PARTICIPE : issu du participe passé du verbe, cet adjectif a une valeur passive. L'adjectif participe suit toujours le nom.

    | une porte **ouverte** | = qui a été ouverte par quelqu'un |
    | une ville **détruite** | = qui a été détruite par quelqu'un ou quelque chose |
    | l'heure **fixée** | = qui a été fixée par quelqu'un |

- L'ADJECTIF VERBAL : issu d'un verbe, cet adjectif suit également le nom. Il a une valeur active.

    | une voix **apaisante** | = une voix qui apaise |
    | une musique **reposante** | = une musique qui repose |
    | un type **méfiant** | = un type qui se méfie |

2. La fonction - L'adjectif peut être épithète, attribut ou mis en apposition.

- L'ADJECTIF ÉPITHÈTE : placé avant ou après le nom, cet adjectif a une valeur déterminante et répond généralement à la question *quel / lequel ?*

    Je voudrais voir vos foulards **bleus**.
    - Lesquels?   - Les **bleus**.
    Nous parlons de la **petite** voiture.
    - De laquelle?   - De la **petite**.

- L'ADJECTIF ATTRIBUT : cet adjectif, séparé du nom par une copule, répond généralement à la question *Comment?* Il n'existe qu'un petit nombre de verbes copulatifs : *être, sembler, paraître, devenir, demeurer, rester*.

    Ce garçon est **bavard**.
    Comment est-il?   - **Bavard**.

> Pierre m'a paru **surpris**.
> Comment t'a-t-il paru? - **Surpris**.

Une opposition: Notez la différence d'emploi entre l'adjectif épithète et l'adjectif attribut dans les cas ci-dessous. L'adjectif épithète, lié au nom, disparaît avec le nom dans le cas de la pronominalisation. L'adjectif attribut, qui ne fait pas partie du même groupe que le nom, reste.

ÉPITHÈTE	ATTRIBUT
J'aime **le café italien.**	J'aime **le café fort.**
On ne peut pas dire: [*Je l'aime <u>italien</u>].	Je l'aime <u>fort</u>.
Levez **la main gauche**!	Gardez **le dos droit.**
Levez-**la**!	Gardez-**le** <u>droit</u>. On ne peut pas dire: [Gardez-le!]
Quel café aimes-tu?	**Comment** aimes-tu ton café?
- Le café italien	- Fort
Laquelle dois-je lever?	**Comment** dois-je garder le dos?
- La gauche	- Droit

- L'APPOSITION : cet adjectif explique plutôt qu'il ne détermine ou modifie. Il est mis en apposition par les virgules dans la langue écrite et par la pause dans la langue orale.

> **Epuisés**, <u>nous</u> sommes rentrés tôt.
> <u>Paul</u>, **adroit** et **patient**, a réparé l'engin.

B. La formation du féminin et du pluriel. En règle générale, on obtient le féminin des adjectifs en adjoignant un *e* et le pluriel, un *s*, à moins que l'adjectif ne se termine déjà par un *e* pour le féminin et par un *s* ou un *x* pour le pluriel.

1. Le féminin - Dans plusieurs cas, on double la consonne finale des adjectifs masculins avant d'ajouter le *e* du genre.

> ancien/ne - bon/ne - sot/te - cruel/le - gentil/le - pareil/le - nul/le

Les adjectifs en *-al, -eul, -ent, -ant* ne redoublent pas la consonne.

> végétal/e - seul/e - lent/e - intéressant/e

Il existe plusieurs cas particuliers de formation comme l'indiquent les exemples dans le tableau ci-dessous.

2. Le pluriel - La formation du pluriel ne comprend qu'une singularité, celle des adjectifs masculins en *-al* qui forment leur pluriel en *-aux*.

> Des revues **internationales**
> Des problèmes **internationaux**
>
> Des classes **sociales**
> Des cas **sociaux**
>
> Des notions **générales**
> Des principes **généraux**

CERTAINES FORMES IRRÉGULIÈRES

MASC. SING.	FÉM. SING.	MASC. PLUR.	FÉM. PLUR.
actif	active	actifs	actives
ambigu	ambiguë	ambigus	ambiguës
blanc	blanche	blancs	blanches
complet	complète	complets	complètes
créateur	créatrice	créateurs	créatrices
doux	douce	doux	douces
faux	fausse	faux	fausses
favori	favorite	favoris	favorites
frais	fraîche	frais	fraîches
gentil	gentille	gentils	gentilles
heureux	heureuse	heureux	heureuses
long	longue	longs	longues
public	publique	publics	publiques
social	sociale	sociaux	sociales
trompeur	trompeuse	trompeurs	trompeuses
traître	traîtresse	traîtres	traîtresses

3. Deux racines au masculin - Certains adjectifs masculins ont deux formes au singulier selon que le mot qui suit commence par une voyelle ou une consonne.

ADJECTIFS MASCULINS : DEUX FORMES

MASC. SING. devant une consonne	MASC. SING. devant une voyelle	MASC. PLUR. devant une voyelle ou une consonne
un **beau** quartier un **nouveau** jour un **vieux** locataire un matelas **mou** un regard **fou**	un **bel** immeuble le **nouvel** an un **vieil** ami un **mol** oreiller un **fol** espoir	de **beaux** oiseaux de **nouveaux** amis de **vieux** souvenirs des oreillers **mous** des espoirs **fous**

Rappel: On substitue *de* à *des* devant un nom précédé d'un adjectif (voir chapitre 7, D 2) sauf lorsqu'il s'agit de groupes figés comme *des jeunes filles, des petits pois, des grands magasins*.

> Il y a **de beaux** arbres dans ce jardin.
> Nous avons vu **de** <u>très</u> **jolies** statues.

C. Cas particuliers d'accord

Un nom et son complément - L'accord se fait toujours avec le nom que l'adjectif modifie.

> Des professeurs de **langue française**
> = Des professeurs qui enseignent la langue française
>
> Des **professeurs** de langues **français**
> = Des Français qui enseignent les langues
>
> Les langues **bretonne** et **provençale**
> = La langue bretonne et la langue provençale
>
> Les langues **slaves** et **germaniques**
> = Les langues slaves et les langues germaniques

Si l'adjectif modifie deux ou plusieurs noms dont l'un est masculin, l'accord en genre se fait au masculin. Il est aussi pluriel. Pour l'euphonie, on place le nom masculin à côté de l'adjectif.

> Une mobylette, une voiture et un <u>vélo</u> **blancs**.
> *Et non:* [une mobylette, un vélo et une voiture blancs].

La plupart de + **nom** - L'adjectif s'accorde avec le nom complément, qui est pluriel.

> La plupart des <u>élèves</u> sont **consciencieux**.
> La plupart des <u>électeurs</u> semblent **satisfaits**.

Avoir l'air - L'adjectif s'accorde avec le sujet lorsqu'il s'agit d'une chose et avec le sujet ou le mot *air* quand il s'agit de quelqu'un.

> Cette <u>vitre</u> a l'air **cassée**.
> La gamine a <u>l'air</u> **heureux**.
> La <u>gamine</u> a l'air **heureuse**.

Quelque chose de, quelqu'un de, personne de, rien de - Ces pronoms indéfinis n'ont pas de genre, ni de nombre. Il ne faut pas les confondre avec les noms *chose* et *personne*, qui sont du genre féminin. A noter l'insertion de *de* entre le pronom indéfini et l'adjectif.

> Cette couleur vous convient-elle?
> - Non, je cherche **quelque chose de vert**.
>
> Marie Dupont est très compétente.
> - Nous cherchons **quelqu'un de plus sérieux**.
>
> Marie est **une personne intelligente**.
> Un atome est **une bien petite chose**.

Ce, ceci, cela, ça - L'attribut de ces pronoms neutres est toujours du masculin singulier.

> La <u>ville</u> de Lyon est **belle**.
> <u>C</u>'est **beau** Lyon!

> Cette <u>pièce</u> est **grande**.
> <u>C</u>'est **grand**!
> Ces <u>gâteaux</u> sont **bons**.
> <u>C</u>'est **bon**!

D. Les cas invariables. Certains adjectifs sont invariables, d'autres n'ont pas de féminin, ou de masculin.

1. Les couleurs - Un nom utilisé comme adjectif ne varie pas. Un adjectif de couleur modifié par un nom ou un autre adjectif est également invariable.

- LA COULEUR EST UN NOM

  > des chemises **marron**
  > des pantalons **olive**
  > des rideaux **cerise**
  > des cheveux **poivre et sel**

- LA COULEUR EST MODIFIÉE PAR UN NOM

  > des robes **rose bonbon**
  > une jupe **gris perle**
  > une chemise **bleu ciel**

- LA COULEUR EST MODIFIÉE PAR UN ADJECTIF

  > une nappe **gris clair**
  > des yeux **vert pâle**
  > une jupe **gris sombre**
  > des tissus **rose vif**

2. Les adjectifs employés comme adverbes - Ils sont invariables.

> Elles parlent **bas**.
> Nous travaillons **dur**.
> Marie chante **faux**.
> Cette voiture a coûté **cher**.

3. Certains adjectifs invariables - Les adjectifs *snob, chic, kaki, impromptu, bon marché* sont toujours invariables.

> Une chemise **kaki**
> Des cousines **snob**
> Des livres **bon marché**

E. Cas variables

1. Les adjectifs préfixes - Placés devant le nom, les adjectifs *nu-*, *demi-* sont invariables. Après le nom, ils s'accordent en genre et en nombre.

Aller **nu**-pieds et **nu**-tête.
Aller les pieds **nus** et la tête **nue.**

Une d**emi**-heure
Une heure et **demie**

2. Les adjectifs composés - Les adjectifs s'accordent. Les prépositions, les adverbes, les radicaux restent invariables. (Ne pas confondre avec la règle des adjectifs de couleur.)

> une femme **sourde-muette** *(deux adjectifs)*
> une femme **court-vêtue** *(un adverbe et un adjectif)*

F. Place de l'adjectif. De façon générale, l'adjectif épithète se place après le nom. On peut préposer les adjectifs pour des effets de style. Dans un certain nombre de cas, le choix est dicté.

1. L'adjectif se place après le nom

- LA COULEUR, LA FORME, LA NATIONALITÉ, LA RELIGION : ces adjectifs suivent toujours le nom.

> une voiture **blanche**   une table **ronde**
> des casquettes **bleues**   un tapis **carré**
>
> un écrivain **anglais**   des moines **bouddhistes**
> un ministre **canadien**   un ministre **protestant**

Si l'adjectif de couleur décrit une abstraction, il peut se placer devant le nom.

> de **noirs** desseins

- AUTRES CAS : les adjectifs qui n'admettent pas la comparaison, les adjectifs modifiés par un adverbe long se placent après le nom. L'adjectif modifié par l'adverbe *peu* suit également le nom.

> une femme **enceinte**
> la navette **spatiale**
> une oeuvre **artistique**
>
> un **beau** type
> un type <u>singulièrement</u> **beau**
>
> un **bon** étudiant
> un étudiant **bon** <u>en calcul</u>
>
> une **grande** maison
> une maison <u>peu</u> **grande**

2. L'adjectif précède le nom

- *BON, MAUVAIS, JEUNE, VIEUX, PETIT, GRAND, BEAU, JOLI, GROS, LONG* : ces adjectifs précèdent presque toujours le nom.

un **grand** palais	un **vieil** ami	un **bon** discours
une **petite** pièce	un **jeune** acteur	une **mauvaise** composition
une **grosse** colonne	un **joli** tableau	une **longue** lettre

- LES EFFETS DE STYLE : on peut faire précéder le nom par d'autres adjectifs pour les rendre plus expressifs.

> une **importante** découverte
> un **rapide** exposé
> un **magnifique** voyage

- AVEC LES NOMS PROPRES : l'adjectif que l'on ajoute à un nom propre précède toujours ce nom.

> le **malheureux** Charles
> la **charmante** Isabelle
> la **courageuse** Jeanne

3. **Une séquence antéposée** - Les adjectifs que l'on place devant le nom se succèdent sans l'intermédiaire de la conjonction ou de la virgule. Deux adjectifs modifiés chacun par un adverbe sont reliés par une conjonction.

> un **joli petit** vélo bleu
> un **vilain vieux** fauteuil
> une <u>très</u> **jolie petite** maison
> une <u>fort</u> (adverbe) **jolie** mais <u>très</u> **petite** maison

On évite une série de trois adjectifs devant le nom. On admet cette séquence si le troisième adjectif est *jeune* ou *petit*.

> un **charmant joli petit** village

4. **Une séquence postposée** - On sépare les adjectifs par une virgule ou une conjonction. La conjonction n'est pas précédée d'une virgule.

> un petit vélo **léger** <u>et</u> **bon marché**
> un jeune président **sérieux** <u>mais</u> **superficiel**
> un discours **clair**, **bref** <u>et</u> **logique** [Pas de virgule devant *et*].

G. L'emploi de certains adjectifs

Neuf, nouveau - *Neuf* (brand new) se dit d'un objet qui n'a pas ou presque pas servi. Il a pour contraire *vieux*. *Nouveau* (new to the owner) se dit d'une chose ou d'une personne qui, dans l'ordre chronologique, vient en dernier. Il a pour contraire *ancien* (former).

> Tu as vu ma **nouvelle** voiture? C'est l'ancienne voiture de mon frère. Lui, il n'achète que des voitures **neuves**.

Chaud, froid - Avec le verbe *être*, l'adjectif indique la température d'un objet et s'accorde avec le sujet. Avec le verbe *avoir* l'adjectif décrit un être qui éprouve une sensation de chaleur ou de froid. L'adjectif est invariable. Avec le verbe *faire,* l'adjectif indique le temps qu'il fait et est également invariable.

> La soupe **est froide** mais le thé **est chaud**.
>
> J'**ai** toujours **froid** et eux, ils **ont** toujours **chaud**.
>
> Il **fait froid** ce matin. J'espère que demain il **fera chaud**.

H. Changement de sens selon la place. Certains adjectifs changent de sens selon qu'ils précèdent ou suivent le nom. Placé après le nom, l'adjectif a un sens concret. Avant le nom, il prend un sens abstrait.

ADJECTIFS QUI CHANGENT DE SENS

L'ADJECTIF	APRÈS LE NOM sens concret	DEVANT LE NOM sens abstrait
anclen	une capitale **ancienne** *old*	une **ancienne** capitale *former*
brave	un garçon **brave** *brave*	un **brave** garçon *good natured*
pauvre	un homme **pauvre** *poor*	un **pauvre** homme *to be pitied*
propre	une chambre **propre** *clean*	sa **propre** chambre *very own*
cher	un objet **cher** *expensive*	mon **cher** frère *dear*
chic	une fille **chic** *elegant*	une **chic** fille *upstanding*
dernier	la semaine **dernière** *before this week*	la **dernière** semaine *last in a series*
seul	une personne **seule** *lonely*	une **seule** personne *only*
simple	un salarié **simple** *simple*	un **simple** salarié *only*
drôle	une idée **drôle** *funny*	une **drôle** d'idée *bizarre*
curieux	un enfant **curieux** *curious*	une **curieuse** histoire *bizarre*

EXERCICES

A. Récrivez les expressions en utilisant le nom donné. Faites l'accord, s'il y a lieu.

1. un conseil régional : (organisation)
2. des rapports sociaux : (sciences)
3. un établissement laïc : (école)
4. un grand-père maternel : (grand-mère)
5. un manteau mi-long : (jupe)
6. des frères jumeaux : (soeurs)
7. un enfant gracieux : (fille)
8. un Coca frais : (limonade)
9. des documents accusateurs : (lettre)

B. Formez un groupe nominal en joignant l'adjectif au nom et en ajoutant le déterminant convenable. Exemple : *saison : beau -> une belle saison.*

1. hommes : beau
2. habitudes : vieux
3. nappes : vert foncé
4. an : nouveau
5. produits : bon marché
6. chemises : bleu ciel
7. yeux : marron
8. héros : nouveau
9. statue : grec
10. jupes : olive

C. Remplacez le complément de nom par l'adjectif qui correspond.

1. un port de Bretagne
2. du café de Colombie
3. un fromage du Danemark
4. une choucroute d'Alsace
5. un plat de Provence
6. une femme de Turquie
7. le drapeau du Canada
8. l'art de Chine
9. une estampe du Japon.

D. Transformez les adjectifs attributs en adjectifs épithètes, selon le modèle. Exemple : *Cette histoire est romantique. -> C'est une histoire romantique.*

1. Cette bière est bonne et légère.
2. Cette chanson est assez vieille.
3. Ces fleurs sont très jolies.
4. Cette chambre est beaucoup trop petite.
5. Cette voiture est petite et nerveuse.
6. Ce village est charmant et petit.

E. Trouvez l'adjectif qui correspond à la description. Exemple : *Quelqu'un qui aime l'autorité. -> C'est quelqu'un d'autoritaire.*

moelleux - rusé - indulgent - constant - indigeste - modeste - sûr

1. Quelqu'un qui excuse ou pardonne facilement.
2. Quelqu'un qui est habile et trompe facilement.
3. Quelqu'un qui est simple, humble.
4. Quelqu'un en qui l'on peut avoir confiance.
5. Quelque chose qui a de la douceur au toucher.
6. Quelqu'un qui persiste dans l'état où il se trouve.
7. Quelque chose qui est difficile à digérer.

F. Récrivez le texte en faisant l'accord des adjectifs.

Les *(toiles / marocain)* de Matisse sont un festival de la couleur. Une vingtaine des *(oeuvres / majeur)* de Matisse viennent de quitter l'Ermitage de Leningrad pour la National Gallery of Art de Washington. En «*(bon / Nordique)*», Matisse a été fasciné par l'intensité de la *(lumière / méridional)*. Le Maroc l'a aidé à s'échapper des *(maîtres / impressionniste / pointilliste)*. Toute sa vie, Matisse restera fidèle aux *(figures / décoratif)* qu'il a entrevues au Maroc. Il est connu pour ses *(rideaux / surchargé)*, ses *(fleurs / retravaillé)* et ses *(couleurs / arbitraire)*. Le Maroc lui a offert des *(sujets / nouveau)*: *(scènes/ urbain)*, *(personnages/ oriental)* et bien d'autres.

G. Récrivez le goupe nominal selon le sens indiqué par le contexte. Faites l'accord si nécessaire.

1. C'est une *(école/ ancien)* que l'on a transformée en musée.

2. Les examens auront lieu pendant la *(semaine/ dernier)* du trimestre.

3. Voilà une *(chambre/ propre)* !

4. Je revois avec douceur notre *(maison / cher / vieux)*.

5. Un *(coup de fil / simple)* et on vous règle le problème.

6. Le nouveau P.D.G. est un *(homme/ jeune)* d'environ 35 ans.

7. Son *(problème/ seul/ vrai)*, c'est que c'est une *(personne/ seul)*.

8. Il y a deux types de réponses: les *(réponses/ vrai)* et les *(réponses/ faux)*.

◆◆◆

14 Le complément du nom et de l'adjectif

A. Le complément du nom. Le complément du nom se présente sous la forme d'un groupe prépositionnel. Ce groupe sert à préciser ou à expliquer le nom qu'il complète.

1. Les formes de l'expansion - Le complément du nom peut prendre la forme d'un nom, d'un pronom, d'un infinitif ou d'un adverbe.

> Le fils **de Paul**
> L'amour **des siens**
> Une machine **à écrire**
> Les voisins **d'à côté**

2. La structure - Le complément peut être introduit directement, sans préposition, ou indirectement par une préposition.

- LES COMPLÉMENTS DIRECTS : la plupart proviennent d'une ellipse.

  > La méthode **Capretz**
  >   = La méthode de Capretz
  > Une jupe **prêt-à-porter**
  >   = Une jupe du style prêt-à-porter
  > Une voiture **1950**
  >   = Une voiture de l'année 1950

- LES COMPLÉMENTS INDIRECTS : ces compléments sont introduits par une préposition. Le choix de la préposition n'est pas toujours facile à déterminer. Les prépositions les plus usitées sont *de* et *à* (voir chapitre 25).

de

> L'éducation **des** enfants   Un film **d'**aventures
> Les fromages **de** France   Le jardin **de** mon père
> Un maillot **de** bain   Un roman **de** Balzac
> Un verre **d'**eau   Le moment **d'**entrer
> Un sac **de** papier   L'heure **d'**aller à la plage

à

> Un verre **à** vin   Une planche **à** repasser
> Un bateau **à** voiles   Un appartement **à** louer
> Du papier **à** lettres   Un terrain **à** vendre

B. Le complément de l'adjectif

1. Les formes de l'expansion - Ce complément sert à déterminer l'adjectif. Il peut avoir la forme d'un nom, d'un pronom ou d'un infinitif.

> Rouge **de colère**
> Fort **en géographie**
>
> Digne **de toi**
> Fier **des siens**
>
> Bon **en calcul**
> Content **de tout**
>
> Heureux **de partir**
> Sûr **de réussir**

2. La préposition - Nous citons quelques cas.

LE COMPLÉMENT DE L'ADJECTIF

ADJ. + *de* + NOM	ADJ. + *à* + NOM	ADJ. + *en* + NOM
fou *de* + nom	fidèle *à* + nom	bon *en* + nom
fier *de* + nom	pareil *à* + nom	mauvais *en* + nom
content *de* + nom	semblable *à* + nom	riche *en* + nom
inquiet *de* + nom		pauvre *en* + nom
digne *de* + nom		
capable *de* + nom		
dégoûté *de* + nom		

3. Le cas de *pour* - Lorsque l'adjectif est modifié par un adverbe de quantité, la préposition est *pour*.

> <u>Trop</u> petit **pour** travailler.
>
> <u>Assez</u> grand **pour** attraper la balle.
>
> <u>Pas assez</u> nombreux **pour** jouer un match.

EXERCICES

A. Indiquez si le groupe prépositionnel en italique est une expansion du nom ou s'il a une autre fonction.

1. J'ai vu une très bonne <u>émission</u> *à la télévision* hier soir.
2. Il passe une très bonne <u>émission</u> *de radio* ce soir.
3. D'ici, on a une très belle <u>vue</u> *de la vallée*.
4. Je vous répète les <u>paroles</u> mêmes *de Jacqueline*.
5. On passe un <u>film</u> *au cinéma du quartier*.
6. On trouve des <u>myrtilles</u> *de juillet à août*.
7. C'est le <u>week-end</u> *du 15 août*.
8. Le <u>train</u> *de Paris* arrive dans une heure et demie.

B. Trouvez un complément logique au nom proposé et reliez-le à ce nom à l'aide de la proposition.

La préposition *de*
1. un trousseau   - *aspirine*
2. une miette   - *fruits*
3. un cageot   - *dentifrice*
4. un comprimé   - *clés*
5. un tube   - *pain*

La préposition *à*
1. du rouge   - *dos*
2. un sac   - *lettres*
3. une coupe   - *lèvres*
4. un étui   - *champagne*
5. du papier   - *lunettes*

C. Traduisez les expressions suivantes.

1. *rich in carbohydrates*
2. *bad in geography*
3. *proud of oneself*
4. *not good enough for us*
5. *similar to the other one*
6. *disgusted with oneself*
7. *worthy of esteem*
8. *faithful to one's traditions*
9. *filled with admiration*

III. Le verbe et la conjugaison
Vue d'ensemble

A. Le groupe verbal. Le verbe est le noyau du groupe verbal. C'est le verbe qui assigne leur fonction aux compléments. Les expansions ou compléments du verbe peuvent se présenter sous la forme d'un groupe nominal, d'un groupe prépositionnel ou d'une proposition. Les adverbes et les circonstances servent également à compléter le sens du groupe verbal.

Groupe nominal. (Voir II. Le groupe nominal)

| Je prends | **mon café sans sucre.** |
| J'ai lu | **le livre que tu m'avais recommandé.** |

Groupe prépositionnel. (Voir IV. Le groupe prépositionnel et adverbial)

| Il a besoin | **de ta voiture.** |
| Il travaille | **pour une société anonyme.** |

Proposition. (Voir VI. Les propositions)

Elles veulent	**que tu arrives plus souvent à l'heure.**
J'irai	**si j'ai fini.**
Ils partiront	**à condition qu'il fasse beau.**

Groupe adverbial. (Voir IV. Le groupe prépositionnel et adverbial)

| Elle arrive | **demain matin dans la matinée.** |
| Il parle | **moins vite que sa soeur.** |

Un verbe peut avoir plusieurs compléments.

Le Professeur Colin parlera **[à un industriel] [demain matin] [dans la salle 112] [pour lui demander ce qu'il compte faire pour résoudre le problème de la pollution].**

B. Le classement syntaxique des verbes. On classe les verbes selon leur rapport avec le sujet et les compléments.

1. Le sujet - Certains verbes n'admettent comme sujet que le *il* dit 'impersonnel', d'autres, un sujet 'vide' représenté également par *il*, d'autres encore, un sujet qui provient d'une autre proposition.

- LES VERBES ESSENTIELLEMENT IMPERSONNELS : ces verbes ne varient jamais en personne. Le sujet est toujours *il*.

  Les verbes qui représentent les phénomènes atmosphériques n'admettent pas de compléments d'objet. Comme tous les verbes, ils peuvent être modifiés par un adverbe.

  > Il pleut. - Il neige. - Il vente. - Il tonne. - Il gèle.
  > Il fait beau. - Il fait froid. - Il fait chaud.

  Les verbes *il y a, il faut, il s'agit de* sont accompagnés d'un complément.

  > Il **y a** de l'eau dans le frigo.
  >
  > Il **faut** du temps et de l'argent.
  > Il **faudrait** que vous songiez à votre avenir.
  >
  > Il **s'agit de** nous tous.
  > Il **s'agit d'**être sérieux.

  Les semi-auxiliaires *devoir, pouvoir* et les périphrases verbales *aller, venir de* peuvent être insérés pour exprimer une modalité.

  > Il <u>peut</u> **neiger**.
  > Il <u>pourrait</u> **s'agir** d'une somme importante.
  > Il <u>vient</u> **de pleuvoir**.
  > Il <u>doit</u> **y avoir** une réponse.
  > Il <u>va</u> **falloir** partir tôt.

- LES VERBES QUI ADMETTENT UN SUJET VIDE : certains verbes intransitifs permettent l'échange d'un groupe nominal avec le pronom vide *il*.

  > **Trois personnes** sont arrivées.
  > <u>Il</u> est arrivé **trois personnes.**
  >
  > **Des bruits** courent.
  > <u>Il</u> court **des bruits.**
  >
  > **Plusieurs piétons** passent en ce moment.
  > <u>Il</u> passe **plusieurs piétons** en ce moment.
  >
  > **Des choses bizarres** arrivent.
  > <u>Il</u> arrive **des choses bizarres.**

- LA 'MONTÉE' EN POSITION SUJET : certains verbes, qui n'ont pas de sujet propre, permettent en position sujet la montée d'un nom provenant d'une autre proposition.

  > Il est difficile de comprendre **Paul**.
  > **Paul** est difficile à comprendre.
  >
  > Il semble que **le temps** soit à l'orage.
  > **Le temps** semble être à l'orage.

2. Les compléments d'objet

- LES VERBES TRANSITIFS DIRECTS : ce sont des verbes qui se construisent avec un complément d'objet sans l'intermédiaire d'une préposition. On appelle ces compléments, compléments d'objet direct (COD), (voir chapitre 31).

   > Je lis **le journal**.
   > Il regarde **la télévision**.
   > Nous cherchons **le bonheur**.

- LES VERBES TRANSITIFS INDIRECTS : ce sont des verbes qui se construisent par l'intermédiaire de la préposition *à* ou *de*. On appelle ces compléments, compléments d'objet indirect (COI), (voir chapitres 32-34).

   > Je parlerai <u>à</u> **Christine**.
   > Jean-Paul s'intéresse <u>à</u> **Annie**.
   > Gilberte parle <u>de</u> **sa famille**.

- LES VERBES INTRANSITIFS : ces verbes n'admettent pas de complément d'objet. Le sujet et le verbe suffisent à exprimer une idée complète.

   > Laurent **dort**.
   > Gabrielle **est arrivée**.
   > Thierry **partira**.

3. Les verbes attributifs

Ces verbes relient le nom ou l'adjectif attribut au sujet dans une relation d'égalité. Les verbes attributs sont peu nombreux : *être, paraître, sembler, devenir, rester, avoir l'air, passer pour*.

> Paul **est devenu** <u>avocat</u>.
> Marie **est restée** <u>petite</u>.
> Les enfants **semblent** <u>fatigués</u>.

4. Les 'semi-auxiliaires'

Les semi-auxiliaires expriment une modalité et sont associés à un infinitif. Il s'agit des verbes *devoir, pouvoir, faillir, falloir;* des verbes dits aspectuels *aller, venir de, être en train de;* du causatif *faire* ainsi que de *laisser*.

> Nous **avons failli** <u>rater</u> le bus.
> Vous **devrez** <u>partir</u> plus tôt demain.
> Ils **viennent de** <u>rentrer</u>.
> Ils **vont** <u>venir</u> vous voir.
> Elle **a fait** <u>venir</u> le médecin.

C. Le mode.

On groupe les sept modes du français en deux catégories, selon que le verbe est conjugué ou pas. Sauf pour l'impératif, les verbes dont le sujet n'est pas exprimé appartiennent à un mode impersonnel.

1. Les modes personnels

Les modes personnels se conjuguent à toutes les personnes. Ils sont au nombre de quatre.

- L'INDICATIF : ce mode présente le procès comme réel et ne dépendant de rien (voir chapitres 16-22). C'est le mode normal des phrases simples.

  > Je **sais** quelque chose.
  > Je **sais** qu'il **veut** quelque chose.

  > Il y **a eu** un ouragan.
  > On **dit** qu'il y **a eu** un ouragan.

- LE SUBJONCTIF : ce mode présente le procès comme éventuel, mais son emploi n'est pas toujours libre. Ce mode dépend du verbe/adjectif opérateur ou de la conjonction (voir chapitres 44-45). On le trouve donc dans les subordonnées.

  > Je voudrais que vous **soyez** plus attentifs.
  > Nous sommes ravis que vous **ayez fait** un bon voyage.
  > Tu resteras là jusqu'à ce que je **revienne**.

- L'IMPÉRATIF : ce mode exprime l'ordre, l'exhortation ou la défense et de ce fait ne se conjugue qu'à la deuxième personne du singulier et du pluriel et à la première personne du pluriel. Ce mode est caractérisé par l'absence du sujet (voir chap. 23).

  > **Va** au supermarché!
  > **Allez** chez le boucher!
  > **Allons** à la boulangerie!

- LE CONDITIONNEL : ce mode présente le procès comme dépendant de quelque condition (voir chapitre 24).

  > Si l'on te demandait ton avis, que **dirais**-tu?
  > Si j'avais le temps et les moyens, je **voyagerais**.

2. Les modes impersonnels - Les modes impersonnels ne se conjuguent pas. Ils sont au nombre de trois.

- L'INFINITIF : ce mode exprime le procès à la manière d'un nom (voir chapitre 46).

  > **Lire** est un plaisir; j'aime **lire**.
  > = La lecture est un plaisir.

- LE GÉRONDIF : ce mode exprime le procès à la manière d'un adverbe (voir chapitre 47).

  > Il est arrivé **en courant.**
  > = Il est arrivé rapidement.

- LE PARTICIPE : ce mode exprime le procès à la manière d'un adjectif (voir chapitre 13).

  > Les travaux **terminés,** ils sont rentrés chez eux.
  > = Les travaux étaient finis.

D. Les temps. Le verbe comprend deux parties : la racine, qui désigne le type de procès, et la terminaison, qui spécifie le temps, le mode et la personne. Le temps verbal *(tense)* permet de situer dans le temps *(time)* le procès exprimé par le verbe. On peut classer les temps de plusieurs façons.

1. Les temps simples et les temps composés - Selon que le verbe se construit seul ou avec un auxiliaire; l'auxiliaire de base est *avoir*.

2. Les temps absolus et les temps relatifs - La distinction de temps absolus et de temps relatifs n'est valable que pour le mode indicatif. Les temps absolus de la langue parlée sont le Présent, le Passé composé et le futur simple. Ces temps situent le procès par rapport au moment de la parole. Les autres temps, les temps relatifs, sont repérés sur les temps absolus ou sur un autre moment défini par le contexte.

L'INDICATIF

x	x	X	*x*	x
Plus-que-parfait	**Passé composé**	**PRÉSENT**	*Futur antérieur*	**Futur simple**

- LES TEMPS ABSOLUS

  Il **pleut**.
  Elle **a réussi**.
  Nous **ferons** un voyage.

- LES TEMPS RELATIFS ET LE MOMENT REPÈRE

  J'**avais fini** à 5 h.
  A midi, je **serai parti**.
  Il **était rentré** quand nous avons téléphoné.
  J'**aurai fini** de lire cet article quand tu passeras ce soir.

3. L'opposition aspectuelle - L'aspect décrit l'espace de temps que le procès occupe. En français, l'opposition aspectuelle n'est manifeste qu'au passé de l'indicatif. La langue parlée oppose le passé composé et l'imparfait; la langue littéraire, le passé simple, l'imparfait et le passé composé.

  Elle **habitait** un petit immeuble quand je l'**ai connue**.
  Il **est arrivé** pendant que nous **mangions**.

L'espace de temps décrit par le passé composé (ou le passé simple) s'inscrit à l'intérieur de l'espace de temps décrit par l'imparfait. On peut illustrer ces rapports ainsi:

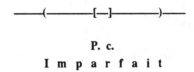

P. c.
I m p a r f a i t

4. Les temps littéraires - Le passé simple et le passé antérieur de l'indicatif appartiennent essentiellement à la langue écrite : presse, littérature, histoire. Ce sont les temps du récit, les seuls capables de représenter la progression sans ambiguïté. On les rencontre surtout à la troisième personne. L'imparfait et le plus-que-parfait du subjonctif ont presque disparu de la langue écrite.

E. La voix. La voix indique le degré de participation du sujet.

1. La voix active et la voix passive - La transformation passive consiste à permuter les rôles d'agent et de complément d'objet direct et de les relier par l'auxiliaire *être* suivi du participe passé du verbe (voir chapitre 49).

	Sujet	**Verbe**	**Complément**
VOIX ACTIVE	La voiture	a renversé	le piéton.
VOIX PASSIVE	Le piéton	a été renversé	par la voiture.

2. La tournure pronominale à sens passif - Certaines tournures pronominales prennent un sens passif quand le sujet du verbe réfléchi est inanimé, donc incapable de faire l'action exprimée par le verbe.

> Le mont Ventoux s'aperçoit de loin.
> = Un mont ne peut pas voir.

LA CONJUGAISON

		Formes	
		Simples	**Composées**
Indicatif			
	Présent	Je finis	
	Passé composé		J'ai fini
	Imparfait	Je finissais	
	Plus-que-parfait		J'avais fini
	Futur simple	Je finirai	
	Futur antérieur		J'aurai fini
	Passé simple	Je finis	
	Passé antérieur		J'eus fini
Conditionnel			
	Présent	Je finirais	
	Passé		J'aurais fini
Impératif (2ème pers. sing.)			
	Présent	Finis	
	Passé		Aie fini
Subjonctif			
	Présent	... que je finisse	
	Passé		... que j'aie fini
	Imparfait	... que je finisse	
	Plus-que-parfait		... que j'eusse fini

EXERCICES

A. Indiquez si le sujet *il* représente une personne ou s'il est impersonnel.

1. *Il* est clair qu'*il* fera beau demain.
2. *Il* est sûr de réussir.
3. *Il* est certain que Marc reviendra.
4. *Il* semble que Blaise s'intéresse à l'astronomie.
5. *Il* a dû oublier.
6. *Il* doit y avoir beaucoup de choses.
7. *Il* est content de partir.
8. *Il* lui est arrivé un accident.
9. *Il* était une fois ...
10. *Il* y aura dix personnes.

B. Identifiez les compléments du verbe : complément d'objet direct, complément d'objet indirect, complément circonstanciel ou attribut.

1. Pourrais-tu prêter ta voiture à Anne-Virginie?
2. Il faudrait que vous écriviez une lettre à l'éditeur de ce journal.
3. J'ai demandé aux enfants de ne pas déranger le petit.
4. Nous voudrions savoir si nous pouvons partir plus tôt.
5. Marie-José s'intéresse à l'architecture romane.
6. Ils nous ont parlé de leurs projets de vacances.
7. Je me souviens que tes parents étaient très compréhensifs.
8. Nous partirons quand nous serons prêts.

C. Identifiez le mode et le temps des verbes en italique.

1. Il *faudrait* que nous *puissions* le *voir* avant ce soir.
2. Nous *estimons* qu'il y *aura* au moins une centaine de personnes.
3. *Soyez* à l'heure à moins que vous ne *soyez* malade.
4. Quand vous *aurez fini,* vous *pourrez partir.*
5. Le gamin qui *a été renversé* par la voiture se *porte* mieux.
6. Nous *allions* tous *rester* mais il *a fallu* que nous *partions.*

15 Le sujet du verbe

A. La marque de la personne. La marque de la personne vient en dernier lieu dans la terminaison du verbe. A l'oral, plusieurs terminaisons se confondent d'où la nécessité d'exprimer le pronom personnel. A l'écrit, les personnes correspondent pour la plupart aux signes suivants:

PERSONNE	TERMINAISONS	PERSONNE	TERMINAISONS
1ère, sing.	**-e, -s, -x,**	1ère, plur.	**-ons**
2ème, sing.	**-es, -s, -x,**	2ème, plur.	**-ez**
3ème, sing.	**-e, -t, -d**	3ème, plur.	**-nt**

B. Les personnes. Seuls les pronoms personnels permettent de distinguer les trois personnes. Les autres pronoms et les groupes nominaux sont tous de la troisième personne.

- LES PRONOMS PERSONNELS : les trois personnes.

    > **Je** parle à Jacques.
    > **Tu** nous intéresses.
    > **Elle** dort.
    > **Nous** cherchons quelqu'un.
    > **Vous** connaissez le chef.
    > **Ils** veulent autre chose.

- LES AUTRES PRONOMS: la troisième personne.

    > **Tout** va bien.
    > **Les miens** sont meilleurs.
    > **Celui-ci** fera l'affaire.
    > **Certains** ne reviendront pas.

- LES GROUPES NOMINAUX ET LES PROPOSITIONS : la troisième personne.

    > **Le fils des Dupont** arrivera demain.
    > **Les enfants qui pleurent** resteront à la maison.
    > **Que vos amis arrivent si tard** est étonnant.
    > **Manger et dormir** sont deux activités quotidiennes.

C. Plusieurs sujets. Une hiérarchie s'impose si le verbe a deux ou plusieurs sujets de personnes différentes. La première personne l'emporte sur les deuxième et troisième personnes; la deuxième, sur la troisième. Le verbe est au pluriel.

- LA 1ÈRE PERSONNE DU PLURIEL

    > Marie *(3e)* et moi *(1e)* **resterons** à la maison.
    > Eux *(3e)*, vous *(2e)* et nous *(1e)* **partirons** plus tard.

- LA 2ÈME PERSONNE DU PLURIEL

> Jean *(3e)* et <u>toi</u> *(2e)* **parlerez** les premiers.
>
> Elles *(3e)*, lui *(3e)* et <u>toi</u> *(2e)* **resterez** dans la salle.

- LA 3ÈME PERSONNE DU PLURIEL

> Le petit *(3e)* et les trois grands *(3e)* **partiront** ensemble.
>
> Vouloir *(3e)* et pouvoir *(3e)* **sont** deux choses différentes.

D. Les cas particuliers

1. Un pronom reprend tous les sujets - Si le verbe est précédé d'un pronom qui reprend tous les sujets, le verbe s'accorde avec ce pronom.

> Son départ, le trajet, son arrivée, <u>tout</u> **a été bouleversé**.
> Le leader, les manifestants, <u>chacun</u> **rentra** satisfait de lui-même.

2. Le sujet est déterminé par un adverbe de quantité - Le verbe s'accorde avec le nom même si celui-ci n'est pas exprimé.

> Beaucoup de <u>soldats</u> se **tenaient** sur la place.
> La plupart des <u>vacanciers</u> ne **peuvent** pas se détendre.
> Combien de <u>parents</u> **souffrent** d'insomnie?
>
> Peu **reviendront** satisfaits. *(Peu de <u>voyageurs</u>)*
> La plupart vous **diront** la vérité. *(La plupart des <u>gens</u>)*
> Combien **partent** sans bagages? *(Combien de <u>jeunes</u>)*

3. Le sujet est un nom collectif - Le verbe s'accorde avec le nom collectif (singulier) ou avec le complément de ce nom (pluriel) selon ce que l'on perçoit comme sujet.

> Une <u>foule</u> de curieux se **tenait** sur la place.
> Une foule de <u>curieux</u> se **tenaient** sur la place.
>
> La <u>majorité</u> des gens **comprend** mal la politique.
> La majorité des <u>gens</u> **comprennent** mal la politique.

4. Les sujets sont coordonnés ou réunis - Lorsque les sujets sont coordonnés par *ou* ou *ni* ou réunis par *avec, comme, ainsi que*, l'accord est variable.

> **Ni** le père **ni** la mère n'**osait** répondre.
> **Ni** le père **ni** la mère n'**osaient** répondre.
>
> Paul **ou** Marie vous **répondra**.
> Paul **ou** Marie vous **répondront**.

E. Le sujet est éloigné du verbe.
Le sujet est souvent séparé du verbe par une expansion. Le verbe s'accorde avec le mot tête du groupe nominal sujet.

> Le **toit** [des maisons que l'on apercevait au loin dans la vallée] **brillait** sous le soleil de midi.

La **question** [que se **posent** souvent les **parents**] **est** de savoir s'ils élèvent bien leurs enfants.

Une [des choses les plus importantes] **est** que vous soyez là à l'heure.
= une chose est importante parmi plusieurs choses.

Tout **être**, [hommes, femmes ou enfants], **tient** à la vie.

F. L'ordre sujet-verbe est inversé. (Voir l'inversion du sujet et du verbe, pp. 3-4).

Que **demandent ces ouvriers**?

Toute cette affaire, **a annoncé le député**, relève de la police.

A ce moment-là, **s'est élevé** parmi les spectateurs un **cri** qui a fait frémir tout le monde.

Ainsi **devrions-nous** chercher la solution ailleurs.

EXERCICES

A. Identifiez le sujet de chaque verbe conjugué et le mot responsable de l'accord du verbe. Lorsque le sujet est postposé, indiquez pourquoi.

1. La majorité des enfants aime lire.
2. Il y a beaucoup d'exercices mais la plupart sont faciles.
3. Partir en vacances est indispensable pour le moral.
4. Les élèves du troisième niveau qui n'ont pas choisi leurs cours pour le semestre prochain sont priés de se présenter au secrétariat.
5. Sans doute serons-nous en retard.
6. Il est clair, a déclaré le ministre, que nous agissons pour le plus grand bien de la population.
7. Dans la colline au-dessus de la ville se trouvent des ruines préhistoriques.
8. Telle a été la décision du comité.
9. Ont été refusés Simon, Jean-Marie, Lucienne, Florence, Marie-Noël et Marthe.

B. Soulignez le sujet puis écrivez le verbe à la personne qui convient. Si le mode et le temps ne sont pas dictés par le contexte, écrivez le verbe au présent.

1. La voiture, la maison, le garage, tout (être détruit) par la foudre.
2. Une bande d'écoliers (venir de) passer.
3. La plupart des gens (suivre) les événements courants.
4. La majorité des étudiants ne (être) plus politisée.
5. Combien (avoir peur) de prendre l'avion!
6. Peu (périr) en mer.
7. Nous (faire) comme (faire) nos aïeux.
8. Sur la rive opposée (croître) des arbrisseaux épineux.
9. Observez les oiseaux que (guetter) le chat.
10. C'est ton avis mais tout le monde ne (penser) pas comme toi.

16 Le présent de l'indicatif

A. L'emploi général. Tout procès, actions brèves ou longues, états brefs ou longs, lois de la physique, vérités générales ou éternelles, etc., qui intersecte avec le moment de la parole s'exprime au présent. Une phrase au présent sous-entend l'énoncé : *"Au moment où je parle, c'est le cas que..."*.

| Le moment de la parole | ↓ |
| Le procès évoqué | _____(_____)_____ |

La classification en catégories n'est donc pas essentielle. Mais nous signalons les plus courantes.

- LES ÉVÉNEMENTS PASSAGERS

  Eric **joue** dans la cour.
  Le père **amuse** le bébé.
  Nous **sommes** en route pour Bordeaux.

- LES ÉVÉNEMENTS QUI DURENT

  La voiture de Thierry ne **marche** plus.
  Les Mathieu **habitent** La Rochelle.
  Les roses **sont** fragiles.

- LES ÉVÉNEMENTS QUI SE RÉPÈTENT

  Les enfants **font** leurs devoirs en rentrant de l'école.
  La comète Halley **est** visible tous les 72 ans.
  Sébastien **fait** des gammes tous les matins.

- LES LOIS DE LA PHYSIQUE, LES VÉRITÉS ÉTERNELLES

  L'eau **bout** à 100°C.
  Deux et deux **font** quatre.
  La terre **tourne** autour du soleil.

B. Les formes. Les terminaisons varient selon la personne et le groupe. Pour ce qui est du radical, certains verbes ont deux formes : une pour les trois personnes du singulier et la 3ème personne du pluriel et une autre, pour les 1ère et 2ème personnes du pluriel. Certaines formes subissent des changements phonétiques et orthographiques.

- LE CAS DE *C, G, Y*

  c > ç devant *o* :   commencer - commençons
  g > ge devant *o* :   manger - mangeons

> *y > i* devant *e* :   essuyer - essuie; payer - paie
> *Remarque:* les verbes en *-ayer* peuvent conserver l'*y*.

- LE CAS DE *E, É* - Lorsque l'accent tonique tombe sur une syllabe en *e* ou *é*, la voyelle s'ouvre et se traduit à l'écrit par un changement en *è* ou *ll*, *tt*.

> *e > è* :   acheter - achète   *e > el* : appeler - appelle
> *é > è* :   répéter - répète   *e > et* : jeter - jette
> *Remarque:* Les verbes en *-éer* ne changent pas, *créer : crée*.

LES TERMINAISONS

	je	*tu*	3 p.s.	*nous*	*vous*	3 p.p.
-er	chante	chantes	chante	chantons	chantez	chantent
-ir	finis	finis	finit	fini-ss-ons	fini-ss-ez	fini-ss-ent
-ir	pars	pars	part	partons	partez	partent
-re	vends	vends	vend	vendons	vendez	vendent

L'ALTERNANCE DU RADICAL

	je	*tu*	3 p.s.	*nous*	*vous*	3 p.p.
venir	*viens*	*viens*	*vient*	**venons**	**venez**	*viennent*
tenir	*tiens*	*tiens*	*tient*	**tenons**	**tenez**	*tiennent*
pouvoir	*peux*	*peux*	*peut*	**pouvons**	**pouvez**	*peuvent*
vouloir	*veux*	*veux*	*veut*	**voulons**	**voulez**	*veulent*

C. Certains emplois particuliers

1. L'indicatif à valeur d'impératif - Dans la langue courante, on substitue souvent le présent de l'indicatif à l'impératif quand on parle aux enfants.

> **Tu** ne **bouges** pas et **tu** m'**écoutes**.
> **Tu** te **tais** et **tu manges**.
>
> **Vous sortez** une feuille et **vous écrivez** ce mot dix fois.
> **Vous écoutez** puis **vous répondez** aux questions.

2. Le présent à valeur de futur - L'emploi du présent pour un procès futur est soumis à certaines contraintes. Le procès doit traduire une intention. Il ne s'utilise donc qu'avec un agent capable de décision et pour des événements sur lesquels il a un certain contrôle. Le présent décrit alors l'espace entre le moment de la décision et la réalisation du procès envisagé.

> Nos amis **partent** demain.
>   = Ils ont pris la décision de partir.
>
> Paul se **marie** l'année prochaine.
>   = Il a pris la décision de se marier.

> Nous **rentrons** aux Etats-Unis dans deux ans.
> = Nous avons pris la décision de rentrer.

On ne peut donc pas dire:

> [*Il pleut demain] *parce qu'on ne peut pas contrôler le temps.*
> [*Mon père meurt lundi] *parce qu'on ne fixe pas normalement le moment de la mort.*
> [*Je dors bien ce soir] *même si on le souhaite, le sommeil dépend d'autres facteurs.*

3. Le présent à valeur de passé - D'usage plus restreint, le présent exprime un procès passé. Le verbe est généralement ponctuel et traduit la fin d'un procès dont les traces sont visibles. On utilisera plus souvent la périphrase *je viens juste de* + infinitif dans ce contexte.

> Excusez ma tenue, je me **lève**.
> La maison est en désordre; nous **rentrons** de vacances.
> Je n'ai pas dépouillé mon courrier; j'**arrive**.

4. La description - On décrit assez rarement au présent les procès dont la durée est plus brève que le temps qu'il faut pour les énoncer. Toutefois, on l'entend fréquemment dans les descriptions sportives et les démonstrations. On choisit également le présent pour décrire une image ou un tableau.

> Platini **attrape** la balle. Il **donne** un coup. Le ballon **passe** la ligne. Il **marque** un but!
>
> D'abord, je **fais** fondre le chocolat. Ça y est, il est fondu. Maintenant j'**ajoute** les amandes, le beurre et le sucre. Je **travaille** bien ce mélange. Je **bats** les blancs en neige. Je les **incorpore** au mélange que je **verse** dans un moule.
>
> Dans cette image, on **voit** un homme qui **entre** dans une boutique. Une femme, qui **est** assise à la terrasse d'un café, s'**affole**. Le garçon de café se **retourne** et **renverse** une table. Tout le monde s'**enfuit**. Quelqu'un **appelle** la police.

5. Le présent de la narration - Le présent se substitue au passé composé ou, dans la langue écrite, au passé simple pour donner plus de vie au récit. A noter que le présent ne remplace pas l'imparfait.

> Hier, j'**arrive** et je **vois** un type qui attendait devant la porte. Je le **regarde** et je lui **demande** si c'était lui que j'avais vu la veille. Il me **dit** que non, que je devais faire erreur.

D. Les périphrases aspectuelles. Les périphrases aspectuelles *être en train de* + infinitif et *venir de* + infinitif ne s'utilisent, à l'indicatif, qu'à trois temps : le présent, l'imparfait et le futur. *Aller* + infinitif ne s'utilise qu'au présent et à l'imparfait. Nous donnons nos exemples au présent.

Être en train de - Pour traduire l'équivalent anglais *be+-ing*, on a recours à des adverbes de temps ou à la périphrase aspectuelle *être en train de* (*to be in the process of doing something*). Cette tournure ne convient, en français, qu'aux actions de courte durée, contemporaines au moment de la parole et dont le sujet est animé. Les verbes de perception tels que *voir* et *entendre*, sont généralement exclus.

- LA PÉRIPHRASE

  > Pierre **est en train de** jouer au tennis.
  > Le chat **est en train de** manger.
  > Nous **sommes en train** d'étudier un rapport sur le logement.
  > Ils **sont en train de** construire un tunnel.

  On ne dit pas :
  [*Ils sont en train de tomber] *verbe ponctuel*.
  [*Cet enfant est en train de grandir vite] *verbe d'état*.
  [*L'eau est en train de couler] *le sujet est inanimé*.
  [*Il est en train de partir demain] *le procès n'est pas contemporain au moment de la parole*.
  [*Je suis en train de voir/ d'entendre] *verbes de perception*.

- LES ADVERBES ET LES LOCUTIONS ADVERBIALES DE TEMPS : ces adverbes et locutions servent à restreindre la tranche de temps inhérente au temps présent. Les expressions les plus courantes sont : *en ce moment, maintenant, actuellement (at the present time), aujourd'hui, ces jours-ci (lately), cette semaine, cette année*.

  > Pierre joue au tennis **en ce moment**.
  > La police surveille le quartier **ces jours-ci**.
  > Ils sont **actuellement** en pourparlers avec les dirigeants.
  > **Maintenant**, nous habitons un trois pièces.

Aller + **infinitif** - Cette périphrase a pour fonction d'exprimer un futur immédiat. Dans la langue parlée, elle a tendance à remplacer le futur simple. La périphrase ne se met jamais au temps futur.

- LA PÉRIPHRASE

  > Je **vais** vous **raconter** une histoire.
  > Il dit que la prochaine fusée **va atteindre** une autre planète.
  > **Allez**-vous **prendre** votre retraite à 60 ans?

- D'AUTRES PÉRIPHRASES : l'imminence d'un procès est marquée par d'autres périphrases telles que *être sur le point de (about to/ on the verge of)* et *ne pas tarder à (to be soon happening)*.

  > Nous **sommes sur le point de** partir.
  > Il **ne va pas tarder à** pleuvoir.

Venir de + **infinitif** - Cette périphrase se traduit en anglais par '*to have just done/ experienced something*'.

> Les étudiants **viennent de** passer un examen.
> Mon frère **vient de** s'acheter un magnétoscope.
> Céline **vient de** déménager.

E. La durée exprimée par *depuis*. Pour indiquer la durée d'un procès au présent, on utilise *depuis*. *Depuis* ne décrit pas le procès entier puisque le procès n'est pas terminé. Il décrit l'espace de temps entre le point de départ du procès et l'intersection de ce procès avec le moment de la parole.

| Le moment de la parole | ↓ | Présent |
| Le procès évoqué | ─────[─────)───── | Présent |

1. La durée : *depuis combien de temps? (how long?)* - Cette question porte sur la durée. La réponse peut être donnée sous la forme d'un adverbe de durée ou d'une proposition dont le verbe est au présent.

- VERBE PRINCIPAL AU PRÉSENT + *DEPUIS* + DURÉE

  > Nous travaillons **depuis** dix minutes.
  > Nous travaillons **depuis** des années.
  > Nous travaillons **depuis** toujours.
  >   *We have been working for ten minutes/ for years/ for ever.*

- VERBE PRINCIPAL AU PRÉSENT + *DEPUIS QUE* + VERBE AU PRÉSENT

  > Nous étudions **depuis que** nous sommes là.
  > Nous étudions **depuis qu'**on nous surveille.
  > Nous étudions **depuis que** vous êtes le professeur.
  >   *We have been working for as long as we have been here/ etc.*

- *CELA FAIT, IL Y A, VOILÀ... QUE* : ces expressions précisent la durée, jamais le point de départ. Les deux verbes sont donc au présent.

  > Cela **fait** dix jours que je **travaille**.
  > Ça **fait** trois semaines que nous **attendons**.
  >
  > Il y **a** dix jours que nous **cherchons** un appartement.
  > Il y **a** des années que nous **attendons** des réformes.

2. Le point de départ : *depuis quand? (since when?)* - Cette question porte sur le point de départ. Ce point se situe dans le passé et s'exprime par un adverbe de temps ou une proposition dont le verbe est au passé composé.

- VERBE PRINCIPAL AU PRÉSENT + *DEPUIS* + DATE/ ÉVÉNEMENT PASSÉ

  > Il attend **depuis** hier soir.
  > Il attend **depuis** le 4 juillet.
  > Il attend **depuis** mon départ.

- VERBE PRINCIPAL AU PRÉSENT + *DEPUIS QUE* + VERBE AU PASSÉ COMPOSÉ

  > Il est malade **depuis qu'**il est arrivé.
  > Il est malade **depuis qu'**il est allé à l'hôpital.
  > Il est malade **depuis qu'**elle est partie.

3. Le procès se répète - La répétition régulière d'un événement est perçue comme une continuité. On peut préciser la répétition par un adverbe itératif: *tous les jours, régulièrement, tout le temps, rarement.*

> Je me **couche** tard depuis que je **suis** en vacances.
> Je **sors** rarement le soir depuis que j'**ai commencé** à travailler.
> **Voilà** un an que je **joue** au tennis tous les dimanches matins.

4. Le procès est discontinu - Si le verbe de la proposition principale représente un procès discontinu (le procès n'a pas lieu au moment où le locuteur parle), le verbe ne peut accepter le temps présent. On doit utiliser le passé composé. En raison de l'adverbe *depuis* qui tend à la continuité, on neutralise cette continuité en indiquant le nombre de fois.

- LE NOMBRE DE FOIS

   Je me **suis levé** deux fois à dix heures depuis que je suis en vacances.
   Il m'**a téléphoné** plusieurs fois depuis qu'il a déménagé.
   Je lui **ai parlé** à plusieurs reprises depuis votre visite.

- LE NOMBRE D'ÉVÉNEMENTS

   Nous **avons eu** deux tests depuis le début du cours.
   Il **est passé** trois bus depuis que je l'attends.
   Elle **a écrit** trois lignes depuis qu'elle est arrivée.

DEPUIS

LE PRÉSENT

Un procès continu
Un procès habituel
Une continuité négative

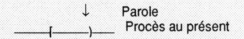
Procès au présent

*Il **est** malade depuis dix jours.*
*Nous **travaillons** tous les jours depuis notre arrivée.*
*On ne le **voit** plus depuis qu'il s'est mis à étudier.*

LE PASSÉ COMPOSÉ

Un procès discontinu affirmatif ou négatif

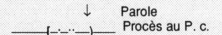
Procès au P. c.

*Il m'**a écrit** plusieurs fois depuis son départ.*
*Nous **avons vu** quatre films depuis que nous sommes là.*
*Il ne m'**a** pas **écrit** (une seule fois) depuis qu'il est parti.*

5. Le procès principal est modifié par une négation

- *NE ... PLUS* : l'adverbe *ne...plus (no longer, anymore)* exprime l'absence de ce qui aurait pu continuer mais qui s'est arrêté. L'absence est exprimée au présent.

  > Il ne **travaille** plus depuis le 30 mai.
  > Il ne **travaille** plus depuis qu'il est malade.
  > Cela fait dix jours qu'il ne **travaille** plus.

- *NE ... PAS* : contrairement à *ne ... plus*, qui décrit l'absence d'une continuité, la négation *ne ... pas* décrit l'absence d'une répétition et sous-entend *pas une seule fois*. Comme pour les procès discontinus, le verbe est au passé composé.

  > Je n'**ai** pas **vu** ma famille (une seule fois) depuis mon arrivée.
  > Je n'**ai** pas **ouvert** mon livre (une seule fois) depuis le dernier test.
  > Pascal ne nous **a** pas **téléphoné** (une seule fois) depuis qu'il est à Paris.

- *NE...RIEN* : cette négation peut décrire une continuité négative ou l'absence d'un événement. Le présent met l'accent sur ce qui persiste et le passé composé, sur les événements qui n'ont pas eu lieu.

  > Paul ne **fait** rien depuis qu'il est en vacances.
  > *Paul has not been doing anything ...*
  > Paul n'**a** rien **fait** depuis qu'il est en vacances.
  > *Paul has not done a thing...*

F. La répétition du procès. La répétition peut être exprimée directement par un adverbe de fréquence ou indirectement par la présence d'un adverbe de durée autre que *depuis*.

1. Les adverbes de fréquence - Les adverbes de fréquence les plus usités sont : *souvent, fréquemment, tous les jours, chaque jour; rarement, quelquefois, de temps en temps, la plupart du temps, d'habitude, généralement; toujours, jamais.*

> Vous allez danser? - Non. J'y vais **rarement**.
> Vous avez reçu une lettre de votre fils? - Oui. Il nous écrit **toutes les semaines**.
> Tiens! Il pleut. - C'est dommage! **La plupart du temps**, il fait beau.

2. Les adverbes de durée : *pendant, jusqu'à, de ... à* - Le présent ne peut pas être circonscrit (bound). Si le procès est limité par un adverbe de durée autre que *depuis*, il exprime alors une répétition.

> Monique **lit** pendant une heure.
> = *Monique usually reads for one hour.*
> Jacques **dort** jusqu'à 9h.
> = *Jacques normally sleeps until 9 o'clock.*
> Nous **écrivons** de midi à deux heures.
> =*We usually write from noon to two o'clock.*

3. Les conjonctions de temps : *quand, dès que* - Ces conjonctions transforment les procès en une répétition. *Quand, lorsque* peuvent représenter deux procès parallèles ou deux procès qui se succèdent. *Dès que, aussitôt que* n'indiquent que la succession.

- LA RÉPÉTITION DE DEUX PROCÈS PARALLÈLES

  > Quand je **lis**, je ne **peux** pas supporter le bruit.
  >   *When I read, I cannot tolerate noise.*
  >
  > Nous **prenons** le métro quand nous **allons** en ville.
  >   *We take the métro whenever we go downtown.*

- LA RÉPÉTITION DE DEUX PROCÈS QUI SE SUCCÈDENT

  > Il **salue** tout le monde quand il **entre**.
  >   *He says hello to everyone when he comes in.*
  >
  > Il **dépouille** son courrier dès qu'il **arrive**.
  >   *He opens his mail as soon as he gets in.*

4. Les conjonctions : *pendant que, tandis que, jusqu'à ce que* - Elles indiquent la répétition ou la durée. La présence d'un adverbe sert à lever l'ambiguïté.

> Il **lit** le journal pendant que je **regarde** la télé.
>   *He reads the newspaper while I watch TV.*
>   *He is reading the newspaper while I am watching TV.*
>
> **D'habitude**, il **lit** le journal pendant que je **regarde** la télé.
> **En ce moment**, il **lit** le journal pendant que je **regarde** la télé.

G. Le cas de *pour*. Cette préposition indique le but ou la destination. Le temps présent représente une intention ou une obligation qui commence au moment de la parole.

- UNE DATE ANTICIPÉE

  > Vous **devez** me rendre votre devoir pour le 17 décembre.
  >   = L'obligation commence au moment où je vous parle et vous avez jusqu'au 17 décembre pour remplir cette obligation.
  >
  > Je vous **promets** les résultats pour lundi.
  >   = Ma promesse commence maintenant et sera accomplie lundi.
  >
  > Il me **faut** la voiture pour demain.
  >   = J'exprime le besoin maintenant et ce besoin doit devenir une réalité demain.

- UNE DURÉE ANTICIPÉE : très peu de verbes admettent la préposition *pour* pour exprimer une durée anticipée. Les verbes les plus fréquents sont: *en avoir pour, partir pour, s'absenter pour, être quelque part pour*.

  > Nous **partons** pour (une durée de) quinze jours.
  > Nous **sommes** là pour dix jours.
  > J'en **ai** encore pour dix minutes.
  > Je dois **m'absenter** pour la journée.

EXERCICES

A. Ecrivez au présent les verbes entre parenthèses.

1. Dans cette ville, les citoyens (craindre) la violence.
2. Il (falloir) leur dire que tu (vouloir) les aider.
3. Il (pleuvoir) depuis une semaine et ça n'en (finir) pas!
4. L'eau (bouillir) à 100°C.
5. Le triangle équilatéral (comprendre) trois côtés égaux.
6. La somme des angles dans un triangle (correspondre) à 180°.
7. Ils (choisir) des fruits qui (mûrir) vite.
8. Nous (ranger) tout ce que nous (déplacer).
9. Tu les (vouvoyer) et ils te (tutoyer).
10. Tu (acheter) et je (payer).
11. Je (nettoyer) les objets que vous (trier).
12. Ils (jeter) des cailloux dans l'eau quand ils (voir) des grenouilles.

B. Indiquez à quel proverbe anglais correspond le proverbe ou le dicton français.

1. N'éveillez pas le chat qui dort.
2. Un tiens vaut mieux que deux tu l'auras.
3. Qui aime bien, châtie bien.
4. Qui se ressemble s'assemble.
5. Qui veut la fin veut les moyens.
6. On ne peut pas avoir le beurre et l'argent du beurre.

Where there is a will there is a way. - Birds of a feather flock together. - You can't have your cake and eat it too. - Spare the rod and spoil the child. - Let sleeping dogs lie. - A bird in the hand is worth two in the bush.

C. Complétez le texte à l'aide des verbes qui vous sont proposés.

accepter - empêcher - être - avoir - sortir - vivre - connaître - comprendre - vouloir

Jean-Marc _____ célibataire. Il _____ assez souvent avec ses copains «pour s'éclater». Il _____ aussi une 'nana' qu'il _____ depuis un an. Depuis quelque temps, lui et sa copine _____ en 'couple', ce qui ne les _____ pas d'avoir leurs propres amis. Pour le moment, ils ne _____ pas entendre parler de mariage. Les parents ne _____ pas très bien mais ils _____ ce nouveau mode de vie.

D. Récrivez chacune des phrases en utilisant la périphrase aspectuelle qui convient (*être en train de, venir de, aller + infinitif*). Faites les changements nécessaires.

1. Nous arrivons à l'instant.
2. Ils sont sur le point de déménager.
3. Il ne va pas tarder à pleuvoir.
4. En ce moment, je lis le journal.
5. Ils construisent un nouveau pont.
6. On a téléphoné il y a deux secondes.

E. Transformez les phrases qui acceptent la périphrase progressive *être en train de*.

1. Il y a de gros nuages noirs dans le ciel!
2. Nous partons demain.
3. Je crois qu'elle fait ses valises.
4. On ne peut pas passer par cette route!

5. Le bébé pleure.
6. J'entends des bruits bizarres.
7. Il est interdit d'aller dans la cuisine en ce moment!

F. Traduisez les phrases suivantes.

1. *We have been living here for many years.*
2. *I have been sick ever since I came back from vacation.*
3. *I have read several books since I've been working nights.*
4. *You have received two phone calls since you left the room.*
5. *They have been happy ever since they decided to move.*

G. Traduisez en français les éléments entre crochets.

Mes voisins partent demain *[for a month]*, un moment attendu *[for such a long time]*. Quant à moi, il me faudra *[wait for several years]* avant de pouvoir prendre d'aussi longues vacances. *[It has been two years]* que je ne suis pas parti en vacances. Tous les dimanches, je lis la rubrique «Voyages» et je rêve *[for hours]*. *[«What are you waiting for»]* me dis-je pour changer de poste!

17 Le futur simple

A. L'emploi général. Le futur exprime un procès qui se situe dans une période ultérieure au moment de la parole. Les cas d'emploi sont nombreux. On donne les grandes catégories.

1. Le procès représente une hypothèse, une promesse, un projet, un rêve

> Un jour **viendra** où nous **serons** tous frères.
> Sur ma planète de rêve, il n'y **aura** pas de pollution.
> Quand j'**aurai** le temps, je **lirai** un livre sur l'informatique.
> J'espère qu'ils **arriveront** à l'heure.
> On **ira** sans doute vous voir.

2. Pour annoncer un événement qui ne dépend pas du locuteur

> Il **fera** beau dimanche.
> Tu te **marieras** comme tout le monde!
> Je pense qu'il n'y **aura** plus de guerres.

B. Les formes. Le futur est formé sur l'infinitif auquel on ajoute les terminaisons *-ai, -as, -a, -ons, -ez, -ont*. Les radicaux se terminent sur le *r-* de l'infinitif. Le *-e* final des verbes en *-re* tombe. Certains verbes des groupes en *-oir* et *-ir* ont des radicaux irréguliers.

LE FUTUR SIMPLE

	je	*tu*	3 p. s.	*nous*	*vous*	3 p. p.
-er	mangerai	mangeras	mangera	mangerons	mangerez	mangeront
-ir	finirai	finiras	finira	finirons	finirez	finiront
-re	vendrai	vendras	vendra	vendrons	vendrez	vendront

Les radicaux irréguliers - (On ne donne que la 3ème personne du singulier.)

avoir : elle aura	vouloir : elle voudra	tenir : elle tiendra
savoir : elle saura	pouvoir : elle pourra	venir : elle viendra
recevoir : elle recevra	courir : elle courra	pleuvoir : il pleuvra
être : elle sera	mourir : elle mourra	falloir : il faudra
aller : elle ira	devoir : elle devra	voir : elle verra

Remarque: le futur de 'cueillir' et de ses dérivés est 'cueillerai'.

C. Les emplois particuliers. On emploie le futur au lieu du présent pour marquer une distance avec l'interlocuteur ou avec le moment présent.

1. Pour atténuer une demande - On présente la requête comme si elle ne devait être effectuée que plus tard.

> Vous **voudrez** bien patienter.
> Je vous **demanderai** de ne pas fumer, s.v.p.
> Tu **seras** gentil de bien vouloir me passer le pain.

2. Pour exprimer un fait probable - Il s'agit d'un fait présent qui ne peut être confirmé que plus tard. Cet usage est limité aux verbes *avoir* et *être*.

> François est en retard. Il **aura** encore des ennuis de voiture.
> Yvonne n'est pas arrivée. Elle **sera** encore à Montréal.

D. La concordance des temps. Deux procès à venir reliés par une conjonction de temps s'expriment par le futur simple, le futur antérieur ou l'impératif selon la chronologie que l'on veut établir. L'impératif correspond au futur simple. On souligne la répétition par l'adverbe *chaque fois, toutes les fois*.

Le jour où

> Le jour où il **deviendra** père, il **prendra** ses responsabilités.
> Le jour où quelqu'un m'**annoncera** que j'ai gagné à la loterie, j'**inviterai** tout le monde.

Quand, lorsque; dès que, aussitôt que

> **Téléphone**-nous quand tu **arriveras**!
> Je vous **donnerai** un coup de fil dès que je **serai arrivé**.
> **Ecris**-nous chaque fois que tu le **pourras**!

Tant que, aussi longtemps que - Ces conjonctions expriment deux procès parallèles orientés vers le point final d'une durée.

> Je les **aiderai** tant que je le **pourrai**.
>   *I will help them for as long as I can.*
> Nous **travaillerons** aussi longtemps qu'il le **faudra**.
>   *We will work for as long as it takes.*

Pendant que - Cette conjonction exprime un rapport de simultanéité entre deux procès à venir.

> Il **travaillera** pendant qu'elle **fera** ses études.
> J'**irai** à la banque pendant que vous **ferez** les courses.
> **Chaque semaine**, je m'**occuperai** des enfants pendant que tu **feras** le ménage.

Comme - C'est une conjonction de manière qui exprime également la simultanéité.

> Vous **ferez** comme vous **voudrez**.
> *You do as you please.*

LES CONJONCTIONS DE TEMPS

Proposition principale		Proposition subordonnée
FUTUR SIMPLE		FUTUR SIMPLE
J'**irai** vous voir	dès que	cela **sera** possible.
Tu **trouveras** ma lettre	quand	tu **rentreras**.
Nous ne **sortirons** pas	tant qu'	il **fera** mauvais.
Je **lirai**	pendant que	tu **écriras**.
IMPÉRATIF		FUTUR SIMPLE
Fermez les volets	quand	vous **partirez**.
Reposez-vous	pendant que	vous **serez** en vacances.
Faites	comme	vous **voudrez**.
FUTUR SIMPLE		FUTUR ANTÉRIEUR
Tu me **téléphoneras**	quand	tu **auras reçu** ma lettre.
IMPÉRATIF		FUTUR ANTÉRIEUR
Ecris-lui	dès que	tu **auras pris** une décision.
FUTUR ANTÉRIEUR		FUTUR SIMPLE
J'**aurai fini**	quand	tu **passeras** me chercher.
Il **sera rentré** de vacances	quand	les cours **reprendront**.

L'ordre des propositions ne change pas le sens de la phrase.

> Tu trouveras ma lettre quand tu rentreras.
> Quand tu rentreras, tu trouveras ma lettre.

E. La conjonction hypothétique *si*. La conjonction *si (if)* introduit une condition ou une supposition. La langue marque la différence entre la condition et le résultat par l'emploi de deux temps différents. La condition est présentée au présent et la réalisation de cette condition au futur.

***Si* présent + futur**

> Demain, s'il **fait** beau, nous **irons** à la mer.
> Si tu **écoutes** bien, tu **comprendras**.
> Je **serai** en retard si ça **continue** comme ça.

Si **passé composé + futur** - La condition peut être exprimée par un passé composé au lieu d'un présent. Le passé composé marque la fin d'un procès ou le résultat d'un procès qui a commencé avant le moment futur.

> Si j'**ai fini** avant 17 h., je **partirai** avec vous.
> *If I am done at 5 o'clock, I'll go with you.*
>
> Si vous n'**êtes** pas **arrivés** à midi, nous **commencerons** sans vous.
> *If you are not there at noon, we will begin without you.*

Si **présent + impératif** - L'impératif peut se substituer au futur dans la proposition principale.

> Si vous ne **voulez** pas avoir de vertiges, ne **regardez** pas en bas!
> *If you do not want to feel dizzy, do not look down.*
>
> **Partez** si vous y **tenez**!
> *Leave if that's what you want!*

LA CONCORDANCE AVEC *SI*

Proposition subordonnée la condition	Proposition principale le résultat
PRÉSENT S'il **pleut** Si nous **commençons** à l'heure	FUTUR nous **resterons** à la maison. nous **finirons** à l'heure.
PRÉSENT Si vous **avez** peur d'aller en avion Si vous **voulez** faire une demande	IMPÉRATIF **prenez** le train. **allez** au guichet no 2.
PASSÉ COMPOSÉ Si vous **êtes parti** PASSÉ COMPOSÉ Si vous n'**avez** pas **fini**	FUTUR je **laisserai** un message. IMPÉRATIF **continuez**.

L'ordre des propositions ne change pas le sens de la phrase.

> Nous resterons à la maison s'il pleut.
> S'il pleut, nous resterons à la maison.

EXERCICES

A. Ecrivez les verbes au futur simple et à la personne indiquée.

tenir : je

être : vous

pleuvoir : il

revoir : tu

mourir : nous

vouloir : ils

jouer : elle

prendre : je

pouvoir : nous

avoir : on

recevoir : vous

dormir : tu

B. Ecrivez les verbes de ce texte au présent ou au futur selon le cas.

D'habitude quand je (rentrer) chez moi, je (lire) le journal et je (se reposer) un peu. Mais ce soir, quand j' (arriver), je (se mettre) à travailler tout de suite car il faut que j'aie fini mes devoirs quand mon copain (passer) me chercher. Toutefois, si j'(avoir) le temps, je (lire) les manchettes.

C. Complétez les phrases à l'aide d'un présent ou d'un futur, selon le cas.

1. Envoie-moi une carte des pyramides quand tu (être) en Egypte.

2. Elle dit qu'elle voyagera tant qu'elle le (pouvoir).

3. Si un jour on m'offre un voyage en cadeau, je (choisir) la Chine.

4. Qu'est-ce que vous (emporter) si on vous invite à passer trois mois dans une île tropicale?

5. N'oubliez pas! A partir de maintenant, chaque fois que vous (remplir) un questionnaire, vous (inscrire) votre numéro d'immatriculation.

6. Tu me feras signe dès que tu (avoir) une réponse.

7. Qu'est-ce qui se passera si l'ozone (disparaître)?

8. Il paraît que dans dix ans, il (faire) encore plus chaud.

D. Même exercice.

1. En ce moment, nous (lire) une pièce de Molière.

2. S'il vous plaît, Messieurs! Je vous (demander) de ne pas fumer.

3. Marie (venir) d'appeler; elle (partir) en vacances.

4. Depuis que Paul porte des lunettes, il (voir) beaucoup mieux.

5. Si vous (envoyer) cette lettre aujourd'hui, la direction la (recevoir) jeudi.

6. Cela fait trois ans qu'ils n' (habiter) plus Boston.

7. Nous (jouer) aux cartes pendant que tu te reposeras.

8. Le jour où j' (avoir) mon diplôme, je serai bien content.

E. Inscrivez la conjonction qui convient (*quand, aussitôt que, aussi longtemps que, pendant que, comme, si, depuis que, pour*).

1. ___ tu recevras le document, tu le signeras.

2. D'habitude, on rentre ___ il commence à pleuvoir.

3. Faites ___ vous voudrez!

4. Il est malade ___ il est petit.

5. Je l'amènerai ___ j'ai le temps.

6. ___ le père est à l'hôpital, les enfants aident leur mère.

7. Nous resterons ___ cela sera possible.

◆◆◆

18 Le passé composé

A. L'emploi général. Le passé composé s'oppose à trois autres temps. Dans la langue parlée, il représente le passé absolu et s'oppose ainsi au présent. Le passé composé est aussi un temps aspectuel, qui représente le procès dans sa totalité : le début, la durée, la fin. Il forme alors une opposition avec l'imparfait. Nous ajoutons qu'il alterne avec le passé simple dans la langue écrite.

1. Les faits du passé - Le passé composé peut exprimer tous les procès : ce qui a eu lieu, ce qui s'est passé, ce qu'on a souffert, ce qui a existé, ce qui a duré, etc.

> Il y **a eu** une réunion. Nous **avons abordé** plusieurs sujets. Certains **ont posé** des questions. D'autres **ont lu**. Il y en a même un qui **s'est endormi**. Enfin tout **s'est** assez bien **passé**. Le tout **a duré** deux heures.

2. La chronologie absolue - Les temps marquent les grandes étapes temporelles. Le passé composé exprime l'antériorité d'un procès par rapport à un autre procès au présent ou au futur. L'imparfait est inadmissible dans ce cas.

> Il **a mangé**; il est de bonne humeur.
> Je pars parce que j'**ai fini**.
> Je finirai puisque j'**ai commencé**.

3. La succession d'événements passés - A l'intérieur d'une même étape temporelle, les procès énumérés ne correspondent pas toujours à leur succession réelle. Pour établir l'ordre dans lequel des procès au passé composé ont eu lieu, on a recours à certains articulateurs.

- SANS ARTICULATEUR : l'énumération peut ne pas correspondre à la succession réelle.

> Qu'est-ce que tu **as fait** hier?
> - Pas mal de choses. J'**ai lu**. J'**ai rangé** l'appartement. J'**ai téléphoné** à un copain. J'**ai fait** un peu de sport.

- AVEC DES ARTICULATEURS : la succession réelle est établie.

> - <u>D'abord</u>, j'**ai rangé** l'appartement. <u>Ensuite</u>, j'**ai lu**. <u>Après quelque temps</u>, je **suis sorti** faire du sport. <u>Puis</u>, j'**ai téléphoné** à un copain. Voilà.

B. Les formes. Le passé composé est formé de deux éléments : un auxiliaire conjugué au présent et le participe passé du verbe. La plupart des verbes se conjuguent avec l'auxiliaire *avoir*. Moins d'une quinzaine de verbes prennent l'auxiliaire *être*.

1. Les verbes conjugués avec *être* - A l'exception du verbe *rester*, ces verbes marquent une transition.

> Il **est né** le 4 novembre 1976.
> Son grand-père **est mort** en 1992.
> Nous **sommes passés** vous voir mais il n'y avait personne.

L'AUXILIAIRE *ÊTRE*

> *arriver - partir - repartir*
> *entrer - rentrer - sortir - resortir*
> *aller - venir - revenir - devenir - parvenir - survenir*
> *monter - remonter - descendre - redescendre*
> *naître - renaître - mourir*
> *tomber - retomber*
> *passer - repasser*
> *rester - demeurer - retourner*

2. Les verbes qui changent d'auxiliaire - Certains verbes comme *rentrer, sortir, monter, descendre, retourner* et leurs dérivés peuvent se construire avec un complément d'objet direct. Dans ce cas, l'auxiliaire est *avoir*.

ÊTRE	AVOIR
Nous **sommes rentrés** à minuit.	Nous **avons rentré** la voiture.
We came in	*We brought in*
Vic **est montée** dans sa chambre.	On **a monté** sa valise.
Vic went up	*Someone brought up*
Mathieu **est sorti**.	Il n'**a** pas **sorti** la poubelle.
Mathieu went out	*He did not take out*
Il **est retourné** chez ses parents.	Il **a retourné** ses poches.
He went back	*He turned inside out*

3. Les verbes pronominaux - Les verbes pronominaux se conjuguent avec l'auxiliaire *être*.

> **Nous nous sommes levés** à midi.
> **Ils se sont demandé** pourquoi.
> **Il s'est évanoui**.

4. La formation des participes passés

LES VERBES EN -ER	LES VERBES EN -IR	LES VERBES EN -OIR/ -RE
aimer : aimé	finir : fini	voir : vu
chercher : cherché	partir : parti	perdre : perdu
regarder : regardé	choisir : choisi	vendre : vendu

Le tableau suivant illustre les formes irrégulières des verbes les plus usités.

LES PARTICIPES PASSÉS IRRÉGULIERS

TERMINAISONS IRRÉGULIÈRES	TERMINAISONS EN -I, -IS, -IT	TERMINAISON EN -U
être : été	rire : ri	avoir : eu
faire : fait	sourire : souri	boire : bu
mourir : mort	suivre : suivi	connaître : connu
craindre : craint	suffire : suffi	croire : cru
peindre : peint	mettre : mis	lire : lu
éteindre : éteint	prendre : pris	plaire : plu
souffrir : souffert	acquérir : acquis	recevoir : reçu
ouvrir : ouvert	conquérir : conquis	savoir : su
couvrir : couvert	asseoir : assis	pouvoir : pu
découvrir : découvert	dire : dit	vouloir : voulu
offrir : offert	écrire : écrit	devoir : dû
	traduire : traduit	vivre : vécu
	construire : construit	courir : couru
	produire : produit	pleuvoir : plu
	conduire : conduit	venir : venu
		tenir : tenu

5. L'accord du participe passé - (Voir chapitre 50).

- L'AUXILIAIRE *ÊTRE* : le participe passé s'accorde en genre et en nombre avec le sujet du verbe.

  > Mes <u>neveux</u> sont **venus** me voir mais ma <u>nièce</u> est **restée** à la maison.
  > Les <u>étudiants</u> sont **rentrés** très tard hier soir.

- L'AUXILIAIRE *AVOIR* : le participe passé s'accorde avec le complément d'objet direct (COD) si celui-ci précède le verbe. Le COD se présente sous la forme du pronom relatif *que*, des pronoms personnels *me, te, nous, vous, le, la, les* ou de l'interrogatif *quel(le)(s), lequel, laquelle, lesquel(le)s*.

  > Je n'ai pas reçu la lettre <u>que</u> tu m'as **envoyée**.
  > Les enfants? Je <u>les</u> ai **vus** dans le parc.
  > <u>Quels</u> livres as-tu **lus**?

- LES VERBES PRONOMINAUX : bien que conjugué avec *être*, le participe passé d'un verbe pronominal s'accorde avec le complément d'objet direct si le complément précède le verbe.

  > Jeanne <u>s'</u>est lev**ée** tard.
  >   = Levé qui? *se*. Le COD est placé avant le participe passé.
  > Elle s'est brossé les <u>dents</u>.
  >   - Brossé quoi? Les dents. Le COD est placé après le participe passé.
  > Les stagiaires se sont parlé.
  >   = On parle <u>à</u> quelqu'un, *se* est COI, donc pas d'accord.

C. Les adverbes de temps. Le passé est vaste. On emploie souvent un adverbe de temps pour localiser les procès.

***En* + adverbe de temps -** Le procès décrit au passé composé s'inscrit à l'intérieur du temps décrit par l'adverbe.

> En 1989, nous **avons fait** beaucoup de choses. Nous **avons passé** un mois en Grèce, nous **avons déménagé** à Montréal et j'**ai repris** mes études.
>
> En mars, il **a fait** mauvais. Nous **avons eu** trois tempêtes de neige. Il **a plu**, il **a fait** du vent.

***Il y a* + adverbe de durée -** Cette expression sert à mesurer l'espace de temps entre le moment de la parole et le procès passé. On peut modifier l'expression par *plus de, à peine, bientôt*.

> J'**ai terminé** mes études il y a deux ans.
> Il **a pris** sa retraite il y a plus de dix ans.
> Ils se **sont mariés** il y aura bientôt trois ans.
> Nous **avons lu** ce roman il y a deux mois à peine.

D. Les adverbes de durée. C'est le passé composé et non l'imparfait qui s'emploie avec les adverbes de durée lorsque le procès ne se répète pas. On peut omettre le mot *pendant* avant l'expression de la durée.

Pendant

> Les dinosaures **ont existé** pendant des millions d'années.
> *The dinosaurs existed for millions of years.*
> Mes grands-parents **ont habité** dans la même maison pendant 60 ans.
> *My grandparents lived in the same house for 60 years.*
> Hier, nous **avons travaillé** (pendant) dix heures.
> *Yesterday, we worked (for) ten hours.*
> (Pendant) longtemps, je me **suis couché** de bonne heure.
> *For a long time, I went to bed early.*

Toute sa vie, toute l'année, etc.

> Le pauvre homme **a été** malade toute sa vie.
> *The poor man has been ill [was ill] all his life.*
> Hier, il **a fait** beau toute la journée.
> *The weather was nice all day, yesterday.*
> Toute l'année, nous **avons été surchargés** de travail.
> *We have been overworked all year long.*

Jusqu'à

> Il **a fait** beau jusqu'à midi, puis le temps a changé.
> *The weather was nice until noon, then it changed.*

Son père **a travaillé** chez Tati jusqu'en 1988.
His father worked at Tati's until 1988.

J'**ai lu** jusqu'à minuit hier soir.
I read until midnight last night.

De ... à

Nous **avons répété** de 6 h. à minuit, hier soir.
We rehearsed from 6 o'clock to midnight last night.

Louis XIV **a régné** de 1660 à 1715.
Louis XIV reigned from 1660 until 1715.

En

Nous **avons fait** Boston-New-York en trois heures.
We did Boston New York in three hours.

Il **a couru** le 100 mètres en quelques secondes.
He ran the 100 meter race in a few seconds.

E. Les adverbes et les locutions indiquant la fréquence. Le passé composé et non l'imparfait est compatible avec les expressions indiquant la fréquence. Les plus usitées sont: *x fois, à plusieurs reprises, fréquemment, souvent.*

Je lui **ai dit** cent fois de t'écrire.
a hundred times

Nous nous **sommes vus** plusieurs fois l'année dernière.
several times

Il en **a parlé** à plusieurs reprises.
time and again

Je me **suis** souvent **demandé** ce qu'il avait voulu dire.
I have often wondered what he had meant.

F. La concordance des temps avec *quand* et ses équivalents. Deux passés composés reliés par la conjonction *quand, lorsque, dès que, aussitôt que* annoncent la succession de deux procès. La proposition subordonnée introduite par *quand* (x) représente la cause et la proposition principale (X), le résultat de cette cause.

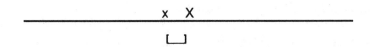

1. Deux passés composés = un rapport de causalité

Nous **avons été** surpris quand ils **ont décidé** de se marier.
= The news caused our surprise.

Il **a rougi** quand il s'**est rendu** compte de son erreur.
= The realization that he had made a mistake caused his blushing.

> Ils se **sont levés** et **ont quitté** la salle <u>dès qu'il **est entré**</u>.
> = *His arrival caused their leaving.*

Ainsi, il serait étrange de dire:

> [?Il a eu vingt ans quand on s'est connus.]
> *?Our getting acquainted caused him to turn 20.*

2. Un passé composé et un passé surcomposé = la chronologie - Lorsque la proposition principale est au passé composé et que la subordonnée est introduite par *quand* (ou ses équivalents), il n'y a que le passé surcomposé pour exprimer l'antériorité. Le plus-que-parfait est inadmissible dans ce cas. (*Quand* + plus-que-parfait est itératif, donc incompatible avec une principale au passé composé).

> <u>Quand</u> il **a eu fini**, il **s'est levé** et il **est parti**.
> *When he was done, he got up and left.*

> <u>Quand</u> j'**ai eu rentré** la voiture dans le garage, j'**ai fermé** la porte.
> *When I had put the car in the garage, I closed the door.*

G. Cas de substitution

1. Le passé composé pour un futur antérieur - Le passé composé marque l'antériorité d'un futur imminent. Cet usage convient surtout aux verbes *finir* et *terminer*.

> J'**ai terminé** dans deux minutes.
> *I'll be done in two minutes.*

> Tu **as** bientôt **fini**!
> *Are you quite done!*

2. Le passé composé pour un présent - Dans les propositions hypothétiques avec *si*, le passé composé marque une antériorité que le présent ne peut pas exprimer. Dans les propositions avec *quand*, le passé composé souligne l'écart entre la cause (le passé composé) et l'effet (le présent).

- NON-ITÉRATIF

> Si vous **finissez** avant midi, vous **pourrez** partir.
> *If you finish before noon, you will be able to leave.*

> Si vous **avez fini** à midi, vous **pourrez** partir.
> *If you are done by noon, you will be able to leave.*

- ITÉRATIF

> Quand il **dort** bien, il **est** de bonne humeur.
> *When he sleeps well, he is in a good mood.*

> Quand il **a** bien **dormi**, il **est** de bonne humeur.
> *When he has slept well, he is in a good mood.*

EXERCICES

A. Mettez chacun des verbes suivants au passé composé; utilisez le sujet *elle*.

naître :

mourir :

se souvenir :

avoir :

être :

souffrir :

se dire :

se rappeler :

vivre :

comprendre :

B. Ecrivez les verbes de ce texte au passé composé. Attention à l'auxiliaire.

Hier, je (devoir) prendre l'avion pour São Paulo. Je (aller) à l'aéroport en taxi. Je (partir) de chez moi en avance car je craignais les embouteillages. Nous (monter) dans l'avion à l'heure prévue. Nous (attendre) 90 minutes. Puis on nous (faire) descendre, sans nous donner d'explications. Nous (passer) trois heures dans l'aérogare. Vers 15 heures, on (venir) nous avertir de remonter dans l'avion. Tout le monde (se dépêcher). Le capitaine (s'excuser) et l'avion (décoller).

C. Indiquez si les phrases sont au passé ou au présent.

1. L'énergie est transportée par les vagues.
2. Le programme est réparti sur quatre ans.
3. Ils sont tombés par hasard sur cet hôtel.
4. Nous sommes émerveillés par le beau temps.
5. Ils sont rentrés par bateau.
6. Ils sont logés par la ville.
7. Les fenêtres sont ouvertes.
8. Il est parti depuis deux jours.

D. L'itératif. Exprimez l'antériorité d'une action par rapport à une autre. Exemple : *faire le ménage : se reposer -> quand j'ai fait le ménage, je me repose.*

1. écrire une lettre : l'envoyer
2. lire les explications: faire les exercices.
3. finir de lire un bon livre : le recommander à ses amis
4. bien dormir : être de bonne humeur
5. trop boire : avoir la gueule de bois

E. Complétez les phrases à l'aide des mots suivants: *pendant, en, il y a, jusqu'à, quand, depuis*.

1. Hier, nous avons fait du tennis __ plus de deux heures.
2. Ils ont déménagé à la Martinique ___ deux ans mais ils travaillent ___ un an seulement.
3. Il a terminé ___ deux jours.
4. __ nous sommes arrivés, nous avons rendu visite à nos grands-parents.
5. __ mars, nous avons eu plusieurs tempêtes de neige. La neige est restée __ la mi-avril.

19 L'imparfait

A. L'emploi général. L'imparfait est un temps du passé. Ce n'est pas un temps absolu. C'est pourquoi on le trouve toujours dans l'entourage d'un autre élément temporel --le passé composé, le passé simple ou un adverbe de temps--qui le complète. L'imparfait décrit la phase médiane d'un procès non ponctuel d'où sont exclus le début et la fin.

- ÉNONCÉS INCOMPLETS : un imparfait seul.

  > Danièle **allait** à Londres ...
  > Il **faisait** froid ...
  > J'**étais** malade ...

- ÉNONCÉS COMPLETS : un passé composé seul. Un imparfait avec un passé composé ou un adverbe de temps.

  > Danièle **est allée** à Londres.
  > Il **a fait** froid.
  > J'**ai été** malade.
  >
  > Danièle **allait** à Londres quand je l'**ai vue**.
  > Il **faisait** froid l'hiver dernier **à cette époque-ci**.
  > J'**étais** malade quand je me **suis levé**.

B. Les formes. Les terminaisons sont régulières : *-ais, -ais, -ait, -ions, -iez, -aient*. Le radical de l'imparfait correspond au radical de la 1ère personne du pluriel du présent de l'indicatif. La seule exception est le verbe *être*, dont le radical est *ét-* .

FORMATION DE L'IMPARFAIT

	Présent (nous)	Imparfait		
prendre	pren- ons	je **pren**ais	tu **pren**ais	il **pren**ait
dire	dis- ons	je **dis**ais	tu **dis**ais	il **dis**ait
finir	finiss- ons	nous **finiss**ions	vous **finiss**iez	ils **finiss**aient
avoir	av- ons	nous **av**ions	vous **av**iez	ils **av**aient
Exception : ***être***		*j'étais, tu étais, elle était, il était, on était, nous étions, vous étiez, elles étaient, ils étaient*		

C. Les auxiliaires aspectuels. Au passé, les expressions *être en train de* + infinitif, *aller* + infinitif et *venir de* + infinitif ne s'emploient qu'à l'imparfait.

> Nous **étions en train de jouer** aux cartes quand tu as téléphoné.
> J'**étais en train de lire** et je me suis endormi.
> Nous **venions** juste **d'arriver** quand il est passé nous voir.
> Il **venait d'être élu** et il est tombé malade.
> Elle **allait partir** quand on lui a annoncé la nouvelle.
> J'**allais t'inviter** mais mes grands-parents sont arrivés.

D. Les conjonctions de subordination. L'imparfait peut représenter un procès plus ou moins long, que l'on démarque au moyen de la conjonction *comme, pendant que* ou *quand*.

Comme - Cette conjonction s'emploie avec les procès brefs.

> Ils **sont arrivés** comme nous **partions**.
> *They arrived as we were leaving.*
>
> Il s'**est mis** à faire beau comme nous **arrivions**.
> *The weather changed as we were arriving.*

Pendant que - Pour les procès de durée moyenne, on utilise de préférence *pendant que*.

> Ils **sont arrivés** pendant que j'**étais** au supermarché.
> *They arrived while I was at the supermarket.*
>
> Pendant qu'elles **discutaient**, nous **avons rédigé** la liste.
> *While they were talking, we made up the list.*

Quand - Pour les procès longs où l'idée de simultanéité est moins évidente, on emploie *quand*.

> Il s'**est cassé** le bras quand il **était** jeune.
> *He broke his arm when he was young.*
>
> Je n'**ai** pas beaucoup **travaillé** quand j'**allais** à l'école.
> *I did not work much when I was in school.*

E. La répétition du procès. Comme pour le présent (chap. 16, F 2), les locutions *pendant x temps, en x temps, jusqu'à x point, quand* et ses synonymes engendrent la répétition. La proposition qui complète l'énoncé est également à l'imparfait.

> Monique **lisait** pendant une heure quand elle avait le temps.
> *Monique used to read for one hour ...*
>
> Nous **avions** des cours jusqu'à la fin juin quand j'allais à l'école.
> *We used to have classes up until the end of June ...*
>
> Quand je **lisais**, j'écoutais de la musique
> *Whenever I would read ...*
>
> Aussitôt qu'il s'**asseyait**, il s'endormait.
> *As soon as he would sit down ...*

F. La durée exprimée par *depuis*. Les cas d'emploi avec *depuis* sont semblables à ceux que nous avons décrits pour le présent. Dans une situation au passé, l'imparfait se substitue au présent et le plus-que-parfait au passé composé. (Voir chapitre 16 E).

DEPUIS

Proposition principale	depuis depuis que	Un autre événement
IMPARFAIT *Il **travaillait***	depuis dix ans (durée) depuis 1985 (point de départ) depuis qu'il **était** orphelin (durée : Imparfait) depuis qu'il **avait perdu** ses parents (point de départ : Plus-que-parfait)	quand je l'ai connu.
PLUS-QUE-PARFAIT *On ne s'**était** pas **revu*** *(une seule fois)*	depuis la mort de son père (point de départ) depuis qu'il **travaillait** (durée : Imparfait) depuis qu'il **avait déménagé** (point de départ : Plus-que-parfait)	quand, un jour, il m'a téléphoné.

G. L'hypothèse avec *si*. Dans une proposition avec *si*, l'imparfait représente la condition à l'accomplissement de la situation décrite dans la proposition principale. La situation est formulée au conditionnel présent. L'imparfait peut avoir un sens itératif ou non itératif. On peut ajouter un adverbe ou une autre expression pour préciser le sens.

- NON-ITÉRATIF

    Si tu m'**écoutais** <u>en ce moment</u>, tu comprendrais ce que je te dis.
    Si tu m'**écoutais**, tu comprendrais ce que je <u>suis en train</u> de te dire.
    Il ne pleurerait pas <u>comme ça</u> s'il ne **regrettait** pas <u>ce qu'il a fait</u>.

- ITÉRATIF

    Si tu m'**écoutais** <u>quand je te parle</u>, tu comprendrais ce que je te dis.
    Si tu m'**écoutais** <u>chaque fois que je te parle</u>, tu comprendrais ce que je te dis.
    Il aurait de meilleures notes s'il **faisait** ses devoirs <u>tous les soirs</u>.

EXERCICES

A. Les verbes du texte ci-dessous expriment la répétition. Ecrivez les verbes à l'imparfait.

Quand j'étais enfant, mes parents (louer) tous les ans une villa au bord de la mer. Nous y (passer) tout l'été. Le voyage, à l'époque, (être) une véritable expédition. Mon père (retenir) les services d'un ami qui (avoir) une voiture. Nous (partir) tôt le matin. Deux de mes oncles et tantes (faire) la même chose et nous (se retrouver) à trois familles dans une grande villa. Ma grand-mère (venir) garder son armée de petits-enfants aidée par les mamans qui (se succéder) tous les 15 jours. Les papas, eux, (venir) le week-end.

La villa (se trouver) près de la mer. Aussi, tôt le matin, nous (dévaler) les dunes pour aller nous plonger dans la mer. Nous (passer) notre temps dans l'eau et sur la plage. Les plus grands (jouer) au volley-ball ou aux boules; les plus petits (construire) d'innombrables châteaux de sable. A midi, la maman de service (apparaître) en haut de la dune. «Les enfants, à table», (dire)-elle. Affamés, nous (grimper) la dune. Après le délicieux déjeuner, il y (avoir) la seule contrainte que nous ne (aimer) pas: "la sieste". Mais il (falloir) y passer. Les plus jeunes (finir) par s'endormir. Les plus âgés (lire) en attendant le signal: «A la plage!» Ce (être) de nouveau la cavalcade sur les dunes ... [M. G.]

B. Complétez les phrases par le temps approprié: le présent, le passé composé ou l'imparfait.

1. Depuis des semaines, nous (attendre) que l'été arrive. Quand il est arrivé, nous (regretter) les nuits fraîches.

2. C'était en 1986. Cela (faire) des années que ma mère (travailler) quand elle (décider) de reprendre ses études. Elle (obtenir) son diplôme trois ans plus tard. Elle (diriger) depuis une petite entreprise.

3. Je n'(avoir) plus de voiture. J'en (avoir) une depuis assez longtemps mais elle ne (marcher) plus très bien. Je la (vendre) il y a un mois.

4. Tu ne trouves pas que les étudiants (travailler) mieux depuis qu'il (faire) moins chaud?

5. J'ai revu Yves le mois dernier. Cela (faire) trois ans que je ne l'avais pas vu.

20 Le passé composé et l'imparfait

A. Similitude temporelle. Le passé composé et l'imparfait, deux temps du passé, se situent tous les deux entre le présent et le plus-que-parfait.

AVANT UN PASSÉ	UN PASSÉ	UN PRÉSENT
Plus-que-parfait	Passé Composé	Présent
	Imparfait	

B. Différence aspectuelle. De façon générale, un procès non ponctuel comprend trois phases : un point initial, une phase médiane ou une durée et un point final. Le passé composé comprend les trois phases. L'imparfait ne correspond qu'à la phase médiane.

1. **Les conséquences**

   - LA DURÉE MESURABLE : la durée n'est mesurable que s'il y a deux points à partir desquels on peut mesurer. Le passé composé et non l'imparfait admet pour les procès non itératifs les adverbes de durée *pendant, jusqu'à, de ... à* .

   - LES PROCÈS PONCTUELS : l'imparfait, qui décrit la phase médiane du procès, est généralement incompatible avec les procès ponctuels, qui n'ont pas de phase médiane.

   - L'INTERSECTION : l'imparfait, démuni des points initial et final, est complété par un procès extérieur à lui-même, un passé composé ou un adverbe de temps.

2. **La configuration de l'intersection** - Dans une intersection temporelle, l'espace occupé par l'imparfait est toujours plus grand que l'espace occupé par le passé composé ou l'adverbe de temps. Le procès au passé composé s'inscrit donc à l'intérieur du procès à l'imparfait.

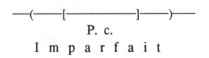

```
    —(—[———]—)—
         P. c.
    I m p a r f a i t
```

3. **Le passé composé et l'Union des phases**

Le début	—.———	Il **a commencé** à travailler en 1950.
La phase médiane	—(———)—	Il **travaillait** (à n'importe quel point de cette durée).
La fin	———.—	Il **a fini** de travailler en 1985.
UNION	—[———]—	Il **a travaillé** de 1950 à 1985 / pendant 35 ans.

4. L'imparfait et l'Intersection - L'imparfait demande à être complété par un événement temporel extérieur à lui-même. L'intersection de ces deux événements se présente ainsi:

- La situation à l'imparfait était en cours quand l'événement de l'intersection a commencé à avoir lieu.

- La situation à l'imparfait a continué pendant toute la durée de l'Intersection.

- La situation à l'imparfait s'est prolongée, au moins un moment, après l'événement de l'intersection.

La phase médiane	–(———)–	Il **travaillait** chez Tati
L'événement d'intersection	____.____	Je l'**ai connu**.
INTERSECTION	–(——·——)–	Il **travaillait** chez Tati quand je l'**ai connu**.

5. Des exemples

TOUTE LA DURÉE : Ses parents **ont habité** Londres pendant 20 ans.
INTERSECTION : Ses parents **habitaient** Londres quand Paul **a fait** ses études.
= Ses parents habitaient déjà Londres quand Paul a commencé ses études.
= Ils ont habité Londres pendant toute la durée de ses études.
= Ils ont continué d'habiter Londres un minimum de temps après qu'il a eu fini ses études.

TOUTE LA DURÉE : Marie **a lu** le journal.
INTERSECTION : Marie **lisait** quand le téléphone **a sonné**.
= Marie avait commencé à lire avant que le téléphone sonne.
= Elle lisait quand le téléphone s'est mis à sonner.
= Elle s'est arrêtée de lire après le premier coup. Elle a répondu au téléphone.
ou
= Elle a continué de lire après le premier coup. Elle n'a pas répondu.

TOUTE LA DURÉE : Tu **as fait** quelque chose hier.
INTERSECTION : Que **faisais**-tu hier, **à 3h.**?
= Que faisais-tu, au moins quelques moments, avant que 3h. sonnent?
= Que faisais-tu quand 3h. ont sonné?
= Que faisais-tu, au moins quelques moments, après 3h.?

6. Une contrainte - Le passé composé de l'intersection ne peut pas être précisé par un adverbe de durée ou de fréquence.

> Mon père **travaillait** chez Tati quand j'**ai fait** mes études.
> *On ne dit pas :* [*Mon père travaillait chez Tati quand j'ai fait mes études <u>en quatre ans</u>/ <u>pendant</u> quatre ans/ les quatre ans où j'ai fait mes études.]
>
> Mon père **travaillait** chez Tati quand mon frère **a fait** une fugue.
> *On ne dit pas:* [*Mon père travaillait chez Tati quand mon frère a fait une fugue <u>trois fois</u>.]

C. Récapitulation de la concordance des temps au passé. Les exemples suivants illustrent l'opposition de deux procès. Dans un cas, on oppose deux passés composés et dans l'autre, un passé composé et un imparfait.

1. Deux passés composés = disjonction. Le point que représente la subordonnée ou l'adverbe de temps ne peut contenir l'événement de la proposition principale. Il s'ensuit une disjonction. Soit ' x ' pour *sommes arrivés* ou *midi* et ' [ ] ' pour *a lu* :

> Marie **a lu** quand nous sommes arrivés.
> Marie **a lu** à midi. ——x [—]——

- EN TERMES TEMPORELS : Marie n'était pas en train de lire quand nous sommes arrivés / à 12 h. Elle s'est mise à lire dès notre arrivée/ à 12 h.

> Nous sommes arrivés et Marie s'est mise à lire.
> Midi a sonné et Marie s'est mise à lire.

2. Un passé composé et un imparfait = inclusion. Le passé composé s'inscrit à l'intérieur de l'imparfait. Soit ' x ' pour *sommes arrivés* ou *midi* et ' ( ) ' pour *lisait*.

> Marie **lisait** quand nous sommes arrivés.
> Marie **lisait** à midi. —— (—x—)——

- EN TERMES TEMPORELS : Marie avait commencé à lire avant notre arrivée/ 12h. On ne dit pas si elle s'est arrêtée ou si elle a continué de lire après l'arrivée/ 12h.

> Marie était en train de lire et nous sommes arrivés.
> Marie était en train de lire et midi a sonné.

3. Un passé composé et une locution adverbiale non ponctuelle = encadrement. Dans une intersection où la locution exprimant le temps est non ponctuelle, cette locution encadre le procès décrit au passé composé. Soit '[ ]' pour *été malade* et '[   ]' pour *en mars*.

> J'**ai été** malade en mars. ——[—[—]—]——
>   m a r s

- EN TERMES TEMPORELS : à l'intérieur du mois de mars, j'ai été malade un certain temps. Si le procès occupe tout l'espace décrit par la locution adverbiale, on ajoute *tout* + article défini.

> J'**ai été** malade (une semaine) en mars.
> J'**ai été** malade tout le mois de mars.

4. Un imparfait et un adverbe = inclusion. L'adverbe, ponctuel ou non-ponctuel, est inclus à l'intérieur de l'imparfait. Le procès à l'imparfait occupe plus d'espace que l'adverbe. Soit '(   )' pour *était malade* et '[ ]' pour *en mars*.

> J'**étais** malade en mars. ——(—[———]—)——
>   m a r s

- EN TERMES TEMORELS : J'étais déjà malade quand mars a commencé et ma maladie a pris fin après mars.

D. Commentaires. A noter que le contexte propose souvent plusieurs événements à la fois. Un commentaire comme *Je ne t'ai pas vu, lundi!* et la réplique *J'étais à la plage* peut sous-entendre un deuxième élément modifiant *je ne t'ai pas vu* = *Je ne t'ai pas vu <u>à la réunion,</u> lundi* ; *Je ne t'ai pas vu <u>à l'heure</u> où <u>j'ai l'habitude de te voir</u>* ; *Je ne t'ai pas vu <u>les deux fois</u> où <u>je suis passé te voir</u>*. L'imparfait de la réplique n'englobe alors que cet adverbe et non l'adverbe *lundi*, qui lui n'encadre que le passé composé.

La situation se résume ainsi: lundi a eu lieu et pendant la durée de ce jour [encadrement], j'ai remarqué à un moment donné [point d'intersection] que tu n'étais pas là (procès qui commence avant le point d'intersection, dure pendant et continue après). Où étais-tu (phase médiane) à ce moment-là [point d'intersection] ? --J'étais à la plage (phase médiane) à ce moment-là [point d'intersection sous-entendu].

Si la réplique à la question *Où étais-tu, lundi?* est --*J'étais encore à Londres*. On n'a pas lieu de supposer la présence d'un autre point d'intersection. Lundi représente l'intersection et peut se lire ainsi: J'étais à Londres (phase médiane = procès qui commence avant, dure pendant, et continue un peu après) quand lundi a eu lieu [l'événement l'intersection].

E. Deux procès de même durée. A durée égale, les deux procès auront la même configuration: soit deux imparfaits ou deux passés composés. Le choix de la conjonction se fixera sur *quand* pour les deux imparfaits et sur *pendant que* pour les deux passés composés.

Quand et deux imparfaits - Les deux procès coïncident dans le temps.

> <u>Quand</u> il **était** petit, il **dessinait** bien.
> *When he was little, he used to sketch well.*
>
> Il **lisait** beaucoup <u>quand</u> il **était** au lycée.
> *He read a lot when he was in high school.*

Pendant que et deux passés composés - Les deux procès sont simultanés.

> On **a discuté** <u>pendant qu</u>'il **a rédigé** son article.
> *We talked while he wrote his article.*
>
> J'**ai habité** chez ma soeur <u>pendant qu</u>'ils **ont fait** les travaux.
> *I lived at my sister's while they fixed the house.*

F. Les verbes dits aspectuels. Certains verbes sont plus marqués que d'autres quant à l'aspect. Ces verbes sont : *vouloir, pouvoir, devoir, savoir, connaître* et, dans certains cas, *avoir*. La version au passé composé décrit un événement ponctuel. (Ce procès se traduit par un autre verbe en anglais.) Modifié par un adverbe de durée, le verbe au passé composé perd sa notion ponctuelle et reprend son sens normal.

Vouloir - A l'imparfait, ce verbe indique un désir ou une intention qui ne s'est probablement pas réalisé. Au passé composé, le verbe indique un effort vers l'accomplissement de ce désir ou de cette intention.

> Il **voulait** partir ...
> *He wanted to leave. (He probably did not.)*

> Il **a voulu** partir.
>> *He tried to leave. (He did something about it.)*
>
> Toute ma vie, j'**ai voulu** visiter la Grèce.
>> *All my life, I have wanted to visit Greece.*

Pouvoir - A l'imparfait, ce verbe indique ce qui était possible mais qui n'a sans doute pas été mis en oeuvre. Au passé composé, il indique la mise en oeuvre de cette possibilité.

> Il **pouvait** nous aider...
>> *He was able to help us. (Probably did not do anything.)*
>
> Il **a pu** nous aider.
>> *He was able to help us (and did).*
>
> J'**ai pu** rester jusqu'à minuit.
>> *I was able to stay until midnight (and did).*
>
> Nous **avons pu** skier tout l'hiver.
>> *We were able to ski all winter long (we did ski).*

Devoir - A l'imparfait, ce verbe a deux sens: une obligation lorsqu'il accompagne un verbe d'action, et une supposition si le verbe qui suit est un verbe d'état. Le passé composé décrit la réalisation de cette obligation ou de cette supposition.

> Paul **devait** venir me remplacer à minuit. Il n'est pas venu. Il **devait** être malade.
>> *Paul was supposed to replace me at midnight ... he must have been sick.*
>
> Paul **a dû** venir me remplacer à minuit.
>> *Paul had to come to replace me at midnight. (He did come.)*
>
> Quelqu'un **a dû** répondre au téléphone puisque je ne l'entends plus sonner.
>> *Someone must have answered the phone since I don't hear it ringing anymore.*
>
> Quelqu'un **a dû** répondre au téléphone toute la soirée.
>> *Someone had to answer the phone all evening long.*

Savoir et connaître - A l'imparfait, ces verbes indiquent un état alors que le passé composé désigne le point initial de cet état. Avec une expression de durée, le passé composé reprend son sens général.

> Il **savait** leur nom ...
>> *He knew their names.*
>
> Il **a su** leur nom.
>> *He found out their names.*
>
> On se **connaissait** à cette époque-là.
>> *We knew each other then.*
>
> On s'**est connu** à cette époque-là.
>> *We met then.*
>
> Toute ma vie, j'**ai connu** des gens malades.
>> *I have known sick people all my life.*

Avoir - Lorsque le verbe *avoir* veut dire 'posséder', l'imparfait indique l'état et le passé composé l'acquisition.

> Il **avait** vingt ans...
>> He was twenty years old.
>
> Il **a eu** vingt ans.
>> He turned twenty.
>
> Elle **avait** trois enfants en 1980.
>> She had three children in 1980.
>
> ?Elle **a eu** trois enfants en 1980.
>> ?She gave birth to three children in 1980.

G. L'heure. Lorsqu'on lit l'heure, le *il* impersonnel représente le temps et l'adjectif numéral, une unité de temps. Le temps englobe l'unité. Au passé, l'imparfait englobe *x heure(s)* ce qui correspond à dire: *Le temps était au point x.*

> Il **était** six heures.
>> = Le temps existe avant, pendant et après l'unité représentée par *six heures*.

H. Récapitulation de l'itératif. Tous les procès qui nécessitent un passé composé lorsqu'ils sont uniques deviennent itératifs à l'imparfait.

1. **Les adverbes de durée**

[-ITÉRATIF] *once*	[+ITÉRATIF] *used to*
Passé composé	**Imparfait**
Il a lu pendant une heure.	Il lisait pendant une heure...
Il s'est reposé toute la journée.	Il se reposait toute la journée...
Il a travaillé jusqu'à minuit.	Il travaillait jusqu'à minuit...
Il a mangé à midi.	Il mangeait à midi...
Il a dormi de minuit à 4 h.	Il dormait de minuit à 4 h...
Il a tout fait en deux heures.	Il faisait tout en deux heures...

2. **Les locutions exprimant la fréquence**

[-ITÉRATIF] *x times*	[+ITÉRATIF] *used to do it x times*
Passé composé	**Imparfait**
Il a parlé deux fois.	Il parlait deux fois...
On s'est vus à plusieurs reprises.	On se voyait à plusieurs reprises...
Je l'ai répété cent fois.	Je le répétais cent fois ...

3. **Les subordonnées temporelles**

[-ITÉRATIF] *once*	[+ITÉRATIF] *used to*
Passé composé	**Imparfait**
Il a pleuré quand elle est partie.	Il pleurait quand elle partait.
Il est arrivé pendant que nous mangions	Il arrivait pendant que nous mangions.
Il est parti comme j'arrivais.	Il partait comme j'arrivais.

EXERCICES

A. Ecrivez la forme du verbe qui convient.

Quand je (être) petit, nous (avoir) un petit chien. Il (s'appeler) Milou. Un jour qu'il (traverser) la rue, une voiture le (écraser). Il (ne pas avoir) le temps de souffrir. Il (mourir) tout de suite. Toute la famille le (pleurer). Nos voisins nous (offrir) un autre petit chien. Celui-là (vivre) très longtemps. Il (mourir) de vieillesse.

B. Même exercice.

Hier, M. Lepic a fait passer un examen. Quand il (entrer), les étudiants (arrêter) de parler parce qu'il (avoir) l'air de mauvaise humeur. D'abord, il leur (dire) de ranger leurs affaires et de se concentrer. Ensuite, il (distribuer) les copies de l'examen. Après, il (circuler) un peu pour voir si les étudiants (avoir) des questions ou s'ils (tricher) ...

C. Même exercice.

Vendredi dernier, mes copains et moi (aller) danser dans une disco. Nous (partir) vers 22 heures. Quand nous (arriver), il y (avoir) beaucoup de monde. Nous (ne pas pouvoir) trouver une table. Thierry (devoir) aller au bar pour commander nos consommations. Pendant que Thierry (acheter) nos boissons, un agent de police (entrer). Il (venir) voir si tous les jeunes (avoir) 21 ans.

D. Même exercice.

Une bombe (exploser) hier dans une voiture stationnée près de l'ambassade américaine. Trois personnes, qui (lire) les annonces sur la porte, (être tué) sur le coup. Des enfants qui (passer) par là (être atteint) mais aucun mortellement. Une dizaine de voitures (être endommagé). Quelques personnes (apercevoir) un homme qui (s'enfuir). Il (porter) un blouson gris et un jean. On (ne pas pouvoir) l'arrêter.

E. Ecrivez la forme du verbe qui convient: le présent, le passé composé ou l'imparfait.

1. M. Smith est très content depuis qu'il (recevoir) sa promotion.

2. Le prisonnier (ne pas manger) une seule fois depuis qu'il est là.

3. Chantal (faire) la grève depuis une semaine quand on la (interviewer).

4. Je (ne pas sortir) depuis qu'il fait mauvais.

5. Alain (ne plus travailler) depuis six mois lorsque la BNP lui (offrir) un emploi.

6. Les Joubert (habiter) à Grasse pendant deux ans. Ils (être) à Grasse depuis un mois lorsque leur fils (naître).

F. Même exercice.

1. L'histoire du Petit chaperon rouge! Nous la (lire) au moins dix fois aux enfants.

2. La dernière fois qu'il (passer) me voir, je (être) en voyages d'affaires.

3. L'orage ne (durer) que quelques minutes; nous (se promener) dans le parc quand il (se produire).

4. On vous (répéter) cent fois d'être à l'heure.

5. Je (avoir) les résultats il y a à peine un mois.

6. Cet été, nous (repeindre) les volets; la peinture (s'écailler).

7. Hier, Jeanne (lire) toute la soirée.

G. Même exercice.

1. Le directeur n'est pas là parce qu'il (rater) son avion.

2. Quand on (annoncer) le prix aux participants, ils (sauter) de joie.

3. Elle (vouloir) longtemps devenir romancière, mais elle (devoir) abandonner cette idée parce qu'elle ne (être) pas assez douée pour l'écriture.

4. Il (arriver) comme nous (se mettre) à table.

5. Autrefois, les gens (se coucher) tôt parce qu'il n'y (avoir) pas d'électricité.

6. Gilberte (ne pas reconnaître) Christine quand elle est revenue de Chine.

7. Louis XIV (régner) de 1643 à 1715.

H. Traduisez les phrases suivantes.

1. *I wanted to sleep last night but could not. My roommate read until two in the morning.*

2. *While I was waiting for you, I saw three taxis go by.*

3. *I have not seen him since we met last December.*

4. *The weather was mild last winter.*

5. *She was ill throughout the month of January.*

21 Les temps relatifs: le futur antérieur le plus-que-parfait - le passé surcomposé

A. Les temps relatifs. Les temps relatifs se situent par rapport aux temps absolus ou à un autre moment défini par le contexte. Les temps relatifs de la langue parlée sont le futur antérieur, le plus-que-parfait et le passé surcomposé. La langue écrite comprend le passé antérieur (voir chapitre 22).

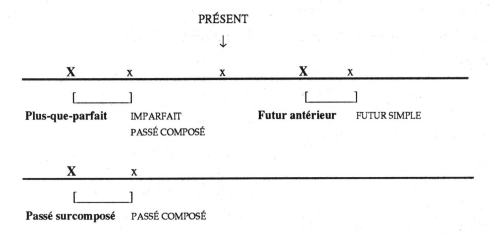

B. Les formes. Les temps relatifs de l'indicatif sont des temps composés. Ils se composent du participe passé du verbe et de l'auxiliaire *avoir* ou *être* conjugué, selon le temps, au futur, à l'imparfait, au passé composé.

LES TEMPS RELATIFS

Temps	Auxiliaire	Participe passé
LE FUTUR ANTÉRIEUR	*vous aurez* *vous serez*	*reçu* *arrivés*
LE PLUS-QUE-PARFAIT	*ils avaient* *elles étaient*	*dit* *allées*
LE PASSÉ SURCOMPOSÉ	*tu as eu* *tu as été*	*reçu* *parti*

C. Le plus-que-parfait

1. La concordance des temps - Le plus-que-parfait exprime un procès passé par rapport à un autre procès passé exprimé par un adverbe de temps, un passé composé ou un imparfait.

- UN ADVERBE DE TEMPS

    <u>En 1986,</u> j'**avais fini** mes études.
    In 1986, I had graduated.

    Nous **étions revenus** <u>à minuit</u>.
    We were back by midnight.

- UN PASSÉ COMPOSÉ

    Il **avait oublié** sa clé; il n'<u>a</u> pas <u>pu</u> entrer.
    He had forgotten his key; he was unable to get in.

    Je ne <u>suis</u> pas <u>allé</u> au concert parce que j'**avais oublié** mon billet.
    I did not go to the concert because I had forgotten my ticket.

    Tout le monde **avait fini** de manger quand ils <u>sont arrivés</u>.
    Everyone had finished eating when they arrived.

    Il <u>a trouvé</u> le carnet d'adresses qu'il **avait perdu**.
    He found the address book he had lost.

- UN IMPARFAIT : le plus-que-parfait situe le procès hors des limites de l'imparfait.

    La chaussée <u>était</u> glissante parce qu'il **avait neigé** la veille.
    The road was slippery because it had snowed the day before.

    Il <u>cherchait</u> ses clés parce qu'ils les **avaient égarées**.
    He was looking for his keys because he had misplaced them.

2. Le cas de *quand* + plus-que-parfait - Le plus-que-parfait introduit par *quand* ou ses équivalents a un sens itératif. Dans ce cas, la proposition principale ne peut être qu'à l'imparfait. La séquence [*quand* plus-que-parfait + passé composé] n'est pas possible.

> **Quand il avait reçu** une bonne note (itératif), ses parents lui **offraient** un bon livre.
> **Quand on avait vu** un film d'épouvante (itératif), on **avait** peur de rentrer à pied.
> Les vignerons **étaient** très inquiets **quand il avait gelé** (itératif).

3. L'hypothèse avec *si* - Le plus-que-parfait décrit la condition non réalisée par rapport à la situation décrite. La situation s'exprime au conditionnel passé ou au conditionnel présent selon qu'elle existe ou n'existe plus au moment de la parole. (Voir chapitre 24).

> Si tu **avais travaillé** un peu plus, tu **aurais réussi** comme tout le monde.
> *If you had worked a little bit more, you would have done well like everyone else.*
>
> Si tu **avais étudié** hier soir, tu **saurais** les réponses.
> *If you had studied last night, you would know the answers.*

D. Le passé surcomposé. Le passé surcomposé ne s'utilise guère. On le rencontre après les conjonctions *après que* et *quand* ou ses équivalents. Quand le verbe le permet, on remplace cette structure quelque peu lourde par l'expression nominale équivalente.

1. La concordance des temps - Lorsque la proposition principale est au passé composé (situation non-itérative), la subordonnée est au passé surcomposé. Le plus-que-parfait est impossible. Dans la langue courante, on substitue souvent un passé composé au passé surcomposé.

Quand
> **Quand ils ont eu dit** ce qui les gênait dans cette affaire, ils **sont partis.**
> *When they had said what was bothering them regarding this matter, they left.*
>
> **Quand elle a eu fini** de parler, on l'**a applaudie.**
> *When she had finished talking, they applauded her.*
>
> **Quand il a eu signé** le contrat, on **a ouvert** une bouteille de champagne.
> *When he had signed the contract, they opened a bottle of champagne.*

Après que
> **Après que nous avons eu fini,** nous **sommes allés** danser.
> *After we had finished, we went dancing.*
>
> **Après qu'on a eu inventé** la bombe, on l'**a regretté.**
> *After the bomb was invented, people regretted it.*
>
> **Après qu'il a eu mangé**, il **s'est reposé.**
> *After he had eaten, he rested.*

2. La nominalisation - Certains verbes comme *arriver* et *partir* se nominalisent facilement. On utilisera de préférence l'expression nominale.

> Quand le chat **a été parti**, les souris ont dansé.
> Les souris ont dansé après **le départ** du chat.
> *The mice danced after the cat had left/ the cat's departure.*
>
> Après qu'on **a eu inventé** la bombe, la tension a augmenté
> Après **l'invention** de la bombe, la tension a augmenté.
>
> Après qu'ils **ont eu signé** l'accord, tout le monde s'est détendu.
> Après **la signature** de l'accord, tout le monde s'est détendu.

E. Le futur antérieur. Le futur antérieur indique qu'un procès qui n'a pas encore eu lieu sera terminé avant un autre à venir. L'autre événement peut prendre la forme d'un futur simple, d'un adverbe de temps ou d'un impératif.

1. Une locution adverbiale de temps - La locution adverbiale joue le rôle d'une subordonnée temporelle.

> En l'an 2000, on **aura trouvé** un remède contre le sida.
> *By the year 2000, we will have discovered a cure for Aids.*

L'année prochaine, (à cette époque-ci) j'**aurai fini** ma thèse.
Next year (at this time) I will be done with my thesis.

Dans cinquante ans, on **aura établi** des stations spatiales.
In fifty years, we will have set up space stations.

La prochaine fois, nous **aurons** tout **prévu**.
Nest time, we will have anticipated everything.

2. Une subordonnée au futur

Quand on se reverra, tu **auras pris** ta retraite.
When we see each other again, you will have retired.

J'**aurai** tout **rangé** quand tu rentreras ce soir.
I will have everything straightened out when you arrive tonight.

3. Un impératif

Repasse cet après-midi; j'**aurai fini** de lire l'article.

Rappelez-moi plus tard; on m'**aura donné** la réponse.

EXERCICES

A. Ecrivez les verbes aux temps convenables.

Il était en prison. Qu' (faire)-il pour mériter un tel châtiment? Il (se lever) un matin et il (aller) à l'usine, comme d'habitude. Après la journée, il (accepter) d'accompagner un compagnon de travail, qu'il ne (connaître) pas bien. Ils (s'arrêter) dans un bistrot et après il (ne plus avoir) aucun souvenir précis. D'après le procès verbal, il (tuer) le compagnon ...

B. Même exercice.

Depuis qu'ils vivaient dans une HLM, Yves (dormir) mal. Son père l' (inscrire) pourtant dans une bonne école. Mais à 16 ans, on (avoir envie) de découvrir le monde. Le jeune homme (avoir) un camarade qui (venir) de passer deux mois en Amérique. Il (rentrer) enchanté car il s'y (plaire) énormément. Yves (avoir envie) de vivre une aventure semblable. Il (aller) voir une cousine, qui (avoir) des économies. Elle (amasser) une petite somme. Elle lui (prêter) ce qu'elle (économiser) et il (partir).

C. Mettez le verbe au temps convenable. Indiquez si la phrase a un sens itératif.

1. Quand vous (mettre) vos bottes, vous sortirez dans le jardin.

2. Dès que son fils (apprendre) ses leçons, il se mettait à dessiner.

3. Quand nous (finir) notre travail, nous sommes partis.

4. L'automobiliste repartira quand il (faire) le plein.

5. Dès qu'il (repeindre) le banc, il a mis un écriteau «Peinture fraîche».

6. Quand vous (cueillir) les roses, vous les mettrez dans un grand vase.

7. Il vivait dans une petite maison qu'il (se construire) lui-même.

8. Parce que la météo (annoncer) du beau temps, tout le monde était parti à la plage.

9. Revenez dans un an quand nous (apprendre) à jouer.

10. Je pensais que je (réussir) mon permis de conduire. Hélas!

11. Quand il (finir), il se lavait les mains.

12. Quand il (finir), il s'est lavé les mains.

13. Quand ils (comprendre), ils ont éclaté de rire.

14. Quand ils (comprendre), ils éclataient de rire.

Récapitulation : les temps de l'indicatif

A. Mettez les verbes aux temps convenables.

C'est l'histoire d'un jeune garçon devenu chef d'exploitation agricole à l'âge de 14 ans. Il y a cinq ans, lorsque Jules (avoir) à peine neuf ans, son père (se tuer) dans un accident de voiture. Le père de Jules (devoir) lui aussi prendre la relève très jeune lorsque son père (mourir) subitement. A l'époque, le jeune homme rêvait de devenir pilote, mais le sort en (décider) autrement. Jules, lui, ne (hésiter) pas. Il (vouloir) continuer la tradition familiale. Ecoutez ses projets: «Je (acheter) des bêtes et je (agrandir) la ferme. Quand je la (agrandir), je la (moderniser). Mais avant, je (finir) mes études car ma mère y (tenir) ».

B. Mettez le verbe au temps convenable.

1. Je (avoir) peur qu'il ne se blesse avec le couteau; je vais le lui enlever.

2. Ça fait longtemps que nous (ne plus avoir) de nouvelles de Michel.

3. Il ne tenait pas debout parce qu'il (passer) une nuit blanche.

4. Comme Jean (se tromper) de numéro, la personne qui (répondre) (ne pas être) aimable avec lui.

5. Repasse plus tard, je (avoir) tout ce qu'il faut.

6. Hier, il (pleuvoir) toute la journée.

7. Il y a quatre heures que nous (essayer) de prévenir les parents de Danièle.

8. Après l'accident, le malade (rester) dans le coma pendant trois mois.

9. Ça (faire) plus de deux mois que je n'ai pas vu ma famille.

10. D'habitude, Claire (garder) le bébé pendant que Florence (faire) les courses.

11. M. Bousquet (diriger) l'Institut depuis cinq ans.

12. Le cinéma qui se trouvait sur la place (brûler) il y a trois semaines.

13. Louise (travailler) deux fois plus depuis qu'elle (recevoir) une augmentation.

14. Jean-Marie (aller) au bureau à pied depuis qu'il (vendre) sa motocyclette.

15. Son père (travailler) chez Tati pendant 22 ans. Il y (travailler) depuis 10 ans quand il (avoir) sa première promotion.

16. Quand la machine (se mettre) en marche, on ne peut plus s'entendre parler.

17. Les hirondelles arrivent, signe que nous (avoir) un bel été.

22 Les temps littéraires: le passé simple et le passé antérieur

A. Le passé simple. Dans la langue écrite, on exprime le passé absolu par le passé simple. Par langue écrite, on entend celle des journaux, des romans, des manuels, etc. La correspondance se fait normalement au passé composé.

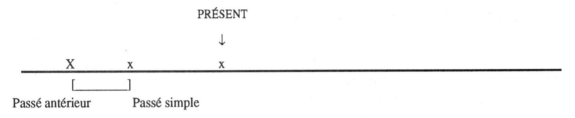

1. Les terminaisons - Nous indiquons les terminaisons des verbes en -ER, -IR, -RE et la conjugaison des verbes AVOIR et ÊTRE. Pour l'ensemble des formes, consulter un manuel de conjugaison.

LE PASSÉ SIMPLE

Terminaisons des verbes en :		AVOIR	ÊTRE
-ER	-IR, -RE		
- ai	- is	j'eus	je fus
- as	- is	tu eus	tu fus
- a	- it	il eut	il fut
- âmes	- îmes	nous eûmes	nous fûmes
- âtes	- îtes	vous eûtes	vous fûtes
- èrent	- irent	ils eurent	ils furent

2. L'emploi - Dans la langue écrite, le passé simple décrit un passé absolu.

> Ils **arrivèrent** à l'heure, ce jour-là.
> *They arrived on time that day.*
>
> Il **quitta** la ville parce qu'il y avait trop de bruit.
> *He left the city because it was too noisy.*
>
> Napoléon **naquit** en Corse en 1769.
> *Napoleon was born in Corsica in 1769.*

3. La durée - Le passé simple admet les locutions exprimant la durée.

> Il **régna** 30 ans.
> *He reigned for thirty years.*
>
> Elle **écrivit** jusqu'à sa mort.
> *She wrote up to her death.*

4. Plusieurs procès - Les procès que l'on énumère au passé simple sont interprétés dans leur succession réelle.

> Il **parla** au boucher, **alla** au commissariat, **répondit** à plusieurs questions et se **demanda** ce qui s'était passé.

5. L'opposition : passé simple et passé composé - Le passé simple marque une rupture très nette avec le présent. Ce temps est donc incompatible avec une locution qui englobe le moment de la parole telle que *aujourd'hui, cette semaine, cette année, à notre époque, ces jours-ci, de nos jours.*

> Il **a fait** froid cet hiver.
> *On ne peut pas dire:* [*Il fit froid cet hiver].
>
> Il **est né** cette année.
> *On ne peut pas dire:* [*Il naquit cette année].
>
> Il **s'est passé** des choses en ce siècle.
> *On ne peut pas dire:* [*Il se passa des choses en ce siècle].

B. Le passé antérieur. Le passé antérieur exprime l'antériorité par rapport au passé simple. Il figure dans un contexte comparable au passé surcomposé. Il est généralement introduit par les conjonctions *dès que, quand, lorsque, après que, à peine... que.*

> Dès qu'il **eut mangé**, il partit.
> *As soon as he was done eating, he left.*
>
> Après qu'il **fut parti,** ils s'amusèrent.
> *After he left, they had a good time.*
>
> A peine **eut**-il **fini** qu'ils se précipitèrent vers lui.
> *Hardly had he finished when they rushed towards him.*

EXERCICES

A. Substituez un passé simple au passé composé.

1. Louis XIV *est né* en 1638. Il *est mort* en 1715. Il *a été sacré* à Reims en 1654. Il *a voulu* accroître le pouvoir de la France, ce qui *a entraîné* le pays dans de nombreuses guerres. Il *a fait* construire Versailles. Après la mort de Marie-Thérèse, il *a épousé* Mme de Maintenon.

2. Le XVIIe siècle *a été* un siècle de grandes découvertes. Pascal *a inventé* la machine à calculer; il *a découvert* également l'existence de la pression atmosphérique et *a proposé* le calcul des probabilités. Newton *a trouvé* les bases du calcul différentiel. La chute d'une pomme l'*a mis* sur la trace des lois de l'attraction universelle. Ses calculs lui *ont permis* de retrouver les lois de Kepler.

B. Substituez un passé simple chaque fois que cela est possible.

Qu'*a fait* le petit prince quand il *a vu* le géant? Son premier réflexe *a été* de s'enfuir. Mais il n'*a pas tardé* à se ressaisir (car un prince ne s'enfuit pas surtout lorsqu'il est dans son royaume). Il *est resté* quelques moments immobile. Puis, d'un pas décidé, il s'*est avancé* vers l'énorme créature et lui *a tendu* la main. Le géant l'*a saisie* et l'*a secouée* d'une telle force que le petit garçon *a failli* être renversé. Tout à coup, le géant *a articulé* quelques sons, *a fait* trois bonds en arrière puis *a disparu*. Le petit prince n'*a rien compris* à la scène mais il *a eu* le sentiment d'avoir perdu un ami.

23 L'impératif

A. Le mode. On emploie généralement l'impératif pour exprimer un ordre, une consigne, un conseil. Ce mode s'adresse à un destinataire et pour un procès qu'il peut exécuter dans un avenir immédiat ou lointain.

> **Reste**!
> **Allons**-y!
> **Faites** ce qu'on vous dit de faire!

B. Les formes. Les conditions imposées par ce mode se traduisent par un système formel réduit. Le sujet n'est pas exprimé et la conjugaison ne comporte que trois formes.

L'IMPÉRATIF

Formé sur l'indicatif (la règle)		Formé sur le subjonctif (les exceptions)	
parler	*parle, parlons, parlez*	**avoir**	*aie, ayons, ayez*
aller	*va, allons, allez*	**être**	*sois, soyons, soyez*
finir	*finis, finissons, finissez*	**savoir**	*sache, sachons, sachez*
prendre	*prends, prenons, prenez*		
en vouloir à - la forme négative *Ne m'en veux pas. Ne nous en voulez pas.*		**vouloir** - *veuillez*	

1. Les formes simples - Le radical des verbes de l'impératif présent est analogue au radical des verbes de l'indicatif présent à l'exception des verbes *avoir, être, savoir* qui sont formés sur le subjonctif.

> **Sachez** que nous n'attendrons pas les retardataires. N'**oubliez** pas d'apporter votre passeport et votre billet. Si vous avez des questions, **venez** me voir au guichet #5.

- VOULOIR: le verbe *vouloir* a deux usages et deux formes. *Veuillez* s'utilise comme formule de politesse et *veux, voulez* dans l'expression *en vouloir à* au négatif.

> **Veuillez** vous présenter au guichet #2.
> *Please, go to ticket counter #2.*
>
> Ne m'en **veux** pas si je te dis ce que je pense.
> *Don't get upset if I tell you what I think.*

- LA 2ÈME PERSONNE DU SINGULIER : les verbes en **-er** ne prennent pas de *-s* à la deuxième personne du singulier.

> Mange! Parle! Va!

On ajoute un *-s* de liaison lorsque le verbe est accompagné d'un pronom qui commence par une voyelle.

> Mange / une pomme.
> Mange**s**-en une!
>
> Va / en ville!
> Va**s**-y!

2. Les formes composées - L'impératif passé s'emploie très rarement. Sur l'axe temporel, l'impératif passé s'aligne avec le futur antérieur.

> **Ayez fini** avant mon retour!
> Nous aurons fini avant votre retour.
>
> **Soyez revenus** avant 8 h.
> Nous serons revenus avant 8 h.

C. Les emplois

1. Le commandement - Les parents, les enfants entre eux font bon usage de l'impératif.

> Marie, **aide** ton petit frère!
>
> **Laisse**-moi tranquille!
>
> **Viens** m'aider à ranger les affaires!

2. L'invitation - On trouve fréquemment l'impératif dans les slogans et la publicité. L'interlocuteur est invité à réaliser l'action exprimée par le verbe.

> **Votez** ...
> **Adhérez** au parti ...
>
> **Demandez** à voir nos nouveaux produits!
> **Voyez** vous-même si ...

3. La supposition - Cet emploi décrit ce qui arriverait si l'action exprimée par le verbe à l'impératif se réalisait.

> **Augmentez** les salaires et la production s'ensuivra.
>
> Ne **disciplinez** pas les enfants et vous aurez des tyrans.
>
> «**Chassez** le naturel et il revient au galop!»

EXERCICES

A. Transformez les infinitifs en impératifs.

<u>Une recette</u>: croque-monsieur

1. Tailler 12 petits canapés.
2. Les faire frire.
3. Les recouvrir d'une tranche de jambon.
4. Napper d'une béchamel fromagée.
5. Gratiner au four.

<u>Le tennis</u>

1. Choisir une bonne raquette.
2. Suivre les conseils de l'entraîneur.
3. Ne jamais perdre patience ni courage.
4. Surtout savoir se concentrer.

B. Transformez les phrases suivantes selon le modèle. Exemple: *Je te prie de me laisser tranquille. > Laisse-moi tranquille!*

1. Veuillez m'excuser, Monsieur.
2. Si vous criiez moins fort!
3. Vous me ferez le plaisir d'accepter mon invitation.
4. Voudriez-vous, je vous prie, m'écouter un peu?
5. Vous ne me couperez pas les cheveux trop court!
6. Tu porteras ce message au secrétariat.
7. Nous voulons que vous respectiez les lieux publics.
8. Il faut que nous fassions un effort.

C. Imaginez un slogan publicitaire pour chaque élément donné. Utilisez l'impératif.

1. un nouveau dentifrice
2. une agence de voyages
3. une école de langues

24 Le conditionnel

A. Le mode. Le mode conditionnel sert à exprimer la supposition, l'hypothèse ainsi que des faits incertains, éventuels. On utilise également les formes du conditionnel dans le discours indirect pour exprimer le futur du passé.

B. Les formes. Les formes simples du conditionnel combinent le radical du futur (voir p. 109) et les terminaisons de l'imparfait. Les terminaisons sont donc précédées du *-r-* caractéristique de l'infinitif. Soit : *r-ais, r- ais, r-ait, r-ions, r-iez, r-aient*. On obtient le passé du conditionnel par la composition de l'auxiliaire *avoir* ou *être* au présent du conditionnel et le participe passé du verbe.

LE CONDITIONNEL

	Conditionnel présent	Conditionnel passé
chercher	je chercherais	j'aurais cherché
choisir	tu choisirais	tu aurais choisi
tomber	elle tomberait	elle serait tombée
prendre	il prendrait	il aurait pris
avoir	on aurait	on aurait eu
vouloir	nous voudrions	nous aurions voulu
aller	vous iriez	vous seriez allé(e)(s)
descendre	elles descendraient	elles seraient descendues
venir	ils viendraient	ils seraient venus

C. L'emploi général. Le conditionnel montre le procès comme dépendant d'une condition réalisable, non réalisée ou purement imaginaire. La condition est introduite par *si, même si*.

1. La condition et le résultat sont exprimés - Lorsque la condition et le résultat sont exprimés, le choix des temps est soumis aux règles de la concordance (voir tableau).

- LE CONDITIONNEL PRÉSENT

    Je **serais** au cinéma en ce moment si je n'avais *(imparfait)* pas tant de devoirs.

    Nous **serions** plus dynamiques en ce moment si nous nous étions couchés *(plus-que-parfait)* plus tôt.

    Ils **apprendraient** mieux s'ils se concentraient *(imparfait)* plus.

- LE CONDITIONNEL PASSÉ

> J'**aurais** mieux **réussi** si j'étais *(imparfait)* plus doué.
>
> Il ne **serait** pas **parti** avec eux s'il avait su *(plus-que-parfait)* qu'ils n'avaient pas l'intention de rentrer tôt.
>
> Vous **auriez** mieux **compris** si j'avais expliqué *(plus-que-parfait)* deux fois.

Au cas où, dans le cas où - Ces locutions sont synonymes. Une proposition introduite par l'une d'elles demande un conditionnel.

> Mettons un couvert de plus au cas où il **viendrait**.
> *Let's set another place in case he comes/ should come.*
>
> Prenons des notes dans le cas où l'on nous **poserait** des questions.
> *Let's take notes just in case we should be asked/ are asked questions on it.*
>
> Ils n'ont pas changé de numéro de téléphone au cas où on **aurait voulu** les joindre.

2. La condition se présente sous une forme réduite - Il arrive que la condition se présente sous la forme d'un groupe prépositionnel ou d'un participe.

- PRÉSENT

> Sans son métier, elle ne **serait** rien.
> =Si elle n'avait pas son métier, elle ne serait rien.
>
> Inconnu de tous, il **serait** plus tranquille.
> =S'il était inconnu, il serait plus tranquille.

- PASSÉ

> Sans ton soutien, je n'**aurais** pas **pu** finir ma thèse.
> =Si tu ne m'avais pas soutenu, je n'aurais pas pu finir ma thèse.
>
> Appuyés de tous, nous **aurions pu** effectuer des changements.
> =Si nous avions été appuyés de tous, nous aurions pu effectuer des changements.

3. La condition n'est pas exprimée - Le conditionnel s'utilise dans des phrases simples, sans l'appui de la condition, pour atténuer l'énoncé.

- POUR ADOUCIR LES REQUÊTES : dans ces cas, on sous-entend une condition du genre *si cela était possible*.

> Je **voudrais** vous parler.
> Nous **souhaiterions** continuer la discussion.
> **Pourriez**-vous les accompagner en ville?

- POUR EXPRIMER L'INCERTITUDE : on sous-entend *si ce qu'on dit est vrai*.

> Il **serait mort** empoisonné.
> L'homme au costume bleu **serait** le frère du président.
> On lui **aurait permis** de rester.

4. Le résultat est sous-entendu - *Si* + imparfait exprime la condition sous la forme d'une suggestion ou d'une question et se traduit en anglais par *How about ... ?* Le résultat n'est pas exprimé.

> Si on <u>allait</u> au cinéma!
> =... ce **serait** sympa.
> Si on <u>passait</u> chez l'agent!
> =... on **saurait** de quoi il s'agit.
> Si vous <u>passiez</u> me voir lundi!
> =... ce **serait** préférable.

Si : LA CONCORDANCE DES TEMPS

Le moment *un adverbe*	Le résultat *la proposition principale*	La condition *la subordonnée*
PRÉSENT *En ce moment,*	CONDITIONNEL PRÉSENT *je partirais avec vous* *je ne serais pas inquiet*	SI + IMPARFAIT / PLUS-QUE-PARFAIT *si je n'avais pas d'examen.* *si j'avais étudié hier soir.*
PASSÉ *Hier,*	CONDITIONNEL PASSÉ *je me serais plaint* *je serais parti avec eux*	SI + IMPARFAIT / PLUS-QUE-PARFAIT *si j'avais plus de courage.* *si j'avais eu le temps.*
FUTUR *Demain,*	FUTUR / FUTUR ANTÉRIEUR *je partirai avec eux* *je reviendrai* *j'aurai fini*	SI + PRÉSENT / PASSÉ COMPOSÉ *si j'ai le temps.* *si j'ai fini.* *si tout va bien.*

L'ordre des propositions est facultatif.

> Je ferais du ski si j'en avais le temps.
> Si j'en avais le temps, je ferais du ski.

D. Le futur dans le passé. On utilise également les formes du conditionnel dans le discours indirect pour exprimer le futur du passé. Un fait futur qui a son origine dans le passé emprunte la forme du conditionnel. C'est le cas du discours rapporté au passé (voir chap. 48).

> Il a dit : «Je <u>viendrai</u>».   Je pensais: «Il <u>sera parti</u>».
> Il a dit qu'il **viendrait**.   Je pensais qu'il **serait parti**.
> *He said that he would come.*   *I thought that he would have left.*

EXERCICES

A. Ecrivez les verbes au conditionnel.

Sur ma planète de rêve, il n'y (avoir) pas de pollution. Tous les animaux (être) en liberté. Il (faire) toujours beau et chaud. Personne ne (posséder) de biens et chacun (chercher) à aider l'autre. On (savoir) tout sans avoir à étudier.

B. Traduisez les expressions en utilisant les verbes *devoir, falloir, pouvoir* au conditionnel présent ou passé.

1. *[You should]* faire réviser les freins de la voiture.

2. *[We could]* prendre le train.

3. Il n'a pas plu depuis trois mois. *[It is necessary]* qu'il pleuve!

4. *[I could have]* dire quelque chose.

5. *[We should have]* partir plus tôt.

C. Les propositions avec *si*. Mettez le verbe entre parenthèses au mode et au temps convenables.

1. S'il fait beau demain, nous (faire) un pique-nique.

2. S'il ne pleuvait pas en ce moment, nous (aller) à la plage.

3. S'il avait fait beau hier, nous (partir) faire du camping.

4. L'avion ne décollera pas s'il y (avoir) du brouillard.

5. L'avion ne décollerait pas si les mécaniciens (ne... pas réparer) la porte.

6. Si vous aviez été là, on (s'amuser) beaucoup plus.

D. Transformez les phrases suivantes selon le modèle. Exemple : *Il est occupé, sinon (otherwise) il sortirait avec vous.* > *S'il n'était pas occupé, il sortirait avec vous.*

1. Il était myope, sinon il serait devenu pilote.

2. Je ne connais rien aux mathématiques, sinon je t'aiderais volontiers.

3. Utilisez un produit anti-calcaire, sinon votre machine s'abîmera.

E. Décalage temporel. Ecrivez le verbe donné à la forme qui convient.

1. Si grand-père (planter) des pommiers plutôt que des ormes, nous (manger) des pommes en ce moment.

2. Si nous (laisser) les fenêtres ouvertes hier soir, il (faire) bon ce matin.

3. S'il (réussir) son Bac, l'année dernière, il (être) à la fac cette année.

4. Si tu (ne...pas perdre) ton temps hier soir, tu (pouvoir) sortir avec nous maintenant.

5. Excusez mon retard. Je (être) là à trois heures si l'avion (ne pas avoir) de retard.

IV. Le groupe prépositionnel et adverbial — Vue d'ensemble

A. Le groupe prépositionnel. La préposition est un mot invariable qui sert à introduire un complément. On appelle groupe prépositionnel, la préposition et son complément.

1. Le complément introduit par la préposition - Le complément introduit par la préposition peut avoir la forme d'un nom, d'un pronom ou d'un infinitif.

LE GROUPE PRÉPOSITIONNEL

Le complément d'un nom	NOM	GROUPE PRÉPOSITIONNEL
	le livre	*de Marie*
	la porte	*d'à côté*
	la machine	*à écrire*
Le complément d'un adjectif	ADJECTIF	GROUPE PRÉPOSITIONNEL
	capable	*d'efforts*
	satisfaits	*d'eux-mêmes*
	agréable	*à voir*
Le complément d'un adverbe	ADVERBE	GROUPE PRÉPOSITIONNEL
	conformément	*à la loi*
	pas	*de temps*
	combien	*de personnes*
Le complément d'un verbe	VERBE	COMPLÉMENT D'OBJET INDIRECT
	écrire	*à quelqu'un*
	s'habituer	*à conduire*
	parler	*de partir*
		COMPLÉMENT CIRCONSTANCIEL
	aller	*à pied*
	revenir	*du marché*
	parler	*sans réfléchir*

2. Les prépositions - Les prépositions qui introduisent les compléments sont nombreuses. Nous signalons les principales.

> sur - sous - dans -
> au-dessus de - au-dessous de - au dedans de -
> avant - après - devant - derrière - vers -
> au-devant de - à côté de - près de -
> pendant - durant - jusqu'à - depuis -
> avec - pour - contre - chez - par - parmi -
> sauf - malgré - selon - à - de

3. Quelques traductions - L'emploi des prépositions varie d'une langue à l'autre. Nous illustrons pour l'anglais et le français.

ANGLAIS	FRANÇAIS	ANGLAIS	FRANÇAIS
on TV	à la télé	in the sun/ shade	au soleil/ à l'ombre
on the train	dans le train	in the rain	sous la pluie
on vacation	en vacances	in bad weather	par mauvais temps
by tomorrow	avant demain	in your place	à votre place
about ten years	dix ans environ	in my opinion	à mon avis
from this	d'après ceci	in this picture	sur cette photo
about midnight	vers minuit	in time	à temps

B. Les adverbes. L'adverbe est un mot invariable et autonome. Les rapports qu'expriment les adverbes sont nombreux.

LES ADVERBES

LE TEMPS	LE LIEU	LA MANIÈRE	LA QUANTITÉ
quelquefois	ici	bien	beaucoup
longtemps	là	mal	assez
autrefois	partout	exprès	peu
aujourd'hui	autour	ensemble	moins
hier	ailleurs	debout	davantage
demain	dehors	vite	environ
tout de suite	dedans	les adverbes en -ment	trop

L'INTENSITÉ	LA COMPARAISON	L'OPINION	L'AFFIRMATION
tant	aussi	sans doute	oui, si
tellement	autant	apparemment	assurément
bien	moins	heureusement	certainement
très	plus		vraiment

25 Les prépositions

A. Le lieu. Les prépositions que l'on utilise pour désigner le lieu où l'on va, le lieu d'où l'on vient et les moyens de transport sont les suivantes:

LE LIEU

	Où l'on est	Où l'on va	D'où l'on vient
Ville, île	**à** Il est à Berlin. Il est à San Juan. Il est à Montréal. Il est à Cuba. Il est à la Martinique.	**à** Il va à Berlin. Il va à San Juan. Il va à Montréal. Il va à Cuba. Il va à la Martinique.	**de** Il vient de Berlin. Il vient de San Juan. Il vient de Montréal. Il vient de Cuba. Il vient de la Martinique.
MASCULIN **Pays, état, province**	**au** Elle est au Canada. Elle est au Japon. Elle est au Michigan. Elle est au Québec.	**au** Elle va au Canada. Elle va au Japon. Elle va au Michigan. Elle va au Québec.	**du** Elle vient du Canada. Elle vient du Japon. Elle vient du Michigan. Elle vient du Québec.
FÉMININ **Pays, état, province** **continent**	**en** Elles sont en France. Elles sont en Floride. Elles sont en Alberta. Elles sont en Afrique.	**en** Elles vont en France. Elles vont en Floride. Elles vont en Alberta. Elles vont en Afrique.	**de** Elles viennent de France. Elles viennent de Floride. Elles viennent d'Alberta. Elles viennent d'Afrique.
PLURIEL **Pays, îles**	**aux** Ils sont aux E-U. Ils sont aux Antilles.	**aux** Ils vont aux E.U. Ils vont aux Antilles.	**des** Ils viennent des E.U. Ils viennent des Antilles.
autres	Je suis **à** la maison. Je suis **dans** ma chambre. Je suis **chez** ma mère.	Je vais **à** la maison. Je vais **à** ma chambre. Je vais **chez** ma mère.	Je viens **de** la maison. Je viens **de** ma chambre. Je viens de **chez** ma mère.

On utilise fréquemment la préposition *dans* au lieu de *au* avec les noms d'états masculins.

> Nous sommes **au Vermont** / **dans le Vermont**.

B. Les moyens de locomotion. La préposition à éviter est *sur*. La préposition *à* s'emploie pour les moyens où l'on doit se mettre à califourchon *(astride)*. On utilise *en* avec 'voiture, bus, car'. Pour les cas de 'bateau, avion, train', on emploie *par* pour désigner le moyen de locomotion pur et simple.

LES MOYENS DE LOCOMOTION

à	en	par
à pied	en voiture	par bateau
à cheval	en bus	par avion
à dos d'âne	en car	par le train
à vélo, à bicyclette	en train	
à moto	en avion	

Je préfère voyager en train.
J'aime aller en avion.

Ils partent par bateau et reviennent par avion.
Ils arrivent par le train de 22h.

C. Les verbes à deux compléments

DEUX COMPLÉMENTS

VERBE	QUELQUE CHOSE	À QUELQU'UN
dire	quelque chose	à quelqu'un
écrire	quelque chose	à quelqu'un
rendre	quelque chose	à quelqu'un
offrir	quelque chose	à quelqu'un
emprunter	quelque chose	à quelqu'un
montrer	quelque chose	à quelqu'un
envoyer	quelque chose	à quelqu'un
raconter	quelque chose	à quelqu'un
souhaiter	quelque chose	à quelqu'un
promettre	quelque chose	à quelqu'un
proposer	quelque chose	à quelqu'un
pardonner	quelque chose	à quelqu'un
VERBE	**QUELQU'UN**	**À FAIRE QUELQUE CHOSE**
aider	quelqu'un	à faire quelque chose
encourager	quelqu'un	à faire quelque chose
pousser	quelqu'un	à faire quelque chose
forcer	quelqu'un	à faire quelque chose
obliger	quelqu'un	à faire quelque chose
inviter	quelqu'un	à faire quelque chose

VERBE	QUELQU'UN	DE FAIRE QUELQUE CHOSE
prier	quelqu'un	de faire quelque chose
persuader	quelqu'un	de faire quelque chose
charger	quelqu'un	de faire quelque chose
empêcher	quelqu'un	de faire quelque chose
féliciter	quelqu'un	d'avoir fait quelque chose
remercier	quelqu'un	d'avoir fait quelque chose
accuser	quelqu'un	d'avoir fait quelque chose

VERBE	À QUELQU'UN	DE FAIRE QUELQUE CHOSE
dire	à quelqu'un	de faire quelque chose
interdire	à quelqu'un	de faire quelque chose
promettre	à quelqu'un	de faire quelque chose
défendre	à quelqu'un	de faire quelque chose
permettre	à quelqu'un	de faire quelque chose
proposer	à quelqu'un	de faire quelque chose
demander	à quelqu'un	de faire quelque chose
pardonner	à quelqu'un	d'avoir fait quelque chose
reprocher	à quelqu'un	d'avoir fait quelque chose

D. Les verbes à un complément. Lorsque l'objet d'un verbe est un infinitif ou un adjectif, le premier verbe est souvent suivi d'une préposition. Le choix de la préposition est rarement dicté par des critères sémantiques.

> J'**espère** partir demain.
> J'**hésite à** partir demain.
> Je **promets de** partir demain.

UN COMPLÉMENT SANS PRÉPOSITION

VERBE + NOM	VERBE + INFINITIF
regarder le train	**regarder** partir le train
voir un match	**voir** jouer un match
écouter la chanson	**écouter** chanter la chanson
entendre le vent	**entendre** siffler le vent
aimer mieux +nom	aimer mieux + infinitif
préférer +nom	préférer + infinitif
chercher +nom	espérer + infinitif
demander +nom	vouloir + infinitif
attendre +nom	pouvoir + infinitif
savoir +nom	savoir + infinitif
connaître +nom	falloir + infinitif
rencontrer +nom	compter + infinitif
payer +nom	penser + infinitif

UN COMPLÉMENT AVEC PRÉPOSITION

à	de
tarder **à** + infinitif	tâcher **de** + infinitif
hésiter **à** + infinitif	essayer **de**/ tenter **de** + infinitif
s'attendre **à** + infinitif	accepter **de** infinitif
commencer **à** + infinitif	s'efforcer **de** + infinitif
apprendre **à** + infinitif	se dépêcher **de** + infinitif
se préparer **à** + infinitif	finir **de**, cesser **de** + infinitif
s'apprêter **à** + infinitif	arrêter **de** + infinitif
chercher **à** + infinitif	
se mettre **à** + infinitif	souffrir **de** + nom
se plaire **à** + infinitif	jouer **de** + nom (instrument)
	s'occuper **de** + nom
penser **à** + nom	se méfier **de** + nom
plaire **à** + nom	s'éloigner **de** + nom
nuire **à** + nom	s'approcher **de** + nom
être attaché **à** + nom	prendre soin **de** + nom
appartenir **à**/ être **à** + nom	se servir **de** + nom
croire **à**/ se fier **à** + nom	se tromper **de** + nom
s'intéresser **à** + nom	
jouer **à** + nom (sport, jeu)	parler **de** + infinitif/ nom
faire attention **à** + nom	se souvenir **de** + infinitif / nom
faire allusion **à** + nom	avoir envie **de** + infinitif / nom
	avoir besoin **de** + infinitif/ nom
s'habituer **à** + infinitif/ nom	avoir peur **de** + infinitif/ nom
songer **à** + infinitif/ nom	rêver **de** + infinitif/ nom
tenir **à** + infinitif/ nom	

s'entendre **avec** + nom	compter **sur** + nom	se fâcher **contre** + nom
se marier **avec** + nom	donner **sur** + nom	croire **en** + nom
se battre **pour** + nom/ infinitif		
en avoir **pour** + x temps		

ADJECTIF + PRÉPOSITION

à	de	[adverbe de quantité] pour
prêt **à** +infinitif	capable **de** + infinitif	<u>trop</u> fatigué **pour** + infinitif
disposé **à** +infinitif	incapable **de** + infinitif	<u>assez</u> juste **pour** + infinitif
lent **à** +infinitif	heureux **de** + infinitif	<u>trop</u> petit **pour** + infinitif
prompt **à** +infinitif	content **de** + infinitif	<u>assez</u> grand **pour** + infinitif
propre **à** +infinitif	ravi **de** + infinitif	
le seul **à** +infinitif	charmé **de** + infinitif	
le premier **à** +infinitif	sûr **de** + infinitif	
le dernier **à** +infinitif	certain **de** + infinitif	

EXERCICES

A. Ajoutez, s'il y a lieu, la préposition et/ou le déterminant qui manquent. Sinon, inscrivez ø.

1. Ils vivent __ Argentine mais ils partent __ le Chili.
2. __ Montréal est la plus grande ville __ Québec.
3. Pour mon prochain voyage, j'irai __ Asie.
4. Les pays du Mahgreb sont __ Tunisie, __ Maroc et __ Algérie.
5. Nous avons décidé d'aller __ Londres __ avion.
6. Il faudra envoyer ce colis __ avion.
7. Mon mari préfère voyager __ train.

B. Même exercice.

1. Avez-vous rendu _ livres _ bibliothèque?
2. Il faut empêcher _ gens _ marcher sur la pelouse.
3. Voulez-vous nous montrer __ papiers?
4. Je vais proposer _ enfants _ sortir.
5. Viens! On va aider _ Jean _ déménager.
6. On va nous accuser __ ne pas avoir suivi la consigne!
7. Il faut remercier _ doyen _ bons conseils.
8. Dites _ voisins _ faire moins de bruit.
9. Je vous propose _ aller au cinéma ce week-end.

C. Même exercice.

1. Nous irons __ musée demain.
2. Nous pensons __ avenir.
3. Nous allons nous servir __ dictionnaire étymologique.
4. Cet animateur plaît __ auditeurs.
5. Faut-il se méfier __ modernisme?
6. Est-ce qu'on pardonnera __ prisonnier.
7. Le bateau s'éloigne __ port.
8. Il s'intéresse ___ linguistique.
9. Il ne faut pas avoir peur __ chiens.
10. Nous nous souviendrons __ vacances que nous avons passées en Corse.
11. Pourrez-vous résister __ tentation?
12. Savez-vous jouer __ violon?
13. Qui veut jouer __ tennis?
14. Approchez-vous __ cheminée.
15. Ce couteau sert __ ouvrir les huîtres.

D. Même exercice.

1. Il songe _ prendre sa retraite dans deux ans.
2. Tâchez _ être à l'heure!
3. Vous êtes les premiers _ arriver.
4. Il ne cesse __ neiger depuis une semaine.
5. Nous espérons __ revenir bientôt.
6. Ils sont trop timides __ répondre.
7. Tu es lent _ te décider!
8. Je suis très heureux _ vous revoir.

26 Les adverbes

A. La fonction. L'adverbe est un mot ou une locution que l'on adjoint à un verbe, à un adjectif ou à un autre adverbe pour le déterminer. L'adverbe est invariable en genre et en nombre.

> Ils <u>sont</u> <u>partis</u> **ensemble**.
> Il est **bien** <u>jeune</u> pour se marier.
> Nous nous voyons **assez** <u>souvent</u>.

B. La formation des adverbes en *-ment*. La plupart des adverbes en *-ment* indiquent la manière. Ils ont comme base le féminin de l'adjectif, à laquelle on ajoute le suffixe adverbial *-ment*.

LA FORMATION DES ADVERBES

LA FORMATION RÉGULIÈRE

Masculin	Féminin	Adverbe
complet	complète	complètement
doux	douce	doucement
sérieux	sérieuse	sérieusement
quotidien	quotidienne	quotidiennement
naïf	naïve	naïvement
nouveau	nouvelle	nouvellement
calme	calme	calmement

Exception:
brève -> brièvement

LE CAS DE *-ÉMENT*

Masculin	Féminin	Adverbe
profond	profonde	profondément
précis	précise	précisément
exprès	expresse	expressément
énorme	énorme	énormément
immense	immense	immensément
intense	intense	intensément

L'ADJECTIF SE TERMINE PAR UNE VOYELLE

Masculin	Adverbe
joli	joliment
poli	poliment
vrai	vraiment
aisé	aisément
simultané	simultanément

Exceptions :
gentil -> gentiment
gai -> gaiement
indu -> indûment
assidu -> assidûment

LES ADJECTIFS EN -ANT, -ENT		
Masculin	**Adverbe**	
évident	évide**mm**ent	Exception :
récent	réce**mm**ent	présent -> présentement
prudent	prude**mm**ent	
fréquent	fréque**mm**ent	
savant	sava**mm**ent	
vaillant	vailla**mm**ent	
abondant	abonda**mm**ent	

-ÉMENT - Dans certains cas, le *e* qui précède le suffixe se prononce. Il s'écrit *-é*.
-AMMENT, -EMMENT - A l'oral, les deux suffixes se prononcent de la même façon, soit [amã].

C. La place des adverbes

1. L'adverbe modifie un adjectif ou un adverbe - L'adverbe se place devant l'adjectif ou l'adverbe qu'il modifie. Ce sont pour la plupart des adverbes marquant la quantité ou l'intensité. (A noter que les adverbes *beaucoup* et *tant* ne s'utilisent jamais dans ce contexte.)

- UN ADJECTIF

   Un type...   Une salle...
   fort charmant   **plutôt** sombre
   très sincère   **bien** petite
   trop généreux   **fort** propre
   si doux   **si** mal aérée

- UN ADVERBE

   Nous sommes...   Il court...
   toujours là   **très** vite
   déjà là   **si** vite
   presque là   **fort** vite

- DES ADJECTIFS COORDONNÉS : lorsque les adjectifs sont coordonnés, on répète l'adverbe.

   Une **si** bonne et **si** gentille personne
   Il chante **très** fort et **très** juste.

2. L'adverbe modifie un verbe - L'adverbe peut occuper à peu près toutes les positions dans la phrase sauf celle qui le mettrait entre le sujet et le verbe. La séquence anglaise *I <u>always</u> do my work* n'est pas permise en français. L'usage favorise certaines positions, que le rythme de la phrase ou la mise en relief rend toutefois variables.

- LES TEMPS SIMPLES : l'adverbe se place normalement après le verbe. Les adverbes d'intensité, de degré et de manière suivent d'assez près le verbe. Les adverbes de temps et de lieu peuvent être plus éloignés.

  > Il parlera **autrement** *(manière)* devant ses supérieurs.
  > Il ira **certainement** *(affirmation)* avec eux **dimanche** *(temps)*.
  > On trouve ce genre de choses **partout** *(lieu)*.

- LES TEMPS COMPOSÉS : l'adverbe se place le plus souvent entre l'auxiliaire et le participe passé sauf lorsqu'il s'agit d'un adverbe de lieu ou d'un adverbe de temps qui provient d'un nom: *lundi, hier, aujourd'hui, demain, etc.*

  > Je me suis **souvent** demandé ce qui lui était arrivé.
  > Il a **mal** compris ce qu'on lui avait dit.
  > On a **déjà** vu cela.
  > Ils ont **presque** fini.

  Un adverbe de lieu

  > Nous sommes allés **ailleurs**.
  > Ils sont allés **partout**.
  > Je l'ai trouvé **là**.

  Un adverbe de temps

  > Ils seront revenus **lundi**.
  > Nous les avions vus **la veille**.

3. L'adverbe modifie la phrase - Les adverbes de temps, de lieu, de manière, d'opinion, d'affirmation et de négation modifient non seulement le verbe mais ses compléments. On dit que ces adverbes portent sur toute la phrase. Leur place dans la phrase est donc plus souple.

- UN ADVERBE DE TEMPS

  > **Demain,** nous irons tous à la mer.
  > Nous irons tous **demain** à la mer.
  > Nous irons tous à la mer **demain.**
  >
  > **Longtemps,** je me suis couché de bonne heure.
  > Je me suis couché **longtemps** de bonne heure.

- UN ADVERBE DE LIEU

  > **Ici,** vous trouverez tout ce dont vous aurez besoin.
  > Vous trouverez **ici** tout ce dont vous aurez besoin.
  > Vous trouverez tout ce dont vous aurez besoin **ici.**

- UN ADVERBE DE MANIÈRE

  > **Heureusement**, nous avons tous été d'accord.
  > Nous avons tous été, **heureusement**, d'accord.
  > Nous avons tous été d'accord, **heureusement.**

4. L'inversion - Placés en tête de phrase, certaines locutions adverbiales entraînent l'inversion du verbe et de son sujet (voir p. 4).

> **Peut-être** <u>ont-ils</u> changé d'avis.
> Ils ont **peut-être** changé d'avis.
> Ils ont changé d'avis **peut-être**.
> **Sans doute** <u>sont-ils</u> arrivés.
> Ils sont **sans doute** arrivés.
> Ils sont arrivés **sans doute**.
> **A peine** <u>avait-il fini</u> qu'il quittait le bureau.
> Il avait **à peine** fini qu'il quittait le bureau.
> Il avait fini **à peine** qu'il quittait le bureau.
> **Ainsi** <u>devraient-ils</u> attendre.
> **Aussi** <u>verrez-vous</u> mon collègue.

5. La tournure avec *que* - Un adverbe peut devenir une proposition. L'adverbe est accompagné de la conjonction *que*.

> **Peut-être** <u>que</u> vous avez raison.
> **Heureusement** <u>que</u> vous êtes là.
> **Sans doute** <u>que</u> rien ne leur arrivera.

D. Cas particuliers d'emploi

1. Des adjectifs utilisés comme adverbes - On trouve un petit nombre d'adjectifs adverbialisés. Les plus fréquents sont: *parler bas / haut / fort / net; chanter juste / faux; sentir bon / mauvais; voir clair; coûter cher*. L'adjectif qui modifie le verbe est invariable.

> Cette petite fille chante **faux**.   Ces fleurs sentent **bon**.
> Mes voisines parlent **fort**.   Ces fruits coûtent **cher**.

2. Des adverbes qui modifient un nom - Les adverbes indiquant la quantité de quelque chose se rapportent au nom. Dans cet emploi particulier, la préposition *de* intervient entre l'adverbe et le nom.

> J'ai acheté **assez de** billets.
> Nous avons **suffisamment de** temps.
> **Beaucoup de** voyageurs sont inquiets.

Dans les expressions figées telles que *avoir faim, avoir peur, avoir soif, avoir honte, etc.*, le nom fonctionne comme adverbe.

> J'ai **très** faim / **tellement** faim / **si** faim.
> J'ai **assez** peur / **un peu** peur.
> J'ai **plus** soif / **moins** soif que vous.   On ne peut pas dire: [*J'ai beaucoup de faim].

3. Un adverbe variable : *tout* - Utilisé comme adverbe, *tout* modifie un adjectif ou un adverbe. Il a cette particularité de s'accorder en genre, et par conséquent en nombre, lorsque le mot qui suit est féminin et commence par une consonne ou un *h* aspiré. Cet adverbe a pour synonyme *absolument, véritablement*.

- NE S'ACCORDE PAS : *tout* modifie un adverbe ou un adjectif féminin qui commence par une voyelle. Le [t] de liaison rend cette forme identique à la forme féminine.

  > Elle a chanté **tout** doucement.
  > Je trouve les **tout** derniers vers admirables.
  > Elle a mangé une tarte **tout** entière.
  > **Tout** émue qu'elle soit, ...

- S'ACCORDE : l'adverbe prend les marques du féminin et du pluriel lorsqu'il se trouve devant un adjectif féminin qui commence par une consonne ou un *h* aspiré.

  > J'ai trouvé les **toutes** dernières pages fascinantes.
  > Elle est **toute** honteuse.

E. Autres cas

Très, beaucoup - *Très* modifie un adjectif, un adverbe ou un nom attribut. *Beaucoup* modifie un verbe ou un nom. La particule *de* relie *beaucoup* au nom.

> Il est **très** studieux.
> Il écrit **très** souvent.
> Il a **très** faim.
> Il fait **très** président.
> Il travaille **beaucoup**.
> Il a **beaucoup** de travail.
> Nous lisons **beaucoup**.
> Nous passons **beaucoup** de temps à lire.

Bon, bien - Ces deux formes se trouvent souvent dans le même contexte syntaxique. De façon générale, l'adjectif *bon* indique la qualité en parlant des choses et la bonté en parlant des personnes. L'adverbe *bien* indique ce qui est convenable en parlant des choses et la distinction en parlant des personnes.

> Ce repas est **bon**. = *The food tastes good.*
> Ce repas est **bien**. = *The meal is pleasing.*
> Ces gens sont **bons**. = *They are kind-hearted.*
> Ces gens sont **bien**. = *They have class.*
> Elle était **bonne** dans ce rôle. = *She played the part well.*
> Elle était **bien** dans ce rôle. = *She had a suitable part.*
> Tu sens **bon** ce matin. = *You smell good.*
> Tu **te sens bien** ce matin? = *Do you feel well?*

L'adverbe *bien* est utilisé comme adverbe d'intensité. Il a pour synonyme *très* ou *beaucoup*.

> Nous sommes **bien** contents d'avoir fini.
> Vous avez **bien** voyagé.
> Je vous souhaite **bien** du plaisir!

De suite, ainsi de suite, tout de suite - *De suite* exprime l'enchaînement sans interruption; *ainsi de suite*, le prolongement d'une série; *tout de suite*, que quelque chose doit se faire sans délai.

> Il ne peut pas dire trois mots **de suite** *(in a row)* sans faire une pause.
> Les chiffres pairs sont: 2, 4, 6 et **ainsi de suite** *(and so on)*.
> Je vous rapporte ce document **tout de suite** *(right away)*.

De nouveau, à nouveau - L'expression *de nouveau* veut dire recommencer la même chose. *A nouveau* demande à ce que la chose soit faite d'une manière différente.

> Maintenant que vous avez bien compris, nous allons essayer **de nouveau** *(all over again)*.
> Nous devrons examiner ce problème **à nouveau** *(in a new light)*.

Sans doute, sans aucun doute - *Sans doute* exprime le doute, la probabilité et a pour synonyme *peut-être, probablement*. *Sans aucun doute* exprime l'affirmation ou la certitude et se traduit par *without any doubt*.

> Il a **sans doute** *(probably)* oublié de nous avertir.
> Il s'est enfui, **sans aucun doute** *(without any doubt)*.

Peu (de), un peu (de) - Tous les deux expriment une petite quantité. *Peu* met l'accent sur l'insuffisance et *un peu de* sur la quantité.

> Mes copains travaillent **peu**.
>   =They work very little.
>
> Ils ont **peu d'**argent.
>   =They have very little money.
>
> Mes copains travaillent **un peu**.
>   =They work a little bit.
>
> Ils ont **un peu** d'argent.
>   =They have a little bit of money.

Si, aussi ; tant, autant ; tellement - En règle générale, *si, aussi* modifient un adjectif ou un adverbe et *tant, autant*, un verbe ou un nom. *Tellement* s'emploie dans ces deux contextes lorsqu'il exprime la manière. Nous distinguons les cas d'emplois.

- LA COMPARAISON : on utilise *aussi* pour comparer des adjectifs et des adverbes et *autant* pour comparer des verbes et des noms (voir chapitre 28).

> Paul est **aussi** timide que sa soeur.
> Nous conduisons **aussi** vite que vous.
>
> Marie travaille **autant** que les autres.
> Tu as lu **autant** de romans que nous.

- L'INTENSITÉ : *si* s'utilise pour marquer l'intensité d'un adjectif ou d'un adverbe et *tant*, celle d'un verbe.

> Il n'est pas **si** timide que ça.
> Je ne parle pas **si** vite que ça.
> Ils ne travaillent pas **tant** que ça.

- À UN TEL DEGRÉ : pour exprimer l'équivalent de *à un tel degré*, on utilise *si, tant, tellement*. On fait souvent suivre l'expression de degré par la conséquence.

> Paul est **si / tellement** timide qu'il ne parle à personne.
> Nous conduisons **si / tellement** vite que nous arrivons toujours les premiers.
> Marie travaille **tant / tellement** qu'elle en est malade.
> Tu as lu **tant / tellement** de romans que tu confonds le rêve avec la réalité.

- L'INTENSITÉ : les expressions ont le sens de *à un degré si élevé*.

> Si tu n'étais pas **si / aussi / tellement** timide, tu t'amuserais mieux.
> Si nous ne conduisions pas **si / aussi** vite, nous n'aurions pas **tant / autant** d'accidents.
> Si tu ne sortais pas **tant / autant / tellement**, tu aurais plus de temps pour lire.

SI, AUSSI; TANT, AUTANT; TELLEMENT

	Adjectif Adverbe	Nom Verbe
La comparaison	aussi	autant
L'intensité	si	tant
À un tel degré	si tellement	tant tellement
À un degré si élevé	si aussi tellement	tant autant tellement

F. Des faux amis. Un certain nombre de formes de même origine ont un sens différent en anglais et en français.

> **Actuellement** : *at the moment, at the present time, nowadays*
> *Actually* : réellement, en fait
> **Eventuellement** : *It may or may not happen, possibly, if the occasion arises*
> *Eventually* : *(It will happen)* dans un avenir plus ou moins rapproché, à la longue, à la fin.

EXERCICES

A. Formez un adverbe à partir de l'adjectif.

1. fréquent :
2. franc :
3. poli :
4. heureux :
5. complet :
6. précis :

B. Remplacez l'expression en italique par l'adverbe qui convient.

doucement - strictement - misérablement - brillamment - longtemps - quotidiennement - favorablement - remarquablement

1. Je lis le journal *tous les jours*.
2. Elle a passé son examen *avec éclat*.
3. Il a parlé *pendant plus d'une heure*.
4. Cet homme politique est *très* intelligent.
5. Ils n'ont plus rien. Ils vivent *dans le besoin*.
6. C'est une affaire *très* personnelle.
7. Le bébé dort. Il faut parler *à voix basse*.
8. Votre demande sera *bien* accueillie.

C. Insérez, dans chaque phrase, le mot qui convient.

bon, bien

1. Je trouve que ce plat a ___ goût.
2. Nous allons ___ manger ce soir.
3. Tu es très ___ sur cette photo.
4. Ça sent ___ ici !
5. On se sent ___ chez vous.
6. Marc est ___ en mathématiques.

très, beaucoup

1. Les enfants ont ___ peur de vous.
2. Nous avons ___ de temps en ce moment.
3. J'ai ___ soif ces jours-ci ; je bois ___ d'eau.
4. Ça va ___ mieux depuis hier.
5. Ce sont des gens ___ sophistiqués.

si, aussi, tant, autant, tellement

1. Ne travaillez pas ___ ! Vous avez l'air ___ fatigué.
2. Elle parle ___ vite et avec ___ de brio que l'on a du mal à la suivre.
3. Nous n'avons jamais eu ___ de travail que cette année.
4. Je n'ai jamais entendu une voix ___ juste que celle de cette cantatrice.
5. Cette marche à pied m'a ___ fatigué que je vais me reposer.
6. Elle a ___ de pulls qu'elle ne sait plus où les ranger.
7. La porte a claqué ___ violemment que tout le monde s'est réveillé.

D. Récrivez les phrases en incorporant l'adverbe proposé.

1. Nous passerons par Toronto *(peut-être)*.
2. Il vient de commencer à marcher *(à peine)*.
3. Il se peut que j'aie vu ce monument *(déjà)*.
4. Vous vous reposerez bien *(ici)*.
5. Ce n'est pas difficile *(heureusement)*.
6. Je fais mes devoirs *(toujours)*.

27 La négation

A. Les formes. La négation sert à nier un fait ou un événement. La négation pure s'exprime par *non*. On emploie *si* dans une réponse pour contredire une négation.

> Le connaissez-vous? - **Non.**
>
> Voyagez-vous? - Mon ami voyage, moi, **non.**
>
> Vous n'êtes pas Marie? -**SI.**

Dans une phrase, la négation se compose de deux éléments : la particule négative *ne* et son corrélatif. Le corrélatif se présente sous la forme d'un adverbe, d'un pronom ou d'un adjectif indéfinis, d'une conjonction. En langue courante parlée, *ne* est souvent omis.

LES MARQUES DE LA NÉGATION

	Forme affirmative	Forme négative	La traduction de la négation
Adverbes	...	ne ... pas	not
	encore	ne ... plus	no longer
	toujours	ne ... plus	not anymore
	toujours	ne ... jamais	never
	parfois, quelquefois	ne ... jamais	never
	déjà	ne ... pas encore	not yet
	déjà	ne ... jamais	never
	quelque part	ne ... nulle part	nowhere
Pronoms/ adjectifs indéfinis	quelque chose	ne ... rien	nothing
	quelqu'un	ne ... personne	nobody
	quelques-un(e)s	ne ... aucun(e)	none/ any
	tous/ toutes	ne ... aucun(e)	none/ any
Conjonctions	... et ... (et)	ne ... ni ... ni	neither
	... ou... (ou)	ne ... ni...ni...	nor
Prépositions	avec	(sans)	without

Ne...point (none, not at all) est un archaïsme. *Ne...guère (hardly)* s'emploie rarement; on dit plutôt *presque pas, presque plus, presque personne, presque rien*.

B. La place de la négation. La négation peut nier une phrase déclarative, interrogative ou impérative. Dans tous les cas, la particule atone *ne* précède le verbe pour les temps simples et l'auxiliaire pour les temps composés. La place du corrélatif dépend de la forme et de la fonction.

LES TEMPS SIMPLES

	Sujet	Ne	Pro	Pro	Verbe	Corrélatif
Déclarative	Nous	ne	leur	en	donnons	plus.
Interrogative	Marc	ne	leur	en	donne-t-il	pas?
Impérative		Ne	leur	en	donnez	jamais!

LES TEMPS COMPOSÉS

Sujet	Ne	Pro	Aux.	Corrélatif	Part. passé
Nous	n'	en	avons	pas	vu.
Vous	ne	leur	avez	plus	parlé.
Elle	n'	y	était	jamais	allée.
On	n'	y	a	rien	trouvé.
				Part. passé	**Corrélatif**
Nous	n'	y	avons	vu	personne.
Elle	n'	en	a	trouvé	nulle part.
Je	n'	en	ai	envoyé	aucun(e).

L'INFINITIF

	Ne	Corrélatif	Pro	Infinitif
Je lui ai dit de ...	ne	pas	me	déranger.
	ne	plus jamais	les	revoir.
	ne	plus	nous	parler.
	ne	rien	leur	dire.

	Ne	Infinitif	Corrélatif
On m'a dit de ...	ne	regarder	personne.
	n'	aller	nulle part.

LES CORRÉLATIFS SUJETS

Le corrélatif sujet	Ne	Le groupe verbal
Personne	ne	l'intéresse.
Rien	ne	le dérange.
Aucun(e)	ne	me plaît.
Aucun de ces livres	ne	m'appartient.
Personne d'intéressant	n'	est venu.
Rien de grave	n'	est arrivé.

1. Un infinitif - *Ne* et le corrélatif négatif précèdent le verbe à l'infinitif sauf pour *personne*, qui suit le verbe.

> Nous voudrions **ne plus** nous <u>occuper</u> de cette histoire.
> Nous vous demandons de **ne rien** <u>dire</u> à personne.
> Il dit n'<u>avoir vu</u> **personne**.

2. Les corrélatifs sujets - Certains corrélatifs négatifs peuvent occuper la fonction de sujet du verbe. Dans une phrase interrrogative, le corrélatif négatif se comporte comme un nom. Il ne se déplace pas et il est repris par le pronom *il*.

> **Rien ne** s'est-<u>il</u> passé?
> **Personne n'**est-<u>il</u> venu?

3. Objet d'une préposition - Les corrélatifs *rien* et *personne* suivent la préposition. Lorsque *sans* introduit un infinitif, *rien* précède le verbe.

- UNE PRÉPOSITION

> Il n'est gentil **envers personne**.
> Il **ne** recule **devant rien**.
> Il **n'**a parlé de **rien à personne**.

- *SANS* + INFINITIF

> Il est passé **sans rien** voir.
> Il est passé **sans** voir **personne**.

4. Le domaine de la négation - La négation se limite généralement à un verbe.

> Je **ne** <u>peux</u> **pas** parler.
> *I cannot speak.*
>
> Je peux **ne pas** <u>parler</u>.
> *I can choose not to speak.*
>
> Je **ne** <u>pourrais</u> **plus** fumer.
> *I could not smoke anymore.*
>
> Je pourrais **ne plus** <u>fumer</u>.
> *I could choose not to smoke anymore.*

5. *De* + nom - Lorsque la négation porte sur un nom déterminé par un article partitif ou indéfini *(some)*, on substitue à l'article la particule *de (any)*. Les noms attributs ne subissent pas de changement.

- UN ARTICLE INDÉFINI OU PARTITIF

> Vous connaissez **un** artiste?
> - Je ne connais pas **d'**artiste.
> *I don't know any artists.*
>
> Vous prendrez **du** pain?
> - Merci, pas **de** pain pour moi.
> *No bread for me, thanks!*

- LE NOM EST ATTRIBUT

> Je vous l'ai répété. Je ne <u>suis</u> pas **un** artiste!
> *I have already told you. I am not an artist!*

C. Plusieurs corrélatifs

1. *Ne ... pas* - Cette forme nie la proposition entière et ne peut de ce fait se combiner avec d'autres corrélatifs négatifs. *Ne ... pas* peut se combiner avec un adverbe de temps ou de quantité.

pas toujours	*(not always)*	pas souvent	*(not often)*
toujours pas	*(still not)*	pas longtemps	*(not for long)*
pas encore	*(not yet)*	pas grand monde	*(not many people)*
encore pas	*(still not)*	pas grand-chose	*(not much)*
pas du tout	*(not at all)*		

2. Les autres corrélatifs - Les autres corrélatifs négatifs peuvent se combiner entre eux. L'ordre général de ces éléments est le suivant : l'adverbe de temps *(jamais, plus)*; le pronom négatif *(personne, rien, aucun)*; l'adverbe de lieu *(nulle part)*.

> On ne voit **plus personne nulle part**.
> *We don't see anyone anywhere anymore.*
>
> Je n'ai **jamais rien** dit à **personne**.
> *I never said anything to anyone.*
>
> Il n'a **jamais ni** le temps **ni** les moyens.
> *He never has the time nor the means.*

D. La restriction partielle.
Ne... que indique une restriction. *Ne* occupe sa place habituelle; *que* se place devant l'élément qu'il limite.

1. La restriction simple - Les tournures équivalentes de *ne ... que* sont : *seulement, uniquement, juste.*

> Nous **n'**avons **que** du pain.
> Je **ne** fais **qu'**étudier.
> Ils **n'**arrivent **que** demain.
> Il **n'**y a **que** toi pour me comprendre.

2. La restriction est accentuée - On peut accentuer la restriction en ajoutant *plus, rien, jamais.*

> Il **n'**y avait **rien que** du pain sur la table.
> *There was nothing else but bread on the table.*
>
> Elle **n'**a **plus que** son père.
> *She has nobody left but her father.*
>
> Il **ne** parle **jamais que** de politique.
> *The only thing he ever talks about is politics.*

3. La restriction est niée - On peut nier la restriction avec *pas.*

> Je **n'**ai **pas que** toi au monde.
> *You are not the only one I have.*

> Il n'y a **pas que** les idées qui comptent.
> *Ideas are not all that counts.*

E. La coordination. *Ne...ni...ni* ou *ni...ni...ne* s'emploie pour des structures coordonnées de même nature: deux noms, deux verbes, deux adjectifs, deux adverbes. Dans la langue courante, on utilise souvent l'équivalent *ne ... pas, ... ni*.

1. La coordination de deux noms - L'article indéfini s'efface généralement devant le nom; les déterminants définis restent.

> Paul et Marie viendront.
> **Ni** Paul **ni** Marie **ne** viendront.
> Paul **ne** viendra **pas**, **ni** Marie.

- LES DÉTERMINANTS DÉFINIS

> Ce sont les/ ces élèves ou les/ ces profs qui sont responsables?
> Ce **ne** sont **ni** les/ ces élèves **ni** les/ ces profs qui sont responsables.
> Ce **ne** sont **pas** les/ ces élèves, **ni** les/ ces profs qui sont responsables.
>
> Avez-vous vu mon père ou ma mère?
> Nous **n'**avons vu **ni** ton père **ni** ta mère.
> Nous **n'**avons **pas** vu ton père, **ni** ta mère.

- LE DÉTERMINANT EST INDÉFINI

> Aurais-tu un crayon ou un stylo à me prêter?
> Je **n'**ai **ni** crayon **ni** stylo.
> Je **n'**ai **pas** de crayon, **ni** de stylo.

2. La coordination de deux verbes

> Ils flânent et font du chahut.
> Ils **ne** flânent **ni ne** font du chahut.
> Ils **ne** flânent **pas**, **ni ne** font du chahut.
>
> Nous **n'**allons **ni** manger de homard **ni** boire de vin.
> Ils **n'**ont **pas** voulu prendre le train, **ni** louer une voiture.

3. La coordination de deux adjectifs

> Il a été brillant et intéressant.
> Il **n'**a été **ni** brillant, **ni** intéressant.
> Il **n'**a **pas** été brillant, **ni** intéressant.

F. Cas d'ellipse. Il arrive souvent qu'on réponde à une question par une simple négation. La particule *ne* disparaît avec le verbe. Le corrélatif *pas* est accompagné d'un élément nominal ou adverbial.

1. *Pas*

> J'ai envie d'aller à la plage. - *Pas moi (moi, non).*
> Vous allez à la mer? - *Pas souvent.*
> Vous avez vu la nouvelle tour? - *Pas encore.*

> Vous avez lu le journal? - *Pas ce matin.*
> La population augmente! - *Pas en France.*
> Vous avez compris? - *Pas vraiment tout.*
> On vous a persuadé? - *Pas tout à fait.*
> Vous parlez italien? - *Pas très bien.*

2. Les autres corrélatifs

> Je n'aime pas la viande. - *Moi non plus.*
> Qu'est-ce qui te plairait? - *Rien.*
> De quoi avez-vous besoin? - *De rien.*
> Qui voulez-vous voir? - *Personne.*
> Avec qui voulez-vous partir? - *Avec personne.*
> Où est-ce qu'on peut danser? - *Nulle part ici.*
> Tu viens faire de la plongée ? - *Jamais de la vie.*

G. Ne

1. *Ne* sans corrélatif - Certains verbes supportent la négation sans l'appui du corrélatif. Ces verbes sont: *pouvoir, savoir, oser, cesser.* Cet emploi relève de la langue soutenue.

> Je **ne** saurais vous dire toute l'admiration que j'ai pour vous.
> Il **ne** cesse de nous importuner.

2. Le *ne* explétif - C'est un *ne* qui s'emploie seul, sans valeur négative. En langue soutenue, on le trouve après certaines conjonctions telles que *avant que, à moins que, sans que,* certains verbes de crainte, de doute, d'empêchement et après le comparatif. Cet usage disparaît. Nous mettons le *ne* explétif entre parenthèses.

- APRÈS CERTAINS VERBES, CERTAINES CONJONCTIONS

> Je crains qu'il **(ne)** pleuve!
> *I am afraid it will rain!*
>
> Nous partirons à moins qu'il **(ne)** pleuve.
> *We will leave unless it rains.*
>
> C'est plus grand que je **(ne)** croyais.
> *It is larger than I anticipated.*

- DANS LES EXPRESSIONS TOUTES FAITES

> **N'**empêche que ... *(for all that ...)*
> **N'**importe qui ... *(anyone at all ...)*
> Si ce **n'**est ... *(if only that ...)*
> Qu'à cela **ne** tienne. *(Don't let that be an objection.)*

EXERCICES

A. Récrivez les phrases suivantes à la forme négative.

1. Nos invités sont déjà partis.
2. Philippe me bat toujours au tennis.
3. Parfois, il faut se passer de manger.
4. Tu fais toujours ta lessive le samedi?
5. Cet enfant aime lire et écrire.
6. Il est permis de fumer à certains endroits.
7. Nous avons encore besoin de vos services et de votre présence.

B. Répondez à la forme négative. Attention au déterminant.

1. As-tu envie de sortir ce soir?
2. Est-ce que tu aimes la musique cajun?
3. Mettez-vous du sucre dans votre café?
4. Est-ce que ce sont des étrangers?
5. Vos amis ont-ils peur des araignées?
6. Faites-vous du sport pour le plaisir?
7. Est-ce qu'elle supporte le bruit?
8. Doit-on s'occuper des affaires des autres?

C. Même exercice.

1. Y a-t-il quelqu'un qui cherche une place?
2. Tu veux aller quelque part?
3. Est-ce qu'on a prévu quelque chose ce week-end?
4. Tu es sans doute déjà allé à Boston?
5. Est-ce que la plus belle saison est le printemps ou l'automne?

D. Même exercice.

1. Est-ce que vous comprenez toujours tout?
2. Quelqu'un m'a-t-il téléphoné?
3. Ont-ils encore besoin de quelque chose?
4. As-tu entendu tomber quelque chose?
5. Quelque chose d'intéressant vous est-il déjà arrivé?

E. Répondez brièvement (un ou deux mots) à la forme négative.

1. Qu'est-ce que tu fais ce soir?
2. Avec qui est-ce que tu es allé en ville?
3. Où est-ce que tu veux aller?
4. Sur qui faut-il compter?
5. De quoi ont-ils peur?
6. Tu aimes la vie de pensionnaire?
7. Quel compositeur préfères-tu?
8. Quand vas-tu lire *la Guerre et la paix*?

F. Répondez à l'affirmatif et au négatif, en imitant le modèle. Exemple: *Je n'ai pas fini ma rédaction, et toi? -Moi non plus. - Moi, si.*

1. Bruno n'a rien compris, et les autres?
2. Denis ne fait pas d'études, et sa soeur?
3. Je n'achèterai pas de voiture cette année, et toi?
4. Nous n'irons pas à la mer cette année, et vous?
5. Il ne prend jamais le bus, et ses copains?

28 Les degrés de la comparaison

A. Le comparatif. Les adverbes de degré apportent des modifications de qualité à l'adjectif, à l'adverbe, au nom et même au verbe. Le comparatif est formé de deux termes: un adverbe marquant le degré et la conjonction *que*, qui introduit le complément de cette comparaison.

B. Les formes analytiques. L'adverbe permet de distinguer trois degrés. *Plus* marque la supériorité et a pour contraire *moins*, qui exprime l'infériorité. *Aussi* introduit le comparatif d'égalité pour les adjectifs et les adverbes. *Autant* est la construction équivalente pour les noms et les verbes.

LES FORMES ANALYTIQUES

1er terme	Adjectif	2ème terme
plus	rapide	que
aussi	sincère	que
moins	vulnérable	que
	Adverbe	
plus	vite	que
aussi	tôt	que
moins	profondément	que
	Nom	
plus de	travail	que
autant d'	exercices	que
moins de	compositions	que
Verbe	**1er terme**	**2ème terme**
travailler	plus	que
lire	autant	que
dormir	moins	que

C. Les formes synthétiques. Le français conserve certaines formes synthétiques de comparatif: les adjectifs *meilleur, pire* et les adverbes *mieux, pis*. *Pire* et *pis* sont souvent remplacés par *plus mauvais, plus mal*. Les adjectifs *meilleur* et *mauvais* suivent les règles de la formation du féminin et du pluriel des adjectifs.

> meilleur, meilleurs, meilleure, meilleures
>
> mauvais, mauvais, mauvaise, mauvaises

BON, MAUVAIS ; BIEN, MAL

	bon	
-----	meilleur	que
aussi	bon	que
moins	bon	que
	mauvais	
-----	(pire)	que
plus	mauvais	que
aussi	mauvais	que
moins	mauvais	que

	bien	
-----	mieux	que
aussi	bien	que
moins	bien	que
	mal	
-----	(pis)	que
plus	mal	que
aussi	mal	que
moins	mal	que

D. Les formes que l'on compare et leur place

1. L'adjectif - Un adjectif modifié par un adverbe de degré se place généralement après le nom. Les adjectifs préposés peuvent toutefois rester avant le nom. On omet généralement le deuxième terme de la comparaison.

- L'ADJECTIF NORMALEMENT POSTPOSÉ

> Nous voulons une chambre **confortable**.
> Nous voulons une chambre **plus confortable**.
> Nous voulons une chambre **plus confortable que** celle-ci.

- L'ADJECTIF NORMALEMENT ANTÉPOSÉ

> Nous voulons une **grande** chambre.
> Nous voulons une **plus grande** chambre.
> Nous voulons une chambre **plus grande que** celle-ci.

2. L'adverbe - Les adverbes qui se placent entre l'auxiliaire et le participe passé se mettent plus naturellement après le participe passé lorsqu'ils sont comparés.

> Il a **mal** lu.
> Il a lu **moins mal** que les autres.

3. Le nom et le verbe - On peut substituer *davantage* à *plus* lorsqu'on omet le 2e terme.

> Paul a beaucoup de livres dans sa bibliothèque, mais j'en ai **davantage**.
> Josette voyage beaucoup, mais sa mère voyage **davantage**.

E. Les compléments introduits par *que*. Le 2e terme, s'il est exprimé, peut être un nom, un pronom, une proposition, un adverbe, un adjectif. On peut également comparer deux termes de la même catégorie.

> Jeanne est moins grande **que Pierre**.
> Jean-Pierre est tout aussi sérieux **que toi**.
> Il est aussi gentil **que poli**.
> Il veut plus de temps **que d'argent**.
> Ils sont meilleurs **qu'autrefois**.
> Il parle plus **qu'il (n')apprend**.
> Elle a plus de courage **qu'il (n')en faut**.

F. Les adverbes d'insistance. On peut ajouter des adverbes pour modifier le degré de la comparaison.

> beaucoup plus   nettement plus
> bien moins   tellement moins
> un peu plus   deux fois plus
> encore moins   d'autant plus
> tout aussi   bien aussi
> tout autant   bien autant
>
> On n'utilise jamais [*très*] dans ce contexte.

G. La progression. On peut marquer la progression d'une comparaison par certaines locutions.

1. *De plus en plus, de moins en moins* - Ces formes expriment une progression qui ne comprend qu'un terme.

> Nous sommes **de plus en plus** satisfaits de lui.
> *(more and more)*
> Cet auteur écrit **de moins en moins**.
> *(less and less)*

2. *Plus ... plus, moins ... moins* - Cette progression comprend deux termes que l'on fait suivre chacun d'une proposition complément.

> *plus ... plus*   (the more... the more)
> *plus ... moins* (the more...the less)
> *moins ... moins* (the less..the less)
> *moins ... plus* (the less...the more)
>
> **Plus** je dors, **plus** je suis fatigué.
> **Plus** il parle, **moins** on l'écoute.
> **Moins** ils travaillent, **moins** ils ont envie de travailler.
> **Moins** on les regarde, **plus** ils s'amusent.

H. D'autres cas de comparaison. On peut marquer les rapports de similarité ou de différence à l'aide de prépositions, de conjonctions ou d'adjectifs indéfinis.

- LA SIMILARITÉ : on utilise *comme, même, pareil à, semblable à* pour les noms et *comme, ainsi que, de même que, comme si* pour les verbes et les propositions.

> Cette route nationale est **comme** une autoroute.
> Cette carte est **pareille à** l'autre.
> Il a vu les **mêmes** villes que nous.
> "C'est du pareil au même". = C'est la même chose.

Corrélation avec une proposition hypothétique implicite.

> Il écrit **comme** écrirait un gamin de six ans.
> = Il écrit comme écrirait (conditionnel) un gamin s'il avait (imparfait) six ans.
>
> Il écrit **comme s'**il avait six ans.
> = Il écrit comme il écrirait (conditionnel) s'il avait (imparfait) six ans.
>
> Il joue **comme s'**il avait joué pour une équipe professionnelle.
> = Il joue comme il jouerait (conditionnel) s'il avait joué (plus-que-parfait) pour une équipe professionnelle.

- LA DIFFÉRENCE : ce degré s'exprime par *autre, différent de* pour les noms et *autrement que* pour les verbes.

> Il a lu d'**autres** livres que toi.
> Ce compte-rendu est **différent de** ce que nous avons vu.
>
> Vous avez quelque chose d'**autre** (que ce que vous nous montrez).
> Vous avez quelque chose de **différent** (de ce que vous nous montrez).
>
> Elle se comporte **autrement que** les autres.
> Il pense **autrement que** vous.

EXERCICES

A. Comparez les éléments donnés en utilisant un adjectif ou un adverbe. Exemple: le coût de la vie - Japon : Amérique. - > la vie est plus chère au Japon qu'en Amérique.

1. *le goût* - le Cognac : l'Armagnac
2. *la façon de parler* - les francophones : les anglophones
3. *la connaissance de la géographie* - les enfants : les adultes
4. *la qualité du son* - un disque laser : un disque microsillon
5. *le poids* - un kilo de plomb : un kilo de plumes
6. *la vitesse* - un petit avion : le TGV
7. *le confort* - un château : une maison

B. Comparez les éléments donnés.

1. Jean-Louis pèse 70 kilos et son frère pèse 60 kilos.
2. J'ai 25 disques laser et ma soeur a également 25 disques laser.
3. Isabelle écrit à sa mère une fois par mois. J'écris à ma mère une fois par semaine.
4. Ce gamin parle beaucoup mais il n'apprend pas grand-chose.
5. Nous avons beaucoup de temps mais pas beaucoup d'argent.
6. Ce sont des gens très gentils et très généreux.

C. Complétez les phrases en utilisant la forme comparative appropriée.

1. *bon* - Les résultats du dernier test étaient __ que ceux du premier test.
2. *mauvais* - Je trouve que ce film est __ que celui d'hier.
3. *très bien* - Ils travaillent __ cette année que l'année dernière.
4. *mal* - Le malade va __ qu'hier.
5. *bien* - Depuis que je porte des lunettes, je vois beaucoup __ .
6. *bon* - Les fruits frais sont __ que les fruits en conserve.

D. Traduisez les expressions données.

1. *[more and more]* Nous utilisons le train __ .
2. *[much less]* La vie est __ chère à la campagne qu'en ville.
3. *[the more ... the less]* __ je m'amuse, __ j'ai envie de travailler.
4. *[much more]* Il y a __ de pollution qu'avant.
5. *[less and less]* Le malade va __ bien.

29 Le superlatif

A. Le superlatif absolu. Le superlatif absolu exprime un degré de supériorité ou d'infériorité sans l'idée de comparaison. On l'exprime par les adverbes: *extrêmement, infiniment, très;* les préfixes: *hyper-, archi-, -ultra* ou le suffixe *-issime*.

> C'est **infiniment** rare.
> C'est **hyper**-rare.
> C'est rar**issime**.

B. Le superlatif relatif. Le superlatif relatif exprime également une qualité portée au plus haut ou au plus bas degré, mais par comparaison à une situation spécifiée ou sous-entendue.

1. Les formes analytiques - Le superlatif comprend trois parties : un déterminant défini, un adverbe de degré et un complément introduit par *de*. L'adjectif occupe sa place normale. L'article défini détermine le nom modifié par la structure superlative.

> C'est **le plus grand** <u>poète</u> du XIXe siècle.
> C'est <u>le</u> <u>poète</u> **le plus original** du XIXe siècle.

LES FORMES DU SUPERLATIF

Article	Degré	Adjectif	Complément
le	plus	discipliné	de ...
la	moins	égoïste	
les	plus	anciens	
		Adverbe	
le	plus	vite	
le	moins	bien	
		de +nom	
le	plus	de courage	
le	moins	de problèmes	

Verbe	Article	Degré	Complément
parler	le	moins	de ...
dormir	le	plus	

2. Les formes synthétiques : *meilleur, mieux, pire, pis*

- L'ADJECTIF : s'accorde avec le nom

bon	le meilleur de, la meilleure de, les meilleurs de, les meilleures de
mauvais	le plus mauvais de, la plus mauvaise de, les plus mauvais de, les plus mauvaises de
(pire)	(le pire de, la pire de, les pires de)

- L'ADVERBE : ne s'accorde pas

bien	le mieux de
mal	le plus mal de
(pis)	(le pis de)

C. Le déterminant

1. Le genre de l'article - L'article est traditionnellement du masculin lorsque le mot comparé n'a pas de genre. (On admet l'article féminin devant les adverbes *plus, moins, mieux*.)

> Marie parle **le** plus vite de la classe.
> Marie travaille **le** mieux du groupe.
>
> Marie écrit **le/ la** plus vite de la classe.
> Marie chante **le/ la** mieux du groupe.

2. Un adjectif possessif comme déterminant - L'adjectif possessif peut remplacer l'article déterminatif. Le complément, dans ce cas, n'est pas exprimé.

> C'est <u>son</u> désir **le plus** cher.
> C'est <u>son</u> **plus** cher désir.
>
> *Et non* [*C'est son plus cher des désirs/ de ses désirs*].

D. Le complément.
On peut omettre le complément ou le mettre au début de la phrase.

> C'est Odile qui a réussi le mieux.
> C'est Christine qui a parlé le moins.
>
> **De nous tous,** Paul est le plus éloquent.
> **De tous mes amis,** c'est lui le plus fidèle.

E. Le cas des relatives.
Lorsque l'antécédent d'une relative est modifié par un adjectif au superlatif, le verbe de la relative est généralement au subjonctif (voir chapitre 44, F 2).

> C'est l'<u>ami</u> le plus fidèle **qui soit**.
> Jeanne est la <u>femme</u> la plus dynamique **que je connaisse**.

F. Les formules d'insistance.
Il va de soi que l'adverbe dans une structure superlative ne peut pas être modifié. On a recours à d'autres formules pour marquer l'insistance.

> C'est, **de loin,** le plus grand.
> C'est, **sans contredit**, le plus animé.
> *On ne peut pas dire:* [*C'est le beaucoup plus grand].

G. L'accord du verbe. Ne pas oublier que le verbe s'accorde avec la tête du groupe nominal sujet.

> ⬚Un⬚ **des problèmes les plus importants** ⬚est⬚ la manière dont seront élus les candidats.
>
> ⬚Une⬚ **des choses les plus importantes** à signaler dans ce journal ⬚est⬚ la découverte d'un nouveau sérum contre les migraines.

EXERCICES

A. Transformez le comparatif en superlatif. Exemple: Bach est-il plus connu que les autres compositeurs? -> C'est le compositeur le plus connu (du monde).

1. Est-ce que ce village est plus ancien que les autres villages de la région?

2. Est-ce que le Roquefort est meilleur que les autres fromages?

3. Est-ce que le mont Blanc est plus haut que les autres monts d'Europe?

4. Est-ce que le football est plus populaire que les autres sports?

5. Est-ce que la presse est plus populaire que les autres média(s)?

6. Est-ce que le système parlementaire est plus démocratique que les autres systèmes?

B. Formez des phrases au superlatif en employant la forme appropriée de l'adjectif ou de l'adverbe.

1. *bien* - De ce groupe, c'est Anne qui travaille ___ .

2. *bon* - C'est notre équipe qui est ___ .

3. *bon* - C'est Jacqueline qui a ___ prononciation du groupe.

4. *mal* - De nous tous, c'est Gilbert qui joue ___ .

5. *bien* - Francine va ___ du monde.

C. Répondez ou réagissez aux questions en utilisant la formule *le plus ... possible*.

1. Nous écriras-tu souvent?

2. Docteur! Pouvez-vous venir vite?

3. Répondez plus clairement!

4. Marchez doucement!

D. Traduisez en français.

1. *He is my best friend.*

2. *You can do better.*

3. *She speaks better English than her friend.*

4. *I know a better way of doing this.*

5. *We have a better solution.*

6. *Best wishes!*

✧✧✧

V. Le système pronominal
Vue d'ensemble

A. La fonction. Le mot pronom désigne une catégorie grammaticale dont la fonction principale est de représenter un groupe nominal dans une phrase. Le pronom peut également remplacer une proposition complétive ou un attribut.

1. Le pronom reprend un groupe nominal

   > **La jolie petite maison que ton frère a fait bâtir**
   >   Je **l'**ai vue.
   >   **Elle** est très jolie.
   >   **Celle-ci** plaira à sa famille.
   >   Je vais **y** jeter un coup d'oeil.
   >   Tout le monde **en** parle.
   >   **Celle** que ton frère a fait bâtir ...
   >   **La sienne** est plus jolie que celle de mon frère.

2. Le pronom remplace une proposition

   > Il faut **se lever tôt quand on travaille.**
   >   Il **le** faut bien.
   >   Je m'**en** doutais.
   >   On s'**y** fait vite.
   >   **Cela** ne me dérange plus.
   >
   > Tu savais **que Didier avait été reçu?**
   >   Je ne **le** savais pas.
   >   Je m'**en** doutais.
   >   **Cela** est très bien.

3. Le pronom remplace un adjectif ou un nom attribut

   > Vous êtes **patient**?
   >   Je **le** suis.
   >   Je voudrais **l'**être.
   >   Je semble **l'**être.

B. Les éléments de variation. La forme des pronoms varie selon la personne, le genre, le nombre, la fonction syntaxique, la position et la composition.

1. Les formes

- LA PERSONNE
  la première - la deuxième - la troisième
- LE NOMBRE
  le singulier - le pluriel
- LE GENRE
  le masculin - le féminin
- LA FONCTION SYNTAXIQUE
  le sujet - le complément d'objet direct (COD) - le complément d'objet indirect (COI) - l'objet d'une préposition
- LA POSITION
  accentuée - non accentuée
- LA COMPOSITION
  les formes simples - les formes composées - les formes contractées

2. Les catégories de pronoms

- LES PRONOMS PERSONNELS : voir chapitres 30-36.
- LES PRONOMS INTERROGATIFS : voir chapitre 37.
- LES PRONOMS RELATIFS : voir chapitre 38.
- LES PRONOMS DÉMONSTRATIFS : voir chapitres 39-40.
- LES PRONOMS POSSESSIFS : voir chapitre 41.
- LES PRONOMS INDÉFINIS : voir chapitre 42.

C. Les pronoms personnels. On appelle 'absolus' les pronoms de la première et de la deuxième personne parce qu'ils ne se substituent à rien. Ces formes s'emploient exclusivement pour les êtres capables de dialogue. La 3e personne remplace tout ce qui peut être substantivé : les noms, les propositions, les adjectifs.

LES PRONOMS PERSONNELS

		Toniques	Sujets	Réfléchis	COD	COI	Adverbiaux
Singulier							
1ère pers.		moi	je	me	me	me	
2ème pers.		toi	tu	te	te	te	
3ème pers.	masc.	lui	il	se	le	lui	
	fém.	elle	elle	se	la	lui	
		soi	on				en, y
Pluriel							
1ère pers.		nous	nous	nous	nous	nous	
2ème pers.		vous	vous	vous	vous	vous	
3ème pers.	masc.	eux	ils	se	les	leur	
	fém.	elles	elles	se	les	leur	

Les formes varient selon la personne, le genre et le nombre. Nous illustrons les séquences selon le type de phrase.

LA PHRASE DÉCLARATIVE

Sujet	ne	Pro	Pro	Verbe/Aux.	pas	Part. passé
Tu		leur	en	donnes.		
Il	ne	le	leur	dit	pas.	
Nous		y	en	avons		trouvé.
Ils	ne	se	les	sont	pas	lavés.

LA PHRASE INTERROGATIVE AVEC INVERSION

Ne	Pro	Pro	Verbe - Sujet	pas	Part. passé
	Leur	en	donnes-tu?		
Ne	le	leur	dit-il	pas?	
	Y	en	avons-nous		trouvé?
Ne	se	les	sont-ils	pas	lavés?

LA PHRASE IMPÉRATIVE

Affirmative		Verbe	Pro	-	Pro
		Donne	leur	-	en!
		Lave	les	-	toi!
Négative	Ne	Pro	Pro	Verbe	pas
	Ne	leur	en	donne	pas!
	Ne	te	les	lave	pas!

LA PROPOSITION INFINITIVE

La proposition indépendante	Casser les oeufs, **les** ajouter un à un au mélange.
	Y incorporer le sucre.
La proposition subordonnée	Il ne faut pas **les** battre trop longtemps.
	Il faudrait **en** ajouter deux autres.

30 Les pronoms personnels sujets

A. Les formes. Mis à part le mode impératif, qui se distingue par l'omission du sujet, le pronom sujet est obligatoirement exprimé en français. Dans la plupart des cas, le pronom sujet est une forme atone. Les formes toniques s'emploient obligatoirement lorsque le pronom est suivi d'une relative.

> Il <u>sait</u> tout.
> **Lui**, qui sait tout, nous <u>donnera</u> les conseils nécessaires.

LES PRONOMS PERSONNELS SUJETS

		Formes atones		Formes toniques	
		SING.	PLUR.	SING.	PLUR.
1ère pers.		je	nous	moi	nous
2ème pers.		tu	vous	toi	vous
3ème pers.	masc.	il	ils	lui	eux
	fém.	elle	elles	elle	elles
	neutre	on			

B. Le pronom dans la phrase. La terminaison du verbe ne suffit pas à indiquer la personne du verbe. On exprime la personne par le pronom.

> **J'**ai dit que **tu** allais dire à ses parents qu'**elle** partait avec le groupe et que **nous** voulions qu'**ils** soient informés.

1. L'omission du pronom - Le pronom qui se répète peut être omis dans une proposition coordonnée. On peut également supprimer l'auxiliaire pourvu que celui-ci soit le même dans les deux cas.

> **Je** lis et écris tous les jours.
> **Ils** sont arrivés tôt et repartis tard.
> **Elle** s'est lavée et habillée toute seule.
>
> <u>Mais</u>
>
> **Nous** <u>avons</u> réfléchi et <u>sommes</u> partis.
> Elle s'<u>est</u> assise et <u>a</u> parlé pendant des heures.
>
> *Et non:* [*Nous avons réfléchi et partis/ *Elle s'est assise et parlé pendant des heures].

2. La place du pronom sujet - Dans les phrases déclaratives, le pronom sujet précède le verbe. Le pronom suit le verbe, auquel il se rattache par un trait d'union, dans certaines formes de l'interrogation, dans les propositions incises et après certains adverbes (voir pp. 3-4).

> **Ils répondent** rarement.
> **Répondent-ils** souvent?
> Peut-être **répondent-ils** toujours.
> «Nous ne savons rien», **ont-ils répondu.**

Remarque: Le *ne* négatif (adverbe) et les pronoms objets sont les seuls éléments permis entre le pronom sujet atone et le verbe. On ne peut jamais y insérer les autres adverbes.

> Elle dit toujours bonjour.
> Il est rarement là.
> *On ne dit jamais :* [* Elle <u>toujours</u> dit bonjour].

C. L'antécédent. Le pronom prend la marque du genre du nom qu'il remplace. Le genre est déterminé par le nom et non par ce que ce nom peut représenter. Le nom *personne* est du genre féminin; le pronom correspondant sera *elle* même si dans le discours, il s'agit d'un homme.

> La deuxième <u>personne</u> a dit qu'**elle** serait heureuse de poser sa candidature. C'était M. Poiret.
> Sa <u>Majesté</u> le roi voudra-t-**elle** recevoir son Excellence le ministre...

Lorsque le pronom est appelé à représenter des noms de genres différents, le pronom est du genre masculin.

> Paul, Marie et Jeanne sont-**ils** arrivés?
> Les chaises, la table et le banc ont-**ils** été repeints?

D. Cas d'usage

Tu - Ce pronom s'emploie avec les animaux, avec les enfants, avec les membres de sa famille, avec les personnes que l'on connaît bien et qui en permettent l'usage. On le trouve également dans les prières, les slogans, les dictons, les proverbes.

> Qu'est-ce que **tu** fais là, mon petit?
> Jean, **tu** as été un ami incomparable.
> **Toi**, le Seigneur!
> «Un **tiens** vaut mieux que deux **tu** l'auras.»

«TU» DEVIENT T' EN FRANÇAIS FAMILIER.

> **T'**as lu le journal de ce matin?
> **T'**as vu ce qui est arrivé à l'équipe de France!

Nous - Le pronom *nous* peut ne représenter qu'une personne.

- LE *NOUS* DE MODESTIE : c'est le *nous* que les auteurs utilisent. Il leur permet de s'effacer dans une pluralité fictive. Le participe passé et l'adjectif attribut sont au singulier.

> Dans cet article, **nous** sommes oblig**é** de ...
> **Nous** sommes certain**e** que ....

- LE *NOUS* DE MAJESTÉ : le pronom représente un locuteur seul (le roi, le pape, le président, le maire) qui choisit de s'exprimer au nom d'une collectivité.

  > **Nous**, <u>maire de Paris</u>, arrêtons ...
  > **Nous** espérons que tous les citoyens se joindront à **notre** effort pour ...

Vous - Le pronom *vous* s'emploie également au singulier.

- LE *VOUS* DE POLITESSE : il est utilisé pour un destinataire unique mais envers qui on veut montrer une déférence en raison de l'âge, du rang, de la distance sociale. On l'emploie spontanément avec les personnes que l'on ne connaît pas, sauf avec les enfants. Il est d'emploi obligatoire avec les titres, *Monsieur, Madame, Mademoiselle*. Avec le prénom, il marque la distance sociale.

  > Monsieur! **Vous** ne pourriez pas faire un peu plus attention?
  > - Mais je ne **vous** ai rien fait!

  > Jacques, **vous** avez été d'une gentillesse!
  > - Ne **vous** en faites pas, mon ami.

  > Marie, **vous** voudrez bien nous servir le thé à quatre heures.
  > - Oui, Madame.

On - Ce pronom est uniquement sujet et désigne toujours des êtres humains. Dans la langue littéraire, on affuble souvent ce pronom d'un *l' (l'on)* pour éviter la contiguïté de deux voyelles ou la séquence gênante *qu'on*.

  > Si l'on veut ...   Lorsque l'on est ...

- *ON* INDÉFINI : dans son sens indéfini, le pronom *on* a pour synonyme : *les gens, tout le monde, quelqu'un*. Dans ce cas, *on* est masculin singulier.

  > On s'est beaucoup battu au nom de la liberté.

- *ON* POUR *NOUS* : dans la langue orale, le pronom *on* remplace souvent *nous*. On évite cette tournure à l'écrit. Si on l'écrit, le participe passé ou l'adjectif attribut s'accorde avec le *nous* sous-entendu. Le verbe est à la 3e personne du singulier.

  > On est ég<u>aux</u> devant la loi.   Nous, on est écologiste<u>s</u>.

***Il* impersonnel** - On l'utilise pour les verbes qui n'ont pas de sujets réels ou dont le sujet a été déplacé (voir p. 88).

  > Il fait chaud.   Il arrive toutes sortes de choses.

EXERCICES

A. Soulignez les pronoms qui pourraient être omis.

1. Nous méditons et nous réfléchissons tous les soirs.
2. Je pense à ce que j'ai lu hier.
3. Il s'est lavé et il s'est habillé à toute vitesse.
4. Elle a monté sa valise et elle est restée en haut.
5. Ils passeront vous voir puisqu'ils vous l'ont promis.

B. Inscrivez le pronom qui manque.

1. Le magazine *Elle* est populaire. __ se vend partout.
2. Mais que lui ont-_ fait? Ce cinéaste ne montre que des femmes agressées.
3. Quelqu'un pourrait-_ nous mettre au courant avant demain?
4. Le Caire, ville administrative et intellectuelle, va-t-_ changer?
5. Les juges, les avocats, les gendarmes, toutes ces personnes sont-_ nécessaires?

C. Mettez les verbes à la personne qui convient.

1. Ton père et moi (partir) à la montagne.
2. J'ai tort, c'est toi qui (avoir) raison.
3. Lui, toi et tes deux soeurs (passer) en dernier.
4. Le directeur et vous (pouvoir) en parler.
5. Le petit et ses deux copains (rester) à la maison.
6. Est-ce moi qui (écrire) cela?
7. Les enfants, Mélanie et toi (partir) la semaine prochaine.

31 Les pronoms personnels compléments d'objet direct

A. Les formes. Les pronoms compléments d'objet direct (COD) se substituent à tout ce qui peut occuper la fonction COD ou attribut dans une phrase.

LES PRONOMS COD

	Singulier	Pluriel
1ère personne	me	nous
2ème personne	te	vous
3ème personne	MASC. FÉM. *le la*	*les*

L'élision - Les pronoms COD s'élident mais ne se contractent pas. L'élision se fait uniquement avec le verbe dont le pronom est complément.

> Connaissez-vous le nouveau Premier ministre?
> - Non seulement nous **le** connaissons mais nous **l'**admirons.
>
> As-tu vu Thérèse?
> - Désolé, je ne **l'**ai pas vue.

- PAS D'ÉLISION : avec un mot qui appartient à un autre groupe syntaxique.

  > **Dites**-le / avec conviction.
  >
  > **Regarde**-la / arriver.

- PAS DE CONTRACTION : avec la préposition qui précède.

  > Nous cherchons à / **le** voir.
  >
  > Je viens de / **le** rencontrer.

B. La reconnaissance du COD. Lorsque le complément du verbe se construit sans l'intermédiaire d'une préposition, le verbe est dit 'transitif direct' et le complément se dénomme 'complément d'objet direct' (COD).

1. Le verbe se construit sans préposition - Le français comprend un grand nombre de verbes transitifs directs notamment les verbes *regarder, écouter, attendre, chercher, demander, payer* (voir chapitre 25 C, D).

> Tu entends **le bébé qui pleure.**
> Tu l'entends.
>
> Nous avons attendu **le car** une demi-heure.
> Nous l'avons attendu une demi-heure.
>
> Ils visiteront **les monuments historiques.**
> Ils les visiteront.
>
> Il faut protéger **la nature.**
> Il faut la protéger.
>
> Ecoutez bien **la conférencière!**
> Ecoutez-la bien!

2. Le nom est précédé d'un déterminant défini - Les formes COD pronominales ne s'utilisent que pour les compléments définis, c'est-à-dire déterminés par un article défini, un adjectif possessif ou un adjectif démonstratif. Les noms propres sont définis.

> Tu as vu **Marie?**
> -Je l'ai vue hier.
>
> Flora cherche **ses bottes.**
> -Je les cherche aussi.
>
> Comment allons-nous envoyer **ce colis?**
> -Nous allons l'envoyer par avion.
>
> Tu as appris **ta leçon?**
> -Je la sais par coeur. Je peux te la réciter, si tu veux.
>
> Tu voulais **ces deux magazines?**
> -Prends-les, j'ai fini.

3. L'opposition : déterminant défini / indéfini - Cette opposition entraîne une opposition de formes, *le, la, les* d'une part et *en* d'autre part.

UNE OPPOSITION: LE DÉTERMINANT

Un déterminant défini	Un déterminant indéfini
LES PRONOMS : *LE, LA, LES*	**LE PRONOM : *EN***
Cet article! Je l'ai lu.	Des articles! J'en ai lu.
(I read it.)	*(I read some.)*
Mon café? Je le prends sans sucre.	Du café? Je n'en prends jamais.
(I take it without sugar.)	*(I never drink any.)*
Les billets? Je les ai.	Des billets? Je n'en ai plus.
(I've got them.)	*(I have none left.)*

LE SYSTÈME PRONOMINAL

C. Les compléments

1. Le nom objet est modifié - Si le nom objet est complété par une expansion, le pronom remplace tout le groupe et prend le genre et le nombre du nom tête.

> Allons-nous lire **le dernier roman de Marguerite Duras**?
> - Oui, nous allons **le** lire.
>
> Je pense qu'ils ont reçu **la permission qu'ils attendaient depuis un mois**.
> - Vous avez raison. Ils **l'**ont reçue hier.
>
> Nous pensons aller voir **le nouveau film dont on parle beaucoup en ce moment**.
> - Allez **le** voir, il est très bien.

2. Une complétive - Les verbes transitifs qui admettent une proposition complément sont nombreux. La complétive peut se présenter sous la forme de *que + sujet + verbe* ou sous la forme réduite d'un infinitif (voir chapitre 25, C). La proposition COD est remplacée par le pronom *le*.

> Saviez-vous **que les Français consacrent une grande partie de leur budget à l'alimentation?**
> - Non, je ne **le** savais pas.
>
> As-tu remarqué **que les représentants n'avaient rien dit de toute la soirée?**
> - Je ne **l'**avais pas remarqué.
>
> Vous avez bien dit aux enfants **de rentrer avant la tombée de la nuit**.
> - Je **l'**ai dit au moniteur.

3. Un attribut - Le pronom neutre *le* peut également remplacer un adjectif ou un nom attribut.

> Françoise est-elle **heureuse?**
> - Oui, elle **l'**est.
>
> Il paraît que Jean-Jacques est **juriste!**
> - Non, il ne **l'**est pas encore.
>
> Etes-vous **Français?**
> - Oui, je **le** suis.
>
> Est-elle **mère?**
> - Elle ne **l'**est plus.

4. Le complément de certains verbes

- LE CAS D'*AIMER* : dans l'usage courant, le pronom COD du verbe *aimer* ne s'utilise que pour les personnes. Pour les choses, on emploie une autre tournure ou on laisse tomber le pronom.

> Qu'est-ce que tu penses de **Jean-Pierre?**
> - Je l'aime bien, sans plus. Mais ma cousine l'aime!
> *I like him, nothing more. But my cousin loves him.*

Est-ce que tu aimes **les ravioli**?
- J'adore **ça**. *On ne dira pas:* [*je les aime].

- *POUVOIR* ET *VOULOIR* : dans l'usage courant, on omet souvent le pronom.

Est-ce que je peux **sortir**?
- Oui, tu peux.

Est-ce que vous voulez **nous accompagner**?
- Oui, je veux bien.

- *VOICI, VOILÀ* : le pronom s'emploie avec ces deux tournures d'origine verbale.

Voilà **Jeannette** qui arrive!
La voilà qui arrive!

D. La place du pronom. Dans les phrases déclaratives et interrogatives, le pronom précède le verbe dont il est l'objet. La particule négative précède le pronom. A l'impératif affirmatif, le pronom suit le verbe et s'y joint par un trait d'union. Au négatif, le pronom occupe sa place normale. (Voir les tableaux, p. 189. Pour les verbes *faire faire* et *laisser faire*, voir chapitre 46).

Nous avons incité **nos amis** à ne pas dire **où nous allions**.
Nous <u>les</u> avons incités à ne pas <u>le</u> dire.

As-tu invité **tes copains** à venir voir **le film**?
Non, je ne <u>les</u> ai pas invités à venir <u>le</u> voir.

Dites **que vous aimeriez participer à ce festival.**
Dites-<u>le</u>!

Ne cherche plus **ton guide**. Je <u>l</u>'ai trouvé.
Ne <u>le</u> cherche plus.

Nous avons fait chanter **les enfants.**
Nous <u>les</u> avons fait chanter.

Laissez partir **ce petit**.
Laissez-<u>le</u> partir.

E. Rappel de l'accord du participe passé. Le participe passé d'un verbe transitif s'accorde en genre et en nombre avec le complément d'objet direct si celui-ci précède le verbe.

Qui a distribué **les tracts**?
Pierre <u>les</u> a distribué<u>s</u>.

Quand avez-vous rédigé **la liste**?
On <u>l</u>'a rédigé<u>e</u> hier.

Avez-vous vu **les grévistes**?
Nous ne <u>les</u> avons pas vu<u>s</u> ce matin.

EXERCICES

A. Incorporez le pronom dans la phrase. Faites les changements nécessaires.

1. Je ne comprends pas *(te)*.
2. Ecoute bien *(me)*!
3. Il a entendu mais il n'a pas compris *(me, me)*.
4. Je me demande s'il a cherché *(vous)*.
5. Ils viennent d'expliquer la situation *(nous)*.
6. Vous attendrez devant la banque *(me)*.
7. Je vous en prie! Ne regardez pas *(nous)*!
8. Tu peux venir voir ce soir *(nous)*.
9. Nous aurions appelé si tu avais été là *(te)*.
10. Donnes-en! *(lui)*

B. Indiquez si le pronom remplace un groupe nominal, un adjectif ou une proposition.

1. Etes-vous prêts? - Nous *le* sommes.
2. Il faut que je me concentre un peu plus; on me *l'*a dit.
3. Ton livre sur les dinosaures? Je regrette mais je *l'*ai perdu.
4. Votre professeur a raison. Je vais *le* contacter.
5. Mireille a trente ans. On ne *le* croirait jamais!
6. On dit que les Français sont individualistes. *Le* sont-ils vraiment?

C. *Le, la, les*. Complétez la phrase par le pronom qui convient.

1. Eve est arrivée. Je __ ai vue hier soir.
2. Les Valéro? Je __ connais bien.
3. On a annoncé que le président démissionnait. Tu __ savais?
4. Ce candidat sera certainement élu; tous les sondages __ indiquent.
5. On dit que Joëlle est sérieuse mais je ne crois pas qu'elle __ soit.

D. Répondez aux questions en substituant les pronoms *le, la, les*.

1. Est-ce que tu aimerais revoir tes camarades de l'année dernière?
2. As-tu lu les dernières nouvelles de Maupassant?
3. Saviez-vous que l'on parle plus de 5 000 langues dans le monde?
4. Aimeriez-vous être polyglotte?
5. Est-ce que les étudiants devraient être un peu plus politisés?

E. *Le, la, les / ça*. Complétez la phrase par le pronom qui convient.

1. C'est un conférencier formidable; je __ admire beaucoup.
2. Le fromage, les Français aiment beaucoup __ .
3. La télévision? La plupart des gens trouvent __ très distrayant.
4. La dernière chanson de Brassens! Comme je __ ai trouvée émouvante!
5. 12 francs pour un café! J'appelle __ du vol.

F. *Le, la, les / en*. Même exercice.

1. Nous n'avions plus de pain; nous __ avons acheté et nous __ avons tout mangé.
2. Grand-mère a toujours des bonbons à la maison mais elle __ cache. Quand les

CHAPITRE TRENTE ET UN - *Les pronoms compléments d'objet direct* enfants viennent lui rendre visite, elle __ a toujours à offrir.

3. Tu as bu le Coca qui était dans le frigo? - Oui, je __ ai bu hier soir mais je sors __ acheter.

4. J'aime bien ce fromage; je __ trouve délicieux. Je __ achète souvent.

5. Thérèse aime les chapeaux de paille; elle __ a acheté un grand; elle __ mettra pour aller à la plage cet après-midi.

G. Faites l'accord des participes passés, si c'est nécessaire.

C'étaient ta mère et ton père. Je les ai [*reconnu*]. Ils ne m'ont pas [*vu*] car j'étais derrière eux, bien cachée. Ta mère a [*dit*] à ton père: «Marie part demain. Je l'ai [*encouragé*] à partir. Elle nous a bien [*aidé*] mais elle mérite des vacances...»

32 Les pronoms personnels compléments d'objet indirect

A. Les formes. Les pronoms personnels compléments d'objet indirect (COI) s'emploient pour les êtres animés. Il n'y a qu'une forme pour les deux genres. Au pluriel, le pronom *leur* ne prend pas d'*s*.

> On **m'**a dit de **vous** dire qu'on **leur** avait tout expliqué.
>
> *I was told to tell you that everything had been explained to them.*

LES PRONOMS COI

	Singulier	Pluriel
1e personne	me	nous
2e personne	te	vous
3e personne	lui	leur

B. La reconnaissance du COI

1. Le verbe se construit avec la préposition *à* - Il existe des exceptions (voir la liste plus bas).

> Il va **t'**envoyer un télégramme demain.
> Tu **me** permets de rester?
> Vous **nous** avez dit de partir.
>
> Vous avez parlé **à Philippe**?
> -Je **lui** ai parlé hier.
>
> As-tu téléphoné **aux Arnauld**?
> -Je ne **leur** ai pas encore téléphoné.
>
> Est-ce qu'ils ont proposé **aux élèves** de faire un voyage?
> -Ils **leur** ont proposé d'aller à New York.
>
> Est-ce que tu as communiqué notre message **à M. et Mme Lagrange**.
> -Je **leur** ai communiqué le message.

2. Le complément représente un être animé - Contrairement aux pronoms COD, qui remplacent n'importe quels noms, les COI se substituent aux noms qui représentent des êtres 'animés'. Le pronom *y* remplace les noms 'inanimés'.

UNE OPPOSITION: COMPLÉMENT ANIMÉ / INANIMÉ

Le complément est un nom 'animé'	Le complément est un nom 'inanimé'
LES PRONOMS : *LUI, LEUR* As-tu répondu **à tes parents**? Je **leur** ai répondu. Est-ce qu'il faut obéir **à ses supérieurs**? Il vaut mieux **leur** obéir.	**LE PRONOM :** *Y* As-tu répondu **à la lettre de tes parents**? J'**y** ai répondu. Est-ce qu'il faut obéir **au règlement**? Il vaut mieux **y** obéir.

3. Certains verbes transitifs indirects - La plupart des verbes dits de communication se construisent avec un complément d'objet direct (COD) et indirect (COI) (voir chapitre 25). La présence des deux compléments n'est pas obligatoire.

- VERBES À UN COMPLÉMENT

parler à	obéir à	mentir à	nuire à
manquer à	plaire à	résister à	ressembler à

- VERBES À DEUX COMPLÉMENTS

Verbe	COD	COI
dire	bonjour	à son voisin
pardonner	une offense	aux enfants
expliquer	la règle	à Marcel
montrer	les produits	aux clients

Verbe	COI	COD
promettre	à Paul	de rester
permettre	à un étudiant	de s'absenter

Et **tes parents**, qu'est-ce qu'ils diront?
- Je ne sais pas. Je **leur** ai écrit lundi. Je **leur** ai dit que j'allais **leur** téléphoner demain. Je pourrai **leur** expliquer ce qui s'est passé. Je **leur** ai offert des fleurs. Il est vrai que si j'avais un enfant, je ne **lui** permettrais pas d'abuser ainsi de ma confiance. Je **lui** ferais promettre de ne jamais **me** mentir.

Avez-vous expliqué **à la candidate ce que nous attendions d'elle**?
- Nous **lui** avons expliqué ce que vous vouliez. (Nous **le lui** avons expliqué).

C. Les exceptions

1. Les verbes - Dans le cas de certains verbes, la préposition ne s'efface pas et le pronom qui remplace le nom ne se déplace pas. La forme du pronom est tonique: *à moi, à toi, à lui, à elle, à nous, à vous, à eux, à elles.* A noter qu'aucun des verbes pronominaux ne permet le déplacement du pronom COI.

- VERBES QUI NE PERMETTENT PAS LE DÉPLACEMENT DU COI

Verbes non pronominaux		Tous les verbes pronominaux	
penser à	venir à	s'intéresser à	se fier à
songer à	aller à	se confier à	s'opposer à
renoncer à	tenir à	s'habituer à	se donner à
être attaché à	faire attention à		

Ses enfants?
- Elle pense **à eux** constamment.

Ce cher Paul!
- Marie n'a pas renoncé **à lui**.

Vous vous fiez à ce type?
- Il faut bien se fier **à lui**. Il n'y a personne d'autre.

Avez-vous songé **à nous** quand vous avez pris votre décision?
- Bien sûr que nous avons songé **à vous**.

Nos voisins sont un peu excentriques!
- Tu t'habitueras **à eux**. Tu finiras par te confier **à eux**.

2. L'opposition animé / inanimé - Il arrive que dans la langue courante on fasse usage du pronom *y* pour les êtres animés. En règle générale, cet usage n'est possible qu'avec les verbes qui admettent comme COI les noms de la catégorie animée et inanimée.

Animé	**Inanimé**
Je pense **à mon frère**.	Je pense **à ce cours**.
Je pense **à lui**.	**J'y** pense.
J'y pense. *(langage familier)*	

Si le COI ne peut pas être une chose : *y* est exclu.

J'écris **à Josette**.
Je **lui** écris. *On ne peut pas dire:* [*J'y écris].

D. La séquence des pronoms atones COD et COI

1. Les deux pronoms ne sont pas de la même personne - L'ordre des pronoms atones repose sur la personne. La succession se construit à partir de la 1e personne. Comme la séquence 1e personne + 2e personne n'existe pas devant le verbe, on aura soit la séquence 1e et 3e personnes, soit 2e et 3e personnes.

2. Les deux pronoms sont de la même personne - L'ordre des pronoms repose sur la fonction : le COD précède le COI.

Dans la langue parlée, on peut omettre le pronom COI. On garde toujours le pronom COD.

> Avez-vous envoyé le télégramme à Laurent?
> - Oui. Je **l'**ai envoyé ce matin.

DEUX PRONOMS DE LA 3E PERSONNE

Sujet	ne	COD 3ÈME	COI 3ÈME	Verbe/ Aux.	pas	Part. passé
On	ne	le	lui	a	pas	envoyé.
Ils	ne	les	leur	ont	pas	envoyés.
Vous		la	leur	enverrez.		
Nous		les	lui	enverront.		

DEUX PRONOMS DE DIFFÉRENTES PERSONNES

Sujet	ne	COI 1ÈRE, 2ÈME	COD 3ÈME	Verbe/ Aux.	pas	Part. passé
Ils		me	l'	enverront.		
Ils		te	les	enverront.		
On	ne	nous	l'	a	pas	envoyé.
On	ne	vous	les	a	pas	envoyés.

3. Les phrases à l'impératif - A l'impératif négatif, l'ordre des pronoms est le même que celui des phrases déclaratives. A l'impératif affirmatif, le pronom COD précède le pronom COI, quelle que soit la personne du pronom.

NÉGATIF	AFFIRMATIF
Ne **me la** donne pas.	Donne-**la-moi**!
Ne **me les** rends pas.	Rends-**les-moi**!
Ne **le leur** envoyez pas.	Envoyez-**le-leur**!
Ne **les lui** prête pas.	Prête-**les-lui**!

EXERCICES

A. *Me, te, nous, vous*. Complétez la phrase par le pronom qui convient.

1. Est-ce que l'on __ comprend bien quand vous parlez au téléphone?

2. Nous ne connaissions pas le règlement. On __ l'a expliqué sans tarder.

3. Ah! __ voilà! Nous vous attendions!

4. Qu'est-ce qui _ plairait? Aller danser? -Merci, rien ne __ intéresse en ce moment.

5. Tu es très chargée. Je vais __ raccompagner en voiture.

B. Répondez / réagissez en utilisant le le verbe donné et en reprenant le nom souligné par le pronom COI. Exemple: *Les enfants ne voulaient pas manger leurs légumes! (dire) - > Je leur ai dit de les manger.*

1. Le <u>voleur</u> m'a dit: «La bourse ou la vie»! *donner*

2. Tu as expliqué aux <u>enfants</u> pourquoi nous divorcions? *parler*

3. Qu'est-ce que je dois faire pour me faire écouter de ces <u>gamins</u>? *promettre*

4. Comment va la petite <u>Jeannette</u>? *manquer*

5. C'est <u>Jacques</u> qui t'a demandé cela? *répondre*

C. *Lui, leur / à lui, à eux, à elle, à elles*. Complétez les phrases à l'aide du pronom qui convient.

1. Tu te rappelles Gabriel Prévost? J'ai fait la connaissance de son fils. Il ___ ressemble comme deux gouttes d'eau.

2. Les Dupont ont recueilli ce petit garçon. Il s'est tout de suite attaché à ___ .

3. Ces orphelins? Depuis que je ___ ai parlé, je pense à ___ constamment.

4. Monique a beaucoup d'amis; mais sa famille ___ manque.

5. C'est le directeur qui décide. Si vous avez des questions, il faut s'adresser à ___ .

6. Jean voudrait un emploi chez Apple. Je ___ ai conseillé de ___ écrire.

D. Répondez aux questions en substituant un pronom au nom complément d'objet.

1. Avez-vous pensé aux petits?

2. Avez-vous parlé à leur maîtresse?

3. Est-ce qu'elle s'intéresse à ses nouveaux élèves?

4. Est-ce que Roger s'est confié à vous?

5. Marie aurait-elle menti à ses parents?

6. Est-ce que le nouveau programme plaît aux parents?

7. Quand faut-il téléphoner au proviseur?

E. *Lui, leur / le, la, les*. Inscrivez la forme appropriée.

1. Qui attendez-vous? - Le président. Ça fait deux jours qu'il nous fait attendre. Nous avons un message à ___ communiquer. Il faut que nous ___ voyions aujourd'hui. Quand nous ___ annoncerons la nouvelle, il sera sans doute étonné. Nous ___ avons été aussi. Si tu vois Roger et Monique, dis-___ que nous voulons ___ parler.

2. J'ai permis à Marie-José de s'absenter pour aller à la préfecture. Il ___ faut une carte de séjour pour rester ici. Les agents ne sont pas toujours aimables. Je ___ ai conseillé de ___ écouter attentivement et de ___ répondre le plus poliment possible. Elle devra aussi ___ montrer toutes les

pièces nécessaires. Je ___ ai souhaité bonne chance et ___ ai dit de nous téléphoner si elle avait des ennuis.

F. L'ordre des pronoms. Récrivez la phrase en substituant le ou les pronoms à la partie indiquée en italique. Faites l'accord, si nécessaire.

1. On m'a envoyé *les nouveaux formulaires*.

2. Je t'enverrai *les tickets* par le courrier de demain.

3. Ils vont offrir *ce nouvel ordinateur à leur fils*.

4. On a dit *aux nouveaux élus* de penser *aux malheureux*.

5. J'ai fait promettre *à Paul* de ne plus rien nous cacher.

6. Tu t'habitueras *à ton camarade de chambre*.

7. Elle parle *à sa camarade de chambre* mais elle pense *à ses amies*.

33 Le pronom 'en'

Les fonctions. Le pronom *en* est personnel ou adverbial selon qu'il remplace le complément d'un verbe transitif, un complément d'objet médiatisé par la préposition *de* ou un complément circonstanciel.

A. L'objet d'un verbe transitif. *En* remplace un complément d'objet, personne ou chose, non médiatisé par une préposition et déterminé par un article indéfini / partitif ou une expression de quantité.

1. Un nom déterminé par un article indéfini ou partitif - Le pronom se traduit en anglais par *some*.

> Est-ce que tu prends **des vacances**?
> - J'**en** prends tous les ans.
>
> Où est-ce qu'on peut trouver **de la limonade**?
> - On peut **en** trouver dans tous les supermarchés.
>
> Connaissez-vous **des techniciens compétents**?
> - J'**en** connais.

2. Une expression de quantité - Les expressions de quantité comprennent l'adjectif numéral cardinal, les adverbes de quantité et les adjectifs indéfinis. Le pronom ne remplace que le nom; à la forme affirmative, l'expression de quantité reste.

- UN NOMBRE : à la forme négative, le nombre disparaît avec le nom.

> Vous cherchez **un volontaire**?
> Nous **en** cherchons <u>un</u>.
> Nous n'**en** cherchons pas.
>
> Il a lu **trois articles**.
> Il **en** a lu <u>trois</u>.
>
> Aurais-tu **deux timbres**?
> Je regrette. Je n'**en** ai plus.

- UN ADVERBE DE QUANTITÉ

> Il faut beaucoup **de courage**!
> Oui, il **en** faut <u>beaucoup</u>.
>
> Avez-vous assez **de balles**?
> Nous **en** avons <u>assez</u> pour demain.

> Elle connaît **plus de gens** que toi!
> Elle **en** connaît <u>plus</u> que toi.

- UN ADJECTIF INDÉFINI : sans le nom, l'adjectif indéfini se transforme en pronom.

> Je vous ferai **quelques remarques**.
> Je vous **en** ferai <u>quelques-unes</u>.
>
> Nous n'avons descendu **aucun meuble**.
> Nous n'**en** avons descendu <u>aucun</u>.

B. L'objet de la préposition *de*. Les verbes accompagnés de la préposition *de* sont nombreux: *avoir besoin de, avoir peur de, être content de, se souvenir de, s'occuper de, se méfier de, se douter de, etc.* Le pronom *en* ne remplace généralement que les noms de la catégorie inanimée. Cet emploi se traduit en anglais par *of it, of them*. Les pronoms toniques se substituent aux noms animés sans absorber la préposition.

UNE OPPOSITION: UN COMPLÉMENT INANIMÉ /ANIMÉ

Le nom représente une chose	Le nom représente une personne
LE PRONOM : EN	**LES PRONOMS : DE MOI, DE TOI, DE LUI, ETC.**
*Occupe-toi **des bagages**!*	*Occupe-toi **des voyageurs**!*
*- Je m'**en** occupe.*	*- Je m'occupe **d'eux**.*
*Avez-vous parlé **du départ**?*	*Avez-vous parlé **de l'agent**?*
*- Nous **en** avons parlé.*	*- Nous avons parlé **de lui**.*
*As-tu entendu parler **de ce voyage**?*	*As-tu entendu parler **de ce pilote**?*
*- J'**en** ai entendu parler.*	*- J'ai entendu parler **de lui**.*
*Méfiez-vous **de cet avion**!*	*Méfiez-vous **de cet agent**!*
*- Méfiez-vous-**en**!*	*- Méfiez-vous **de lui**!*
*Ils parlent **de la fête**.*	*Ils parlent **de l'organisatrice de la fête**.*
*- Ils **en** parlent.*	*- Ils parlent **d'elle**.*

LE COMPLÉMENT EST UNE PROPOSITION : Le pronom *en* se substitue à une proposition, introduite par la préposition *de* (voir chapitre 25, C-D). Ne pas oublier que la préposition *de* s'efface devant la conjonction *que*.

> Tu te souviens **que tu m'as promis de m'amener**?
> - Je m'**en** souviens.
> 'se souvenir de quelque chose'
>
> Il dit qu'il est ravi **que vous puissiez passer quelques moments avec lui**.
> - C'est vrai qu'il **en** est ravi?
> 'être ravi de quelque chose'

LE FRANÇAIS FAMILIER : comme pour le cas de *y* (chapitre 32, C2), certains locuteurs emploient *en* pour les personnes.

> Elle parle souvent **de ses parents.**
> Elle parle souvent **d'eux.**
> > (Elle en parle souvent.)

C. Un complément circonstanciel de lieu. Le complément circonstanciel introduit par la préposition *de* indique le lieu d'où l'on vient. Il se traduit en anglais par *from there*.

> Est-ce qu'il vient **du Sénégal?**
> Il **en** vient.
> > 'venir de quelque part'
>
> Veux-tu venir avec nous à la cinémathèque?
> Désolé, j'**en** sors.
> > 'sortir de quelque part'
>
> Tu connais la Russie?
> J'**en** arrive.
> > 'arriver de quelque part'

EXERCICES

A. Répondez / réagissez en utilisant le pronom *en*.

1. On m'a dit que vous aviez un frère et une soeur.

2. On m'a dit également que vous aviez plusieurs cousins.

3. Est-ce que vous connaissez quelques bons hôtels dans la région?

4. Vous avez pris beaucoup de photos lors de votre dernier séjour?

5. Depuis quand avez-vous une caméra?

6. On vous a sans doute parlé de la prochaine croisière dans les îles?

B. *En / le, la, les*. Répondez aux questions en substituant le pronom qui convient.

1. Prenez-vous du jus de fruit le matin?

2. Comment prenez-vous votre café?

3. Combien de repas prenez-vous par jour?

4. Vos camarades font-ils des remarques sur la qualité des plats?

5. Pourquoi font-ils ces remarques?

6. Est-ce que vous préféreriez faire la cuisine vous-même?

7. Avez-vous de bonnes recettes?

8. Combien de personnes inviteriez-vous à dîner?

C. Répondez aux questions en utilisant le pronom *en / de lui, d'elle, d'eux, d'elles*.

1. Qui va s'occuper de grand-père?

2. As-tu beaucoup d'amis dans ce pays?

3. Qui va se charger des billets?

4. Est-ce qu'on t'a parlé des Girard?

5. Est-ce qu'il faut un visa?

6. A-t-on dit beaucoup de bien de leur fils?

7. Faut-il se méfier des vendeurs ambulants?

8. Tu te doutais qu'ils allaient annuler le voyage?

9. Je me souviendrai toujours de ce voyage manqué. Et toi?

10. Avez-vous encore envie de partir?

34 Le pronom 'y'

La fonction. Le pronom *y* a deux fonctions. L'une est de remplacer le complément d'un verbe transitif indirect médiatisé par la préposition *à* et l'autre de remplacer un complément circonstanciel de lieu.

A. Le complément de la préposition *à*. Le pronom *y* remplace un complément de la catégorie inanimée, objet de la préposition *à*. Ce pronom correspond à l'anglais *about it, to it*. Le pronom *y* s'oppose alors aux pronoms d'objet indirect *lui, leur*.

1. ***à* + nom inanimé** - (Voir chapitre 32, B2)

INANIMÉ	ANIMÉ
Pensez-vous **à votre avenir?**	Pensez-vous **à vos parents?**
J'**y** pense souvent.	Je pense **à eux**.
Elle s'intéresse **à la littérature**.	Elle s'intéresse **à Paul**.
Elle s'**y** intéresse.	Elle s'intéresse **à lui**.

2. ***à* + proposition** - Le pronom *y* peut remplacer une proposition.

   Je songe **à ce que vous m'avez dit**.
   J'**y** songe.

   Il s'est habitué **à travailler seul**.
   Il s'**y** est habitué.

B. Le complément circonstanciel de lieu

1. La destination et le lieu - Lorsque le complément circonstanciel indique le lieu où l'on est, le lieu où l'on va, l'endroit où se trouvent les personnes et les choses, on utilise le pronom *y*. Plusieurs prépositions introduisent les compléments de lieu: *à, en, chez, dans, sur, sous, devant, derrière*, etc.

Quand est-ce que vous allez **à la mer?**
On **y** va demain.

Mon maillot n'est plus **dans le tiroir**!
Mais si, il **y** est.

Vous êtes prêts?
Oui. Allons-**y**!

On évite l'emploi de *y* devant une forme du verbe *aller* qui commence par *i*. *(On ne dira pas:* [*Nous y irons.]) Par contre, le pronom est obligatoire dans les autres cas: *On y va? Allons-y.*

2. L'opposition : *en, y*

LES COMPLÉMENTS DE LIEU

Le lieu d'origine	Le lieu où l'on va
LE PRONOM : EN Ils viennent **de La Rochelle**? - Ils **en** viennent. Vous sortez **de chez le dentiste**? -J'**en** sors.	**LE PRONOM : Y** Ils vont **à La Rochelle**? -Ils **y** vont. Vous allez **chez le dentiste**? -J'**y** vais.

C. L'ordre et la séquence des pronoms. Quel que soit le type de phrase ou la personne des autres pronoms, le pronom adverbial vient toujours en dernier lieu. La séquence *y en* ne se rencontre que dans l'expression *il y en a*. Dans les autres cas, on omet le complément ou on le transforme en adverbe.

> Je suis allé **à la plage**.
> Je **t'y** ai vu.
>
> Est-ce que tu as mis de l'eau **dans le radiateur**?
> Oui, j'**en** ai mis.
> Oui, j'**en** ai mis <u>dedans</u>.   *On ne dit pas:* [*J'y en ai mis].
>
> Conduis-moi **au** <u>cinéma</u>.
>   *On ne dit pas:* [*Conduisez-m'y].
>   *On peut dire :* Conduis-moi! Conduis-moi-**là** tout de suite!

EXERCICES

A. *Y / le*. Complétez la phrase par le pronom qui convient.

1. Jean-François est parti. On se ___ attendait.

2. Et votre rapport? Vous ___ avez pensé?

3. Nous partons demain mais le petit ne ___ sait pas. Il faudra ___ lui dire!

4. N'oublie pas ma proposition! - Je vais ___ réfléchir.

5. Paul est très enthousiaste. Il ___ est un peu trop.

6. Pourquoi pas des études de droit? Je ___ ai songé comme tout le monde.

B. *Y, en / le, la, les / lui, leur*. Même exercice.

1. La réunion a été fixée au dernier lundi du mois mais nous ne pouvons pas ___ aller ce jour-là. Nous avons demandé au responsable de ___ reporter d'un jour. J'espère qu'il pourra ___ faire car la dernière fois nous ___ avons passé de très bons moments.

2. Ma grand-mère a de vieilles photos de famille. Elle ___ tient énormément. Chaque fois qu'on ___ rend visite, elle ___ sort. Elle ___ a classées par tranche de dix ans dans des albums. Elle ___ a cinq gros.

C. *Y, en*. Réagissez en utilisant le verbe proposé et en reprenant l'expression soulignée par le pronom qui convient.

1. Vous avez l'air de bien connaître la <u>Turquie</u>. *vivre*

2. Son grand-père est né à <u>Marseille</u>. *mourir*

3. Tu n'as pas encore vu le musée d'<u>Orsay</u>? *aller*

4. Es-tu passé à la <u>poste</u>? *sortir*

5. Christine a reçu <u>de bonnes évaluations</u>. *être fière*

D. *Y, en, le*. Remplacez le groupe indiqué en italique par le pronom qui convient.

1. Il sait *qu'il va mourir*.

2. Tu es sûr d'avoir vu *ce type quelque part*?

3. On s'est tout de suite rendu compte *que ça ne marcherait jamais*.

4. Ils se demandent *comment cela va finir*.

5. Je ne m'attendais pas *à recevoir une réponse aussi vite*.

6. Vous direz à votre fils *de ne pas laisser son vélo sur le trottoir*.

7. Est-ce que tu tiens vraiment *à devenir professeur*?

8. Je n'ai pas envie *d'aller rendre visite à ma grand-mère*.

9. Il a promis aux électeurs *de présenter leurs revendications à l'Assemblée*.

E. Traduisez les expressions suivantes.

1. Ça **y** est!

2. On n'**y** peut rien!

3. J'**en** ai assez!

4. Je n'**y** suis pour rien!

5. Ne vous **en** faites pas!

6. Je n'**en** peux plus!

35 Les pronoms réfléchis

A. Les formes. Les pronoms réfléchis font partie de la conjugaison des verbes pronominaux. Dans la conjugaison d'un verbe pronominal, le pronom réfléchi et le sujet représentent la même personne.

LES PRONOMS RÉFLÉCHIS

Pronom sujet	Pronom réfléchi	Pronom sujet	Pronom réfléchi
je	me	nous	nous
tu	te	vous	vous
il	se	ils	se
elle	se	elles	se
on	se		

1. L'opposition réfléchi / non réfléchi

LE PRONOM RÉFLÉCHI	LE PRONOM NON RÉFLÉCHI
Paul lave [Paul]	Paul lave **la voiture.**
Paul se lave.	Paul la lave.
Anne promet [**à Anne**] de revenir.	Anne promet **à Paul** de revenir.
Anne se promet de revenir.	Anne lui promet de revenir.

2. La place du pronom - Dans une séquence de pronoms compléments d'objet, le pronom réfléchi occupe toujours la première place.

> Est-ce que tu **t'**es brossé les cheveux?
> - Oui, je **me** les suis brossés.
> - Non, je ne **me** les suis pas brossés.
>
> Je vais **me** prendre un peu de glace.
> Je vais **m'**en prendre un peu.
>
> Il va **se** faire à la vie d'étudiant.
> Il va **s'**y faire.

B. Le classement des verbes. Les verbes pronominaux forment plusieurs sous-catégories. Nous en notons quatre.

1. Les verbes à sens réfléchi - Le sujet agit sur lui-même.

> **Je me** suis regardé(e) dans une glace.
> **Laurent se** construit un petit avion.
> **Jacqueline se** lèvera tôt.

2. Les verbes à sens réciproque - Ces structures impliquent un échange entre deux ou plusieurs personnes.

> **Pierre-Yves et Josette se** sont écrit.
> **Les deux capitaines se** sont serré la main.
> **Plusieurs s'**étaient donné rendez-vous pour le lendemain.

3. Les verbes essentiellement pronominaux - Ce sont des verbes qui n'existent qu'à la forme pronominale ou qui ont un sens différent à la forme non pronominale.

- VERBES QUI N'EXISTENT QU'À LA FORME PRONOMINALE : quelques exemples.

s'absenter	s'enfuir	se lamenter	se soucier de
s'abstenir	s'écrier	se dépêcher	se souvenir de
s'en aller	s'évader	se fier à	se suicider
s'envoler	s'empresser	se moquer de	se taire
s'évanouir	s'efforcer de	se repentir	

- VERBES QUI CHANGENT DE SENS : quelques exemples.

appeler (to call)	apercevoir (to see/ notice)
s'appeler (to be called/ named)	s'apercevoir (to become aware/ to realize)
conduire (to drive, to lead)	demander (to ask)
se conduire (to behave)	se demander (to wonder)
disputer (to contend/ compete with)	entendre (to hear)
se disputer (to quarrel)	s'entendre avec quelqu'un (to get along)
marier (to marry off/ join in wedlock)	passer (to pass, to spend time)
se marier (to get married)	se passer (to happen)... de (to do without)
tromper (to deceive)	servir (to serve)
se tromper (to be mistaken)	se servir de (to use)

4. Les verbes pronominaux à sens passif - Le sujet n'est pas l'agent mais le patient de l'action décrite par le verbe, tout comme à la voix passive.

> Le vin blanc se boit frais.
> = Le vin n'agit pas; quelqu'un boit le vin.
>
> La porte s'est ouverte.
> =La porte s'est ouverte par l'intermédiaire de quelque chose ou de quelqu'un.

C. L'accord du participe passé. Les verbes pronominaux se conjuguent avec *être* mais s'accordent comme si l'auxiliaire était *avoir*. Lorsque le pronom réfléchi est un COD, le participe passé s'accorde avec ce pronom (voir chapitre 50).

> Marie **s'est lavée**.
> = Lavé qui? *se* COD
>
> Marie s'est lavé **les dents**.
> = Lavé quoi? *les dents* (COD). *se* = COI.
>
> Marie se **les** est lav**ées**.
> = Lavé quoi? *les* (COD).

Le participe passé s'accorde avec le sujet lorsque le verbe n'existe qu'à la forme pronominale. C'est le cas des verbes essentiellement pronominaux. Les verbes à sens passif suivent la même règle sauf pour les verbes qui prennent une préposition : *se plaire à un endroit, se rire de, se rendre compte de*.

ACCORD	PAS D'ACCORD
Marie s'est évanoui**e**.	Elle s'est rendu compte **de son erreur**.
Les prisonniers se sont évadé**s**.	Ma mère s'est plu **à Paris**.

EXERCICES

A. Incorporez le verbe pronominal dans la phrase

1. *s'endormir*
   Je ___ ; je vais aller me coucher.

2. *se souvenir*
   Tu ___ de Victor?

3. *se rendre compte de*
   Heureusement qu'il ___ son erreur à temps!

4. *s'ouvrir*
   Quand la porte ___ , tout le monde s'est arrêté de rire.

5. *s'habiller*
   Va ___ ! On part dans deux minutes.

6. *se laver*
   Mes mains! Mais je (les) ___ !

7. *s'en aller*
   Puisque je vous dis que nous ___ !

B. Transformez les phrases selon le modèle. Exemple: *Il faut que vous vous taisiez. -> Taisez-vous!*

1. Il faut que vous vous en alliez.
2. Il ne faut plus que vous vous disputiez.
3. Il faut que nous nous dépêchions.
4. Il faut que tu te laves la tête.
5. Il ne faut pas que tu te trompes.
6. Il ne faut pas que tu te fatigues.

C. Même exercice. Choisissez la forme qui convient.

1. *se rappeler/ rappeler*
   Je ne me souviens plus de cette personne. ___ - moi son adresse!

2. *se demander/ demander*
   Vous ___ sans doute pourquoi je vous ___ cela.

3. *se passer/ passer*
   Je ___ te prendre à midi? - Désolé, je suis occupé. Je vais ___ de déjeuner.

4. *se marier/ marier*
   Christian et Francine ___ le mois prochain. C'est le maire qui va les ___

5. *se tromper/ tromper*
   Le vendeur a essayé de nous ___ .

6. *s'entendre/ entendre*
   Tu ___ parler de mon camarade de chambre? Il est super. Je ___ très bien avec lui.

7. *conduire/ se conduire*
   Tu ___ trop vite, Robert! Et quand tu n'es pas au volant, tu ___ comme un adolescent.

✧✧✧

36 Les pronoms toniques

A. L'appellation. On appelle ces pronoms **toniques** ou **accentués** pour souligner la forme qu'ils reçoivent sous l'accent tonique (phonétique) du groupe syntaxique. On les appelle aussi **disjoints** pour préciser une position syntaxique singulière, disjointe du verbe.

B. Les formes. A chaque pronom atone correspond une forme tonique. Les pronoms *nous, vous, elle, elles* sont ambimorphiques.

LES PRONOMS TONIQUES

	Singulier	Pluriel
1ère personne	*moi*	*nous*
2ème personne	*toi*	*vous*
3ème personne	MASC. FÉM. *lui* *elle* *soi*	MASC. FÉM. *eux* *elles*

C. L'emploi. Les pronoms toniques ne remplacent généralement que les noms de la catégorie animée. On les trouve dans plusieurs contextes syntaxiques.

1. En position finale d'un groupe syntaxique

- APRÈS UNE PRÉPOSITION : autre que le *à* du COI.

    Ils pensent **à vous**.
    Ils sont **chez eux**.
    Ne te cache pas **derrière moi**.
    Je pars **avec toi**.

- APRÈS *QUE* : du système comparatif ou de la négation partielle.

    Je suis plus grande **que toi**.
    Vous êtes plus raisonnable **que lui**.
    Je n'ai vu **qu'eux**.

- APRÈS LE PRÉSENTATIF *C'EST*

  > **C'est elle** qui ouvrira la porte.
  > **Ce sont eux** que j'ai vus au café.
  > **C'est toi** que je regarde.

- UN IMPÉRATIF AFFIRMATIF : le dernier pronom du groupe reçoit l'accent.

  > Regarde-**toi**.
  > Donne-le-**moi**.

2. **Les positions disjointes** - Le pronom est en position accentuée.

   - LE PRONOM SUJET EST EMPLOYÉ SANS LE VERBE

     > Qui s'occupera des consommations?
     > - **Moi**.
     >
     > Qui parle de partir?
     > - **Eux**.

   - LE PRONOM EST CONJOINT

     > Isabelle et **moi**, nous ferons les courses.
     >
     > Ils cheminaient, **elle** et **lui**, la main dans la main.
     >
     > **Toi** et **moi**, nous sommes heureux ensemble.

   - LE PRONOM EST EN APPOSITION : moyen que l'on l'utilise pour mettre en relief un pronom ou un nom. De façon générale, la forme tonique se met au début ou à la fin de la proposition. Pour les noms, il existe certaines contraintes.

UN PRONOM SUJET	**UN NOM SUJET**
Toi, tu ne fais jamais rien.	Paul, **lui**, respecte le règlement.
Tu ne fais jamais rien, **toi**.	Paul respecte le règlement, **lui**.
UN PRONOM COD	UN NOM COD
Elle, je l'ai vue.	*On ne dit pas:* [*Elle, j'ai vu Marie].
Je l'ai vue, **elle**.	

EXERCICES

A. Remplacez les tirets par le pronom qui convient.

1. Nous nous sommes disputés, Raymond et __.

2. Ton frère et __, vous devriez lire un peu plus.

3. Ni __ ni sa femme n'ont apprécié vos remarques.

4. J'ai lu cet article. Et toi? - __ aussi.

5. Je sais que tu n'aimes pas le foot, et ton mari? - __ non plus.

6. J'ai répondu __-même à sa lettre.

7. C'est un jouet qu'il faut monter __-même.

8. Dans une campagne électorale, c'est le «chacun pour __» qui domine.

B. Ajoutez le pronom tonique qui mettra le pronom ou le nom souligné en relief.

1. <u>Je</u> n'ai rien dit.

2. Mes <u>voisins</u> prétendent tout savoir.

3. Le <u>petit</u> ne dit rien mais ses <u>frères</u> crient tout le temps.

4. Cet été, nous resterons à la maison. Où irez-<u>vous</u>?

5. L'entraîneur trouve les exercices faciles mais les <u>athlètes</u> ne sont pas de son avis.

RÉCAPITULATION DE L'EMPLOI DES PRONOMS PERSONNELS

LES PRONOMS DE LA TROISIÈME PERSONNE

se *soi*	**LES PRONOMS RÉFLÉCHIS** 1. Le sujet agit sur lui-même. 2. Le verbe implique un échange de même nature entre le sujet et l'objet. 3. Le verbe n'existe qu'à la forme pronominale. 4. Le sujet n'est pas l'agent; le verbe a un sens passif.
le *la* *les*	**LES COMPLÉMENTS D'OBJET DIRECT (COD)** 1. Le complément est construit sans préposition. 2. Le nom complément est un animé ou un inanimé. 3. Le déterminant du nom est défini: art. déf., adj. dém., adj poss. 4. Le complément est un nom, une proposition ou un adjectif attribut.
lui *leur*	**LES COMPLÉMENTS D'OBJET INDIRECT (COI)** 1. Le complément est rattaché au verbe par la préposition *à*. 2. Le nom complément représente un être animé. 3. Il y a des exceptions: *penser à, rêver à, s'intéresser à, etc.*
en	**LES VERBES TRANSITIFS DIRECTS** 1. Pas de préposition. 2. Le déterminant du nom est indéfini: art. indéf. ou adj. indéf. 3. Le nom complément est un animé ou un inanimé. **LES VERBES TRANSITIFS INDIRECTS** 1. Le complément est rattaché au verbe par la préposition *de*. 2. Le complément est un nom inanimé ou une proposition. **UN COMPLÉMENT DE LIEU INDIQUANT LA PROVENANCE** 1. La préposition est *de*. 2. Le nom est un lieu.

y	**LES VERBES TRANSITIFS INDIRECTS** 1. Le complément est rattaché au verbe par la préposition *à*. 2. Le complément est un nom d'inanimé ou une proposition. **UN COMPLÉMENT DE LIEU INDIQUANT UN ENDROIT OU LA DESTINATION** 1. La préposition est: *à, dans, sur, dans*, etc. 2. Le nom est un lieu.
à lui *à elle* *à eux* *è elles* *de lui* *d'elle* *d'eux* *d'elles*	**LES EXCEPTIONS :** **LA PRÉPOSITION *à*** 1. Le complément est rattaché au verbe par la préposition *à*. 2. Le complément est un nom d'animé. 3. S'utilisent pour les exceptions du type : *penser à, s'intéresser à*, etc. **LA PRÉPOSITION *de*** 1. Le complément est rattaché au verbe par la préposition *de*. 2. Le complément est un nom d'animé.
moi *toi* *soi* *lui* *elle* *nous* *vous* *eux* *elles*	**LE PRONOM REMPLACE UN ÊTRE ANIMÉ** 1. Après une préposition autre que celle qui introduit le COI. 2. Après le *que* du système comparatif et de la négation partielle. 3. Après le présentatif *c'est*. 4. Le dernier pronom dans un groupe impératif affirmatif. 5. Un pronom employé seul. 6. Un pronom conjoint. 7. Un pronom en apposition.

ORDRE DES PRONOMS PLACÉS DEVANT LE VERBE

me	*le*	*lui*	*y*	*en*
te	*la*	*leur*		
se	*les*			
nous				
vous				

EXERCICES

A. Complétez les phrases par le pronom qui convient.

M. - Où est mon cahier d'exercices? Ça fait deux heures que je ___ cherche. Je crois qu'un étudiant ___ a pris, par mégarde. Mais j' ___ ai besoin pour préparer mon cours. Tiens! Voilà Robert! Je vais ___ demander s'il ___ a vu.

R. - C'est donc votre cahier! J'ai vu hier soir que je ___ avais deux. Je ne savais pas à qui était l'autre.

M. - Mais mon nom est écrit sur la couverture. Tu es distrait!

R. - Je ___ suis un peu, ces jours-ci. J'ai reçu des nouvelles d'un copain. Je pense à ce qui ___ est arrivé. Je voudrais m'arrêter d' ___ penser. C'est difficile, vous savez.

M. - Je ___ sais. Si tu veux ___ parler, viens ___ voir à 15 h 30 dans la salle 101.

B. Même exercice.

A. - Est-ce que tu connais la Belgique?

B. - Oui, assez bien. Je ___ ai vécu trois ans.

A. - Je viens de ___ découvrir. J' ___ arrive! Tu sais aussi que Bruxelles est une ville très dynamique.

B. - Si elle ___ est, c'est à cause de la CEE.

A. - Avec ou sans la CEE, les Belges aiment beaucoup leur capitale. Ils ___ sont fiers. Ils ___ sont très attachés. La prochaine fois que tu iras là-bas, parle-___-___, tu verras.

C. Récrivez la proposition en italique en utilisant le pronom pour éviter la redondance.

1. Je te dis d'aller faire les courses. Voici l'argent. *Ne perds pas l'argent.*

2. Tu as pris trop de dessert. *Donne un peu de dessert à ton petit frère.*

3. Vous voulez aller jouer dehors. *Allez jouer dehors!*

4. Encore cette vieille histoire! *Ne me parle plus de cette vieille histoire!*

5. Tes copains! *Parle-moi un peu de tes copains!*

6. J'ai oublié d'acheter le journal ce matin. *Achète-moi un journal, s'il te plaît.*

7. Monsieur Dion va vous parler d'un sujet d'actualité. *Ecoutez bien Monsieur Dion.*

8. Ces gens vont vous demander de les accompagner. *N'accompagnez pas ces gens.*

9. Voici des pièces. *Mets deux pièces dans le compteur.*

D. Répondez aux questions en remplaçant les expressions en italiques par les pronoms convenables.

1. Est-ce que vous avez pu faire *les exercices A et B*?

2. Est-ce qu'il aura toujours besoin *de son père et de sa mère*?

3. Est-ce que les jeunes s'intéressent *aux films de Chabrol*?

4. Votre père a-t-il connu *l'ancienne directrice des études*?

5. Veniez-vous me dire *que vous n'aviez pas eu le temps de faire vos devoirs*?

6. As-tu rendu *à ta soeur* tout ce que tu *lui* avais emprunté?

7. Est-ce qu'il *nous* manque *plusieurs morceaux*?

8. Devrions-nous donner *quelques tartines aux enfants*? Ils n'ont pas goûté.

9. Est-ce que tu peux *me* prêter *ton vélo* cet après-midi?

10. Est-ce qu'elle pourra *nous* donner *sa réponse* la semaine prochaine?

11. Y a-t-il *du bruit dans les couloirs*?

E. Récrivez le paragraphe de façon à éviter les redondances.

Flaubert est un grand écrivain. C'est Flaubert qui a écrit Madame Bovary. Tous les Français connaissent bien cette oeuvre car ils doivent étudier cette oeuvre à l'école. Madame Bovary est un personnage assez spécial. On dit de Madame Bovary qu'elle cherchait avant tout la passion: elle pensait à cette passion constamment, elle rêvait de cette passion. Ni Madame Bovary, ni ses amants n'ont trouvé cette passion. Est-ce une satire du romantisme féminin? Nous ne savons pas si c'est une satire du romantisme féminin.

37 Les pronoms interrogatifs

A. L'interrogation. Les moyens pour exprimer l'interrogation sont multiples et varient selon le niveau de langue, le type d'interrogation, la fonction de l'élément sur lequel porte l'interrogation et, pour les groupes nominaux, selon que le nom représente une personne ou une chose.

B. L'interrogation totale. Dans ce type d'interrogation, la question porte sur la phrase entière. La réponse attendue est *oui/si* ou *non*. (*Si* est affirmatif et s'emploie pour répondre à une question à la forme négative.) La réponse, affirmative ou négative, peut être renforcée par une locution.

Mais oui!	Bien sûr que oui!
Mais si!	Bien sûr que si!
Mais non!	Bien sûr que non!

1. Les formes - Un même individu utilisera un style ou registre différent selon les circonstances, le lieu, l'interlocuteur. La langue soignée et écrite privilégie l'inversion. Le style familier oral, l'intonation seule.

L'INTERROGATION TOTALE

Le style familier	L'INTONATION *Tes copains viendront?* *Tu as parlé aux autres?*
Le style courant	EST-CE QUE *Est-ce que Philippe arrive ce soir?* *Est-ce que vous cherchez un appartement?* N'EST-CE PAS *Ils vont venir, n'est-ce pas?* *Il faut lui en parler, n'est-ce pas?*
Le style soutenu	L'INVERSION *Avez-vous passé de bonnes vacances?* *Vos enfants réussissent-ils bien à l'école?*

2. Remarques sur l'emploi des formes

- L'INTONATION : dans ce cas, la question n'a d'autre marque que le ton de la voix, qui monte. Ce type d'interrogation a presqu'éliminé l'inversion en français oral.

- LES EXPRESSIONS FIGÉES : l'inversion est déjà présente dans *est-ce que* et *n'est-ce pas*. L'ordre des mots de la phrase ne change donc pas.

    Est-ce que
    | C'est un ordinateur.
    | Est-ce que c'est un ordinateur?

    N'est-ce pas - Ajoutée à la fin de l'énoncé, cette formule transforme une phrase affirmative en une question. Dans le langage courant, on lui substitue souvent le *non?* simple.

    | Tu l'as vu, n'est-ce pas?
    | Tu l'as vu, non?

- L'INVERSION SIMPLE : l'inversion a lieu entre le pronom sujet et l'élément verbal conjugué. Il suffit de déplacer le pronom et de le joindre au verbe ou à l'auxiliaire par un trait d'union.

Temps simple	**Temps composé**	**La négation**
Elle prend le train.	Ils sont allés à Lyon.	Tu n'as pas lu Proust.
Prend-elle le train?	Sont-ils allés à Lyon?	N'as-tu pas lu Proust?

- L'INVERSION COMPLEXE : le sujet est un nom. Le nom ne change pas de place. Il est repris par le pronom correspondant en inversion. (A noter qu'il n'y a pas de virgule après le nom.)

Temps simple	**Temps composé**	**La négation**
Guy prend l'avion.	Eve a mangé.	Jean n'est pas venu.
Guy prend-il l'avion?	Eve a-t-elle mangé?	Jean n'est-il pas venu?

- LA LIAISON EN *t* À LA 3e PERSONNE : la liaison entre le verbe et le sujet inversé à la troisième personne se fait toujours en [t]. Au pluriel, le verbe se termine toujours par un *-t*. On ajoute *-t-*, au singulier, si le verbe finit par une voyelle. (Le *-d* se prononce [t] en liaison.)

Il a faim.	Il fait beau	On prend le métro.	Ils parlent.
A-t-il faim?	Fait-il beau	Prend-on le métro?	Parlent-ils?
[t]	[t]	[t]	[t]

- LE CAS DE LA PREMIÈRE PERSONNE : dans une inversion, l'accent tonique des verbes en *-er* tombe sur une syllabe atone. Ce qui donnerait **parle-je,* forme non usitée. La formule *est-ce que* permet d'éviter cet emploi. L'inversion est possible au présent avec les verbes *avoir, être, savoir, pouvoir*. Elle l'est également au futur et au conditionnel pour les autres verbes.

Est-ce que	**Inversion**
Est-ce que j'en ai le courage?	En **ai-je** vraiment le courage?
Est-ce que je suis raisonnable?	Ne **suis-je** pas raisonnable?
Est-ce que je peux me servir?	**Puis-je** me servir?
Est-ce que j'irai en ville?	**Irai-je** en ville?
Est-ce que je saurais répondre?	**Saurais-je** répondre?

C. L'interrogation partielle. La question porte sur un élément de la phrase et n'appelle pas la réponse *oui, non*.

1. Les pronoms dits invariables - L'interrogation porte sur un nom ou groupe nominal dont l'identité n'est pas connue. L'élément sur lequel porte la question est soit le sujet du verbe, soit le complément d'objet direct ou un complément introduit par une préposition.

___ est tombé.	Je pense à ___ .
Qui est tombé? *(Who?)*	**A qui** pensez-vous? *(About whom?)*
Qu'est-ce qui est tombé? *(What?)*	**A quoi** pensez-vous? *(About what?)*
Nous avons vu ___ .	Nous parlons de ___ .
Qui est-ce que vous avez vu? *(Whom?)*	**De qui** parlez-vous? *(About whom?)*
Qu'est-ce que vous avez vu? *(What?)*	**De quoi** parlez-vous? *(About what?)*

Remarque: lorsque la question porte sur le sujet, le verbe est au singulier même si le sujet attendu dans la réponse est un pluriel. Dans le cas de la copule *être*, qui relie l'attribut au sujet, le nombre est connu.

Qui **a fini**?   Qui **sont** ces <u>gens</u>?
- Nous avons tous fini.   = Ces gens sont qui?

Qui **veut** jouer dans la pièce?
- Il y en a dix qui se sont inscrits. Voici la liste.

LES PRONOMS INVARIABLES

	Un nom animé	**Un nom non animé**
SUJET *Est-ce* Inversion Forme simple	**Qui** *est-ce* **qui** fait ce bruit? ... **Qui** fait ce bruit?	**Qu'***est-ce* **qui** fait ce bruit? ... ...
OBJET DIRECT Intonation *Est-ce* Inversion	Vous cherchez **qui**? **Qui** *est-ce que* vous cherchez? **Qui** cherchez-vous? [___]	Vous cherchez **quoi**? **Qu'***est-ce que* vous cherchez? **Que** cherchez-vous? [___]
INTRODUIT PAR UNE PRÉPOSITION Intonation *Est-ce* inversion	Vous parlez **de qui**? **De qui** *est-ce que* vous parlez? **De qui** parlez-vous? [___]	Vous parlez **de quoi**? **De quoi** *est-ce que* vous parlez? **De quoi** parlez-vous? [___]

2. Les adverbes interrogatifs - La question porte sur la circonstance d'un procès: le moment, le lieu, la manière, la cause, la quantité.

> Nous allons **à Lyon** (1) **demain** (2) **en voiture** (3) **parce que les employés de la SNCF sont en grève** (4).
>
> (1) **Où** allez-vous ? (2) **Quand** partez-vous? (3) **Comment** y allez-vous?
> (4) **Pourquoi** y allez-vous en voiture?

Combien - Le complément de *combien* est supprimé s'il désigne un objet attendu comme *kilos, francs* ou *personnes*. Pour demander la date on peut utiliser *le combien?*

> **Combien** [de kilos] pèse-t-il?   On est le **combien**?
> **Combien** [de personnes] étions-nous?   *(What's the date?)*
> **Combien** [de dollars] cela coûte-t-il?

Remarque: lorsque *combien* fait partie du sujet de la phrase, le verbe s'accorde avec le complément de *combien*. On ne reprend pas le complément de *combien* par un pronom en inversion.

> Combien de personnages **font** leur entrée au premier acte?
> Combien d'étudiants se **sont inscrits**? *On ne dit pas:* [*Combien de personnages font-<u>ils</u> leur entrée?]

LES ADVERBES INTERROGATIFS

DE TEMPS : *QUAND?*	
Intonation	Tu arrives **quand**?
Est-ce que	**Quand** *est-ce que* tu arrives?
Inversion	**Quand** arrives-tu?
	[⌣]
DE LIEU : *OÙ?*	
Intonation	Ils habitent **où**?
Est-ce que	**Où** *est-ce qu'*ils habitent?
Inversion	**Où** habitent-ils?
	[⌣]
DE MANIÈRE : *COMMENT?*	
Intonation	Il est **comment**?
Est-ce que	**Comment** *est-ce qu'*il est?
Inversion	**Comment** est-il?
	[⌣]
DE CAUSE : *POURQUOI?*	
Intonation	Tu as dit ça **pourquoi**?
Est-ce que	**Pourquoi** *est-ce que* tu as dit ça?
Inversion	**Pourquoi** as-tu dit cela?
	[⌣]
DE QUANTITÉ : *COMBIEN?*	
Intonation	C'est **combien**?
Est-ce que	**Combien** *est-ce que* c'est?
Inversion	**Combien** est-ce?
	[⌣]

3. L'inversion stylistique - L'inversion stylistique est un procédé qui consiste à postposer le nom sujet sans l'intermédiaire d'un pronom. Ce type d'inversion se produit obligatoirement avec *Que?*, jamais avec *Pourquoi?* et *Qui?* et facultativement avec *Comment? Où? Quand?* si le verbe n'a pas de complément et qu'il est à un temps simple. On peut éviter l'inversion stylistique en utilisant la formule *...est-ce que...?*

- *QUE* : l'inversion stylistique est obligatoire

  > Que <u>fait</u> **Paul** *(sujet)*?
  > Qu'<u>ont dit</u> **vos parents** *(sujet)*?
  > *On ne peut pas dire*: [*Que Paul fait-il?] [*Que vos parents ont-ils dit?]

- *COMMENT, OÙ, QUAND* : l'inversion est possible lorsque le verbe n'a pas de complément d'objet et qu'il est à un temps simple.

  > Comment conduit **Paul** *(sujet)*?
  > *On ne dira pas:* [*Comment conduit Paul sa voiture?]
  > Où arrive **le train** *(sujet)*?
  > *On ne dira pas:* [*Où prennent le train les voyageurs?]
  > Quand partent **les Dubois** *(sujet)*?
  > *On ne dira pas:* [*Quand sont partis les Dubois?]

- *POURQUOI, QUI (COD)* : l'inversion est impossible lorsque le pronom interrogatif est *pourquoi?* ou lorsque le pronom *qui?* correspond au COD.

  Le pronom est *Pourquoi?*

  > *On ne peut pas dire:* [*Pourquoi part Paul?] - [*Pourquoi conduit Paul?]

  L'inversion stylistique avec *Qui?* produit toujours un *Qui?* sujet.

  > Paul voit Pierre.
  > Qui voit Pierre?
  > -Paul
  > Qui voit Paul?
  > - ?
  > Qui est-ce que Paul voit?
  > -Pierre

4. L'adjectif interrogatif - La forme de base est *quel?* (voir chapitre 10). En langue courante, on peut ne pas déplacer l'élément sur lequel porte l'interrogation.

> Vous utilisez **quel** type d'imprimante?
> **Quel** type d'imprimante utilisez-vous?
> Tu travailles <u>pour</u> **quelle** firme?
> <u>Pour</u> **quelle** firme travailles-tu?

5. Les pronoms variables - La forme de base est *lequel*, forme qui varie en genre et en nombre avec le nom qu'elle représente. *Lequel* se combine avec les prépositions *à* et *de*.

LES PRONOMS VARIABLES

LES FORMES		
	Masculin	**Féminin**
Singulier	*lequel*	*laquelle*
Pluriel	*lesquels*	*lesquelles*
à + pronom	*auquel*	*à laquelle*
	auxquels	*auxquelles*
de + pronom	*duquel*	*de laquelle*
	desquels	*desquelles*
LES FONCTIONS		
Sujet	Voici trois pulls.	
	Lequel coûte le moins cher?	
COD	Il a écrit plusieurs pièces.	
Intonation	Tu préfères **laquelle**?	
Est-ce que	**Laquelle** *est-ce que* tu préfères?	
Inversion	**Laquelle** préfères-tu?	
	[ ]	
Objet d'une préposition	On annonce plusieurs postes.	
Intonation	Il s'intéresse **auquel**?	
Est-ce que	**Auquel** *est-ce qu*'il s'intéresse?	
Inversion	**Auquel** s'intéresse-t-il?	
	[ ]	

◇◇◇

EXERCICES

A. Transformez les phrases déclaratives en phrases interrogatives en utilisant l'inversion.

1. Vous n'avez rien à déclarer.
2. Jeanne aura fini avant midi.
3. L'inspecteur s'est aperçu de son erreur.
4. Quand vous êtes arrivé, la fenêtre était ouverte.
5. S'ils arrivent en avance, la porte sera ouverte.
6. Il n'a rien dit à personne.
7. J'ai le temps.
8. Depuis que les jeunes sont là, il y a beaucoup plus de bruit.

B. Posez la question qui correspond à la partie en italique.

1. C'est *l'un de mes beaux-frères*.
2. Ce sont *des flûtes de Pan*.
3. *Les jeunes* iront à vélo.
4. *C'est la machine à laver* qui fait ce bruit.
5. Elle a répondu *qu'elle ne pouvait pas venir*.
6. Elle épouse *un ami d'enfance*.
7. *Nos amis* nous ont offert ce nouveau livre.

C. Même exercice.

1. Il est parti en vacances *avec des cousins*.
2. Cette statue est *en marbre*.
3. Je pense *à mon prochain voyage au Maroc*.
4. Il parle *des avantages et des inconvénients de cette méthode*.
5. On peut enlever cette tache *avec de l'alcool à 90 degrés*.
6. J'ai choisi *le bleu*.

D. Posez la question qui correspond à la partie soulignée.

Il s'agit de (1) *Huis clos*. La scène se passe (2) *en enfer*. (3) *Trois* personnages font leur entrée. Ils sont morts depuis (4) *quelques instants*. Le spectateur apprend (5) *qu'Estelle a tué son bébé*. Elle l'a jeté dans le lac (6) *une nuit de printemps*... J'aime bien Sartre mais je préfère (7) *Camus*.

E. Voici les réponses. Retrouvez les questions.

1. Il s'appelle Marcel.
2. Ils sont arrivés hier soir.
3. C'est chez ma tante qu'on m'a dit d'aller.
4. Ils s'intéressent à la politique.
5. Il a dit qu'il venait d'une petite ville de l'ouest.
6. Ce sont les voisins qui font ce vacarme.

38 Les pronoms relatifs

A. La proposition relative. La proposition relative est une expansion du nom. Il s'agit donc d'une phrase qui modifie un nom. On distingue deux types de propositions relatives, la proposition restrictive ou déterminative et la proposition non restrictive ou explicative.

1. La relative restrictive ou déterminative - La proposition relative restrictive, aussi appelée déterminative, se joint au nom pour en préciser le sens ou restreindre la catégorie à laquelle il appartient. La relative restrictive joue un rôle comparable à celui de l'adjectif épithète ou du complément de nom. Déterminé, le nom est précédé de l'article défini.

SITUATION : il y a plusieurs arbres sur la place. Lequel n'a plus de feuilles? Dans les exemples ci-dessous, l'adjectif, les relatives et les compléments indiquent *de quel arbre* il s'agit.

> L'arbre **centenaire** n'a plus de feuilles.
> **de M. le Maire**
> **en face du café**
> **qui ombrageait l'allée**
> **que tu aimais tant**
> **dont on a vanté la beauté**
> **sous lequel on pique-niquait**
> **en face duquel on a construit un café**

2. La proposition non restrictive ou explicative - Cette relative explique le nom en y apportant des détails complémentaires. Accessoire, cette proposition se met entre virgules. C'est le type que l'on emploie pour décrire les noms qui ne peuvent pas être sous-catégorisés tels que les noms propres ou uniques. Les noms modifiés par un adjectif possessif ou un adjectif démonstratif sont souvent exclusifs. La relative qui les accompagne est explicative.

> Francine Colin, **que vous connaissez tous,** nous parlera de l'importance de la communication.
>
> Le soleil, **qui se lève à l'est,** est au-dessus de nos têtes à midi.
>
> Le Canada, **dont la capitale est Ottawa,** est un pays très développé.
>
> Ses livres, **qu'elle venait d'acheter,** lui ont été volés.
>
> Ce chapitre, **que nous venons de lire,** est le plus important.

3. L'opposition - Dans les exemples ci-dessous, la relative déterminative restreint la catégorie *élèves* et *jeunes*. La relative explicative décrit *tous les élèves* et *tous les jeunes*.

- LA RELATIVE RESTRICTIVE

  Les élèves **qui ont étudié** ont réussi.
  - Qui a réussi?   - Seulement les élèves qui ont étudié.

  Les jeunes **qui aiment la musique** vont souvent à des concerts.
  - Qui va souvent à des concerts?   - Seulement les jeunes qui aiment la musique.

- LA RELATIVE NON RESTRICTIVE

  Les élèves, **qui ont étudié,** ont réussi.
  - Qui a réussi?   - Tous les élèves.

  Les jeunes, **qui aiment la musique,** vont souvent à des concerts.
  - Qui va souvent à des concerts?   - Les jeunes en général.

B. La formation d'une relative. Pour former une relative, il faut deux propositions et deux noms co-référents. Le pronom relatif remplace l'un de ces noms et se place à côté de l'autre nom, que l'on appelle 'antécédent'. La forme du pronom varie selon la fonction qu'il a dans la proposition relative. Nous illustrons.

- POINT DE DÉPART :   deux propositions ou phrases et deux noms (ou un nom et un pronom) qui désignent la même personne ou la même chose.

  a. La femme s'appelle Fantine. On parle de cette femme.

  b. Ce bâtiment date du Moyen-âge. Nous allons le visiter.

- DÉPLACEMENT DE LA PROPOSITION : la proposition relative vient occuper la place de l'expansion du nom qu'elle modifie ou explique. (Nous mettons la proposition qui deviendra la relative entre crochets.) Le nom modifié joue le rôle d'antécédent.

  a. La femme [on parle de cette femme] s'appelle Fantine.
      On parle d'une femme [la femme s'appelle Fantine].

  b. Le bâtiment [nous allons le visiter] date du Moyen-Age.
      Nous allons visiter ce bâtiment [il date du Moyen-Age].

- LA FORME DU PRONOM RELATIF : la forme du pronom relatif dépend de la fonction que le pronom occupe dans la proposition où il se trouve, c'est-à-dire dans la proposition relative.

  a. La femme [on parle de cette femme] s'appelle Fantine.
                              dont
      On parle d'une femme [la femme s'appelle Fantine].
                              qui

  b. Le bâtiment [nous allons le visiter] date du Moyen-Age.
                                que
      Nous allons visiter ce bâtiment [il date du Moyen-Age].
                                        qui

- DÉPLACEMENT DU PRONOM RELATIF : le pronom relatif se place à côté de son antécédent.
    a. La femme [dont on parle] s'appelle Fantine.
       On parle d'une femme [qui s'appelle Fantine].
    b. Le bâtiment [que nous allons visiter] date du Moyen-Age.
       Nous allons visiter ce bâtiment, [qui date du Moyen-Age].

C. Les formes

LES PRONOMS RELATIFS

SUJET	**QUI**
animé	*La personne [qui arrive] est le directeur.*
non animé	*Les livres [qui arrivent] appartiennent au directeur.*
COD	**QUE**
animé	*J'ai vu l'étudiant [que tu cherchais].*
non animé	*J'ai vu les revues [que tu cherchais].*
OBJET INTRODUIT PAR LA PRÉPOSITION *DE*	
animé / non animé	**DONT**
	C'est la fille [dont je connais le père].
	C'est un livre [dont je connais la fin].
indéfini	**DE QUOI**
	Je vous ai apporté [de quoi lire].
OBJET INTRODUIT PAR LA PROPOSITION *DE* DANS UN GROUPE PRÉPOSITIONNEL	
animé / non animé	**DE + LEQUEL**
	Le monument [près duquel il s'est arrêté] ...
	La personne [à côté de laquelle j'étais assis]...
OBJET INTRODUIT PAR UNE PRÉPOSITION AUTRE QUE *DE*	
animé	**PRÉPOSITION + QUI**
	Je connais le type [pour qui il travaille].
non animé	**PRÉPOSITION + LEQUEL**
	L'idée [à laquelle tu fais allusion] est intéressante.
indéfini	**PRÉPOSITION + QUOI**
	Ce [pour quoi on travaille] s'explique facilement.
COMPLÉMENT CIRCONSTANCIEL	
de lieu	**OÙ, D'OÙ, PAR OÙ**
	La salle [où nous étions] était sombre.
	La pièce [d'où nous sortions] était mal aérée.
	La rue [par où nous sommes passés] est bien éclairée.
	PRÉPOSITION + LEQUEL
	La salle [dans laquelle nous étions] était sombre.
de temps	**OÙ** (when)
	Le jour [où ils se sont connus] est gravé dans sa mémoire.
	L'année [où le mur est tombé] sera inoubliable.

D. Certains emplois. L'emploi des pronoms relatifs est assez simple. Nous notons les particularités suivantes.

Qui (sujet) - Le pronom *qui* a un genre et un nombre. L'adjectif attribut, le participe passé ainsi que le verbe s'accordent avec *qui*.

> Les portes [qui sont restées ouvertes] donnent sur l'allée.
>
> C'est toi [qui iras demander la permission].

Lequel - On substitue généralement ce pronom à un nom non animé. On l'emploie avec les personnes pour spécifier l'exclusivité ou pour lever l'ambiguïté. On trouve cet emploi surtout dans la langue juridique.

> La mère du fils, **qui** avait reçu la somme nommée, ... *(ambigu)*
> La mère du fils, **laquelle** avait reçu la somme nommée, ...
> La mère du fils, **lequel** avait reçu la somme nommée, ...
>
> La fille de mon frère, **avec qui** j'ai parlé, ... *(ambigu)*
> La fille de mon frère, **avec laquelle** j'ai parlé, ...
> La fille de mon frère, **avec lequel** j'ai parlé, ...

Dont / lequel - *Dont* remplace le complément, animé ou non animé, introduit par la préposition *de* et suit immédiatement l'antécédent. Il ne peut donc pas figurer dans les locutions prépositionnelles telles que *à côté de, au-delà de, au milieu de, au cours de,* etc.

> Le professeur [dont je me souviens] ...
> Le livre [dont je connais le titre] ...
> Le soldat [dont Anne est aimée] ...
> L'arbre [à côté duquel elle est assise] ...
> La rue [au-dessus de laquelle passe le train] ...
> Les enfants [au milieu desquels nous étions] ...

Quoi - Ce pronom s'emploie toujours dans le contexte d'une préposition et lorsque l'antécédent est neutre, soit *ce, quelque chose*.

> Ce [**à quoi** il s'amuse] n'intéresse personne.
> Je cherche quelque chose [**avec quoi** tracer des lettres].

Où - Le pronom *où* ne peut se combiner qu'avec les deux prépositions *d'où, par où*. Dans les autres cas, on emploie une forme de *lequel*. On utilise également *où* pour indiquer un élément temporel. Il correspond au *when* anglais.

- LE LIEU : *où, d'où, par où*

> La fontaine [**où** nous nous sommes arrêtés] ...
> La rue [**par où** il est passé] ...
> Le pays [**d'où** il vient] ...

238 LE SYSTÈME PRONOMINAL

- LE MOMENT : *où (when)*

    Le jour [**où** l'on s'est connu] ...
    Le semestre [**où** tu étais à Aix] ...
    Les moments [**où** j'ai hésité] ...

Ne pas confondre le complément circonstanciel avec le complément d'objet.

COMPLÉMENT CIRCONSTANCIEL	COD, COI
La rue [**où** elle habite]	La rue [**que** l'on vient de construire]
= le lieu	= construire quelque chose (COD)
Le jour [**où** il est né]	Le jour [**auquel** je songe]
= le moment	= songer à quelque chose (COI)

E. L'antécédent

1. La pronominalisation de l'antécédent

- UNE RELATIVE DÉTERMINATIVE : *celui, celle, ceux, celles*. Pour pronominaliser l'antécédent d'une relative, il faut un pronom qui ne se déplace pas. On a donc recours aux pronoms démonstratifs *celui, celle, ceux* ou *celles*.

    C'est <u>le livre</u> dont j'avais besoin.
    C'est **celui** dont j'avais besoin.

    Est-ce <u>la voiture</u> que je t'ai vendue?
    Est-ce **celle** que je t'ai vendue?

    Je voudrais voir <u>les tableaux</u> que vous venez de recevoir.
    Je voudrais voir **ceux** que vous venez de recevoir.

    J'ai reconnu <u>la femme</u> dont tu m'avais parlé.
    J'ai reconnu **celle** dont tu m'avais parlé.

- UNE RELATIVE EXPLICATIVE : *moi, toi, lui, etc.* Les pronoms sujets atones sont exclus comme antécédent d'une relative. On emploie le pronom tonique correspondant. La relative, dans ce contexte, est explicative.

    <u>Moi</u>, **qui ai parcouru le monde**, je vous dirai que ...

    <u>Lui</u>, **que ses parents admirent**, sera toujours ...

    <u>Toi</u>, **dont la perspicacité est remarquable**, tu iras ...

    On ne peut jamais dire: [*Je, qui...], [*Tu, que...], [*Il, dont...].

2. L'antécédent n'est pas connu
On utilise une forme de *celui* pour les personnes et *ce* pour les choses.

- UN ÊTRE HUMAIN : *celui, celle, ceux, celles; tous ceux, toutes celles*

    <u>Celui</u> ou <u>celle</u> qui a dit cela ne savait rien de l'affaire.
    The one who said that ...

    <u>Ceux</u> auxquels je pense soutiendraient le contraire.
    The ones I am thinking about ...

> Tous ceux qui liront ce livre seront ravis.
> *All those who ...*
>
> (Toutes) celles qui travaillent seront récompensées.
> *(All) those who work ...*

- UNE CHOSE : *ce, tout ce*

> Ce que vous dites est intéressant.
> *What you are saying is interesting.*
>
> Ce n'est pas ce dont ils ont besoin.
> *It is not what they need.*
>
> Lisez tout ce que vous voudrez.
> *Read all you wish.*
>
> Tout ce à quoi il a fait face est raconté dans son livre.
> *Everything he had to face is told in his book.*

3. Le cas de *c'est* - La proposition *c'est* a ceci de particulier qu'elle permet la transposition en avant de la préposition provenant de la relative. Le pronom de la relative est réduit à *qui* sujet et *que* objet.

> C'est Jocelyne [**qui** parle].
>
> C'est à Pierre [**que** nous pensons].
> = penser à quelqu'un
>
> C'est de Thierry [**que** nous parlons].
> = parler de quelqu'un
>
> C'est pour Mme Garnier [**que** nous travaillons].
> = travailler pour quelqu'un

F. L'inversion stylistique. On intervertit fréquemment le sujet et le verbe. Ceci permet d'ajouter une expansion au sujet postposé.

> Ce [dont les **enfants** parlent] est mystérieux.
> On ne peut pas ajouter une relative au nom *enfants*.
>
> Ce [dont parlent les **enfants**] [qui n'ont pas de parents] est mystérieux.
> On peut ajouter une relative au nom *enfants*.
>
> La **fête** [[à laquelle sont allés les **copains**] [qu'avait invités le **type**] [que ton **frère** connaît]] a été bien réussie.

G. Le mode verbal. Lorsqu'il existe un doute quant à l'existence de ce qui est dit dans la relative, le verbe de cette relative est au subjonctif (voir chapitre 44, F2).

> Nous cherchons **quelqu'un** [qui **puisse** traduire ces documents].
>
> Nous cherchons **celui** [qui **a promis** de traduire ces documents].

EXERCICES

A. *Qui, que*. Reliez les phrases suivantes par le pronom qui convient.

Les relatives explicatives

1. Avignon veille sur son passé; Avignon est célèbre pour son Palais.

2. Le pont du Gard est une des merveilles de l'antiquité; nous le visiterons demain.

3. Le pont ne fut restauré qu'une fois; il est presqu'intact.

4. Il y a deux espèces de lavande; on les trouve en dessous de 500 mètres.

5. Nous serons accueillis par le maire du village. C'est un ancien député.

Les relatives restrictives

6. Le guide connaissait bien la région; il nous a accompagnés.

7. Demain nous visiterons une ville; Viollet-le-Duc l'a restaurée.

8. Je me souviens qu'une des tours n'est pas de l'époque; elle a l'air très ancienne.

9. Les archéologues savent apprécier le site; on les invite et ils viennent.

10. C'est nous; on vous a téléphoné ce matin.

B. *Dont*, prép.+*lequel/ qui*. Même exercice.

1. Cette citation vient d'un auteur; j'ai oublié le nom de cet auteur.

2. Les enfants ont inventé un jeu; les règles en sont très simples.

3. J'aime me promener sur les quais de la Seine; on trouve beaucoup de bouquinistes le long de ces quais.

4. Dans le salon, il y a une grande cheminée; un portrait de mon arrière-grand-père est accroché au-dessus de cette cheminée.

5. Le match n'a pas compté; un des joueurs s'est blessé au cours de ce match.

6. Cet athlète a fait beaucoup de progrès; son entraîneur est sévère.

7. Le bâtiment sera détruit; ils habitent en face du bâtiment.

8. C'est un artiste; j'aime beaucoup son style.

C. Complétez les phrases suivantes par *où, d'où, par où*.

1. Il voudrait visiter la région ___ ses parents sont nés.

2. Anne connaît toutes les petites routes ___ il faut passer pour éviter les embouteillages.

3. En haut de cette tour, se trouve une pièce vitrée ___ l'on peut apercevoir toute la ville.

4. Le bar ___ je l'ai vu sortir est plutôt mal famé.

5. Nous parlons de l'été ___ ils se sont connus.

6. Le jour ___ ils comprendront, il sera trop tard.

D. A l'aide d'un pronom relatif, reliez la première proposition à la subordonnée proposée.

1. C'est un directeur
   ... tout le monde l'apprécie.
   ... on peut compter sur lui.
   ... ses enfants sont bien élevés.
2. Voilà un problème
   ... on n'y avait jamais pensé.
   ... il faut se pencher sur ce problème.
   ... il faut en trouver la solution.

E. Complétez les phrases suivantes par le pronom démonstratif suivi du pronom relatif: *ce qui, ce dont, celui qui, celle à laquelle, etc.*

1. __ arriveront les premiers auront droit aux meilleures places.

2. Ils ont besoin d'une carte routière pour aller à Montréal. As-tu __ je t'ai prêtée?

3. J'ai un ennui. Voici ___ il s'agit.

4. ___ je connais s'appellent Isabelle et Martine.

5. Ne dis pas tout __ te passe par la tête!

6. J'ai perdu ma disquette; c'est __ il y avait toutes les notes des étudiants.

7. Marie a accepté de chanter; __ elle n'avait encore jamais fait.

F. Récrivez l'histoire de sorte que le style soit plus naturel.

    Jean-Pierre est un jeune homme. Il cherche un emploi. Il s'est rendu à un rendez-vous. On avait fixé ce rendez-vous pour midi. Il est entré dans le bâtiment désaffecté. Il s'est tout de suite trouvé devant un tas d'objets. Une femme se tenait derrière ces objets. Elle était gigantesque mais sa voix était celle d'une petite fille. Cette scène lui a rappelé un paysage de science-fiction. Il avait vu ce paysage dans un film. C'était l'année dernière. Il passait dans un cinéma du quartier.

G. Reliez les phrases qui vous sont données de façon à ne former qu'une seule phrase. Utilisez la première phrase comme proposition principale.

1. Les gamins viennent de chanter une chanson.
   - Il y en avait dix.
   - Ils sont petits.
   - Vous les avez vus dans la rue.
   - Le café de la Flore se trouve dans cette rue.
   - La chanson était triste.
   - Elle a fait pleurer tout le monde.

2. Le professeur a donné une fête.
   - L'étudiant travaillait pour le professeur.
   - Le doyen vient de récompenser l'étudiant.
   - La fête était extraordinaire.
   - Elle a duré toute la nuit.

◇◇◇

39 Les pronoms démonstratifs

A. La fonction. Les pronoms démonstratifs servent à désigner les personnes et les choses sans avoir à les nommer. Ils remplacent le plus souvent un nom ou un groupe nominal déterminé par un adjectif démonstratif.

> **Ces** affiches ne sont pas mal. Que dis-tu de **celle** qui est près de la fenêtre?
> - A vrai dire, je préfère **celle-ci.**

B. Les formes. On distingue trois catégories de formes : les formes simples et variables, les formes composées et variables et les formes neutres. Les formes simples ne s'emploient jamais seules. Les formes composées et neutres s'emploient seules.

LES PRONOMS DÉMONSTRATIFS

	Formes simples	Formes composées
Masculin singulier	celui	celui-ci, celui-là
Féminin singulier	celle	celle-ci, celle-là
Masculin pluriel	ceux	ceux-ci, ceux-là
Féminin pluriel	celles	celles-ci, celles-là
Neutre	ce, ceci, cela, ça	

C. Les emplois

1. Les formes simples - Les formes simples ne s'emploient que dans le cadre d'une expansion. L'expansion se présente sous la forme d'une relative, d'un complément introduit par la préposition *de* ou une autre préposition.

UNE RELATIVE : (Voir chapitre 38, E).

> A qui as-tu parlé?
> - J'ai parlé à <u>ceux</u> **qui s'opposaient à notre projet.**
> - J'ai parlé à <u>celle</u> **que tu m'avais présentée.**
> - <u>Celle</u> **dont on parle beaucoup en ce moment** n'était pas là.
> - <u>Celui</u> **à qui j'ai parlé** s'appelle Bob.

> Que penses-tu des nouveaux produits?
> - <u>Celui</u> **dont on avait dit tant de bien** s'est avéré médiocre.
> - <u>Ceux</u> **qu'on nous a présentés** avaient l'air bien.
> - <u>Celui</u> **qui coûte le plus cher** n'est pas le meilleur.
> - J'ai oublié le nom de <u>celui</u> **qui a eu le plus de succès**.

- LA POSSESSION

    > La voiture de ma soeur
    > <u>Celle</u> **de ma soeur** (*My sister's*)
    >
    > Les enfants de ma soeur.
    > <u>Ceux</u> **de ma soeur** (*My sister's*)
    >
    > Les amies de mon frère
    > <u>Celles</u> **de mon frère** (*My brother's*)
    >
    > Le compte-rendu de mes collègues
    > <u>Celui</u> **de mes collègues** (*My colleagues'*)

- UN COMPLÉMENT PRÉPOSITIONNEL : ce complément est généralement introduit par *de*.

    > C'est le train de Lyon.
    > C'est <u>celui</u> **de Lyon**. (*The one from Lyons*)
    >
    > L'avion de Paris arrive à 18 heures.
    > <u>Celui</u> **de Paris** arrive à 18 heures. (*The one from Paris*)
    >
    > J'ai écrit mes deux compositions. Voici <u>celle</u> **de cette semaine** et <u>celle</u> **de la semaine dernière**.

2. Les formes composées - Les formes composées ne sont pas accompagnées d'une expansion. De façon générale, *-là* marque l'éloignement et *-ci*, ce qui est près.

- LA DISTANCE SPATIALE

    > Vous avez décidé? **Celui-ci** ou **celle-là**?
    > - **Celui-ci**.
    >
    > Que pensez-vous de ces mobylettes?
    > - **Celle-ci** est nettement moins chère que **celle-là**.

- LA DISTANCE DANS LE DISCOURS : la particule *-là* correspond au *the former* anglais et *-ci,* au *the latter*.

    > Le père et le fils discutaient. **Celui-ci** expliquait alors que **celui-là** cherchait à comprendre.

- LA DÉPRÉCIATION : en parlant d'une personne, la formule en *-là* déprécie la personne désignée.

    > Tu connais Lionel?
    > - **Celui-là!** Comment l'oublier!
    >   *That one! How can I forget him!*

3. Les formes neutres - Lorsque l'opposition est respectée, *cela* renvoie à ce qui a été dit ou fait alors que *ceci* indique ce qui est à venir. *Cela (ça)* est souvent utilisé pour désigner une chose dont on ne sait pas le nom. Ce pronom, s'il désigne une personne, est très péjoratif. (Pour d'autres emplois, voir le chapitre 40.)

> **Ceci** ne va pas vous étonner, j'espère. Il s'agit de ...
> - Mais **cela** n'avait rien d'étonnant!
>
> Qu'est-ce que c'est que **ça**?
> Combien coûte **cela**?
>
> Et **ça** se dit comédien! (péjoratif)
> C'est **ça**, notre nouveau chef! (péjoratif)

EXERCICES

A. Remplacez le groupe en italique par le pronom démonstratif qui convient.

1. Laquelle de ces deux excursions vous convient? *Cette excursion-ci* est en montagne et *cette excursion-là* est dans la vallée.

2. L'équitation est de tous les sports *le sport* que je préfère.

3. Il ne faut pas confondre le poisson et le poison: *le poisson* est comestible et *le poison* peut être mortel.

4. Le père déjeunait avec son fils; *le père* parlait mais *le fils* n'écoutait pas.

B. Traduisez l'expression entre crochets.

1. C'est ta planche à voile? - Non, c'est *[my brother's]*.

2. Quels fauteuils avez-vous choisis? *[Those]*.

3. Quel avion est-ce que c'est? *[The one from Casablanca]*.

4. C'est la voix de qui? *[John's]*.

5. Ces chansons sont plus belles que *[the ones]* que j'ai entendues à la radio.

6. *[Those who]* veulent continuer devront travailler deux fois plus.

7. J'aime beaucoup les olives, particulièrement *[those from Provence]*.

40 'C'est', 'il est' et les présentatifs

A. *Ce, cela (ça)*. *Ce* s'utilise principalement avec le verbe *être* et uniquement en position sujet. *Cela* peut être sujet ou objet du verbe. *Ça* appartient au langage familier. On distingue les emplois suivants:

1. En position sujet

- LE VERBE *ÊTRE* EST AU PRÉSENT : on utilise *ce* lorsque le pronom sujet précède immédiatement le verbe *être*.

    > **C'est** elle.
    >> (On ne dit pas : *Cela est elle.)
    >
    > **Ce sont** des étrangers.
    >> (On ne dit pas : *Cela sont des étrangers.)

- LE VERBE *ÊTRE* EST PRÉCÉDÉ DE LA PARTICULE NÉGATIVE *NE* : on emploie *ce* de préférence.

    > **Ce n'est** pas le moment de parler.
    > **Ce ne** sont pas mes livres.
    >
    > **Cela n'est** pas ce que j'ai dit.
    > **Ça n'est** pas le moment de rire.

- LE VERBE *ÊTRE* EST À UN TEMPS SIMPLE AUTRE QUE LE PRÉSENT : on emploie *ce* de préférence.

    > **C'**était intéressant
    > **Ce** serait merveilleux.
    > Il faut que **ce soit** plus long.
    >
    > **Cela** sera possible.
    > **Cela** a été fort désagréable.
    > Il faut que **cela soit** fini à midi.
    > Il faut que **ça soit** moins long.

- LE VERBE *ÊTRE* EST PRÉCÉDÉ D'UN SEMI-AUXILIAIRE : on utilise *cela (ça)* de préférence.

    > **Cela devrait** l'intéresser.
    > **Cela pourrait** être intéressant!
    > **Ça devrait** marcher.
    >
    > **Ce doit** être Marie qui arrive.

- LE VERBE *ÊTRE* EST PRÉCÉDÉ D'UN PRONOM :   on ne peut pas utiliser *ce*.

   > **Cela nous est** facile.
   >   (On ne dit pas : *Ce nous est facile.)
   > **Ça m'est** égal.
   >   (On ne dit pas : *Ce m'est égal.)

- DEVANT LES AUTRES VERBES : on ne peut pas utiliser *ce*.

   > **Cela fera** plaisir à ses parents.
   >   (On ne dit pas : *Ce fera ...)
   > **Ça intéresse** tout le monde.
   >   (On ne dit pas : *C'intéresse ...)
   > Le tennis, **ça détend**!
   >   (On ne dit pas : *Ce détend ...)

2. En position attribut ou complément - On ne peut utiliser que la forme *cela* (*ça*) dans ce contexte.

   > C'est **cela**.
   > Vous voulez **cela**?
   >
   > Où **ça**?   Quand **ça**?   Comment **ça**?   Pourquoi **ça**?

B. Le pronom personnel *il* et le démonstratif *ce*. Le pronom personnel remplace un nom précis et prend le genre et le nombre de ce nom : *il est, elle est, ils sont, elles sont*. Le pronom neutre *ce* décrit une situation, reprend ou annonce une catégorie.

   > J'ai vu sa nouvelle planche à voile. **Elle est** super.
   > Tu penseras à apporter tes disques. **Ils sont** sur l'étagère.
   >
   > Je ne sais pas ce que **c'est**.
   > L'instruction, **c'est** utile.

C'est + nom - Lorsque l'attribut est un nom à part entière, c'est-à-dire déterminé, on utilise le pronom neutre *ce* en position sujet. Il serait superflu d'avoir dans une même proposition le nom et son représentant.

   > Qui est-ce?
   > - **C'est ma soeur**.   (Et non : *Elle est ma soeur.)
   > Son père?
   > - **C'est un Français** de souche.   (Et non : *Il est un Français ...)
   > Qu'est-ce que c'est?
   > - **C'est un** nouvel **appareil**.   (Et non : *Il est un nouvel appareil.)

C'est, il est + adjectif

- L'OPPOSITION : UNE CATÉGORIE / UN OBJET DÉSIGNÉ

   > Le champagne, **c'est** bon.
   > **C'est** bon, le champagne.
   >   = La catégorie de vin

248   LE SYSTÈME PRONOMINAL

> Ce champagne, **il est** bon.
> **Il est** bon, ce champagne.
>> =Le champagne que nous dégustons.
>
> Un enfant, **ce n'est** pas raisonnable!
> **Ce n'est** pas raisonnable, un enfant!
>> =N'importe quel enfant.
>
> Cet enfant, **il est** raisonnable.
> **Il est** raisonnable, cet enfant.
>> =L'enfant dont nous parlons.

- L'OPPOSITION : UNE PROPOSITION / UN NOM PARTICULARISÉ

> Paul a raconté beaucoup d'histoires.
> Ce qu'il a raconté était drôle. -> **C'était** drôle.
> Paul est drôle. -> **Il est** drôle.
>
> Prendre des vacances! **C'est** important.
> Nos vacances! **Elles ont été** trop brèves.

- L'ANTÉCÉDENT N'EST PAS NOMMÉ

> **C'est** ouvert?
>> =Le bâtiment devant nous.
>
> **C'est** bon?
>> =Ce que vous mangez.

C. Les constructions impersonnelles

1. Pour annoncer le sujet réel - Dans les constructions impersonnelles, on emploie généralement *il* impersonnel pour annoncer le sujet réel. Dans une langue plus familière, *ce* peut remplacer *il*.

> **Il est** difficile de répondre à 100 questions en une demi-heure.
> **C'est** difficile de répondre à 100 questions en une demi-heure.
>> Qu'est-ce qui est difficile?   - Répondre à 100 questions ...
>
> **Il est** normal qu'on s'inquiète.
> **C'est** normal qu'on s'inquiète.
>> Qu'est-ce qui est normal?   - Qu'on s'inquiète.

2. Pour reprendre le sujet réel - Le sujet ou une partie du sujet est repris par *ce*.

> Travailler dans ces conditions, **c'est** difficile.
> Qu'on s'inquiète, **c'est** normal.
> Piloter un avion, **c'est** difficile.
> Un avion, **c'est** difficile à piloter.

3. La préposition - La préposition *de* annonce le sujet réel. Si le sujet ou une partie du sujet précède, on emploie *à*.

> Il est difficile **de** conduire un camion.
> C'est difficile **de** conduire un camion.

> Un camion, c'est difficile à conduire.
> Conduire un camion, c'est difficile à faire.

D. Les présentatifs. On compte trois sortes de présentatifs: *voici/ voilà, il y a, c'est*.

Voici/ voilà - Ces tournures désignent ce que l'on veut montrer ou démontrer. *Voilà* tend à remplacer *voici*.

> **Voici** ce que nous ferons.
> **Voilà** ce que j'ai dit.
> **Voilà (voici)** nos cousins qui arrivent!

Il y a - Cette expression indique ce qui existe dans l'espace et dans le temps.

> Demain, **il y aura** un contrôle.
> **Il y aura** une réunion de tous les étudiants lundi à 14h.
> **Il y a** des montagnes dans le Vermont.
> **Il y avait** beaucoup de monde à la foire.

C'est - Cette tournure sert à présenter les personnes et les choses.

> Qui est-ce?
> - **C'est** le président de la République.
>
> Qu'est-ce que c'est?
> - **C'est** un rayon laser.

E. La mise en relief. On peut utiliser les présentatifs comme outils d'emphase.

> Georges a composé une chanson.
> **C'est** Georges qui a composé cette chanson.
> **C'est** une chanson que Georges a composée.
> On ne pardonne pas certaines erreurs à certaines gens.
> **Il y a** des erreurs qu'on ne pardonne pas.
> **Il y a** des gens à qui on ne pardonne pas certaines erreurs.
> L'hôtesse sert du champagne.
> **Voilà** l'hôtesse qui sert enfin le champagne.

EXERCICES

A. Complétez les phrases en utilisant *ce* ou *ça*.

1. Vous voulez autre chose? - Non, __ est tout.
2. __ m'étonnerait qu'ils partent.
3. Qui est-ce? __ sont des manifestants.
4. Ils veulent rester? __ leur est égal.
5. On sonne! __ doit être Paul.
6. __ y est!
7. Des vacances à Cuba! __ n'est pas possible.
8. L'Afrique? __ est trop loin.
9. __ a été pour nous un grand honneur!

B. Complétez les phrases à l'aide de *c'est* ou *il est, elle est*.

1. Vouloir, __ pouvoir.
2. Sa soeur? __ avocate.
3. Ce Bordeaux! __ délicieux!
4. Le champagne! __ délicieux!
5. Le foot! __ passionnant.
6. Notre équipe de foot! __ bien.
7. Paul fait rire tout le monde. __ marrant. __ drôle ce qu'il dit.
8. Cette salle de classe! - __ assez grande mais __ mal aérée. __ dommage.

C. Même exercice.

Qui est Monsieur Jourlait?
- __ le directeur de l'école française.
Mais en France?
- __ professeur.
Comment le trouvez-vous?
- __ gentil, compréhensif, dévoué.
Et sa femme?
- __ quelqu'un de très bien. ___ un peu timide.
Qu'est-ce qu'elle fait pendant la journée?
- __ difficile à dire.

D. Répondez aux questions en utilisant les deux structures. Exemple: *Qu'est-ce qui est difficile à apprendre? -> <u>Il est</u> difficile <u>d'</u>apprendre une langue étrangère. -> Une langue étrangère, <u>c'est</u> difficile <u>à</u> apprendre.*

1. Qu'est-ce qui est facile à conduire?
2. Qu'est-ce qui est facile à dire?
3. Qu'est-ce qui est difficile à contrôler?
4. Qu'est-ce qui est difficile à accepter?

E. Complétez les phrases en utilisant *voici, voilà, c'est, il y a*.

1. Tu m'as appelé? Me __ !
2. __ du courrier dans la boîte?
3. Aujourd'hui, __ un défilé; __ ce qu'on annonce dans le journal.
4. __ Cézanne qui a peint la Sainte Victoire.
5. L'anniversaire de Julie, __ demain?
6. Quand __ une tempête, les gens ne sortent pas.

F. Proposez des situations pour les répliques suivantes.

Ça m'est égal. - Ça ne se fait pas.

Ça détend. - Ça ne nous dérange pas.

Ça me tente. - Ça fait peur.

Ça ne m'étonne pas. - Ça ne me dit rien.

❖❖❖

41 Les pronoms possessifs

A. La possession. Le pronom possessif indique un rapport d'appartenance de chose à personne. Ce pronom remplace généralement un nom déterminé par un adjectif possessif. On peut exprimer les rapports de possession par la tournure *à* + pronom tonique.

> Qu'allons-nous faire de tous ces <u>papiers</u>?
> - Tu gardes **les tiens**, je jette **les miens** et nous mettrons **ceux de Jacques** dans une enveloppe. En d'autres termes, tu prends tout ce qui est **à toi**. Je m'occupe **des affaires de Jacques**.
>
> Qu'est-ce qui est **à moi** dans tout cela? A qui est cette calculatrice?
> - J'ai **la mienne**. Ça doit être **la tienne** ou **celle de** Jacques.

B. Les formes. Le pronom se compose d'un article défini, qui indique le nombre et le genre du nom que le pronom remplace, et d'une forme pronominale qui correspond à la personne du possesseur (1ère, 2ème, 3ème).

LES PRONOMS POSSESSIFS

La personne			Objet possédé — Le genre et le nombre			
			Masc. sing.	Masc. plur.	Fém. sing.	Fém. plur.
P o s s e s s e u r	**Singulier**					
	1e =	à moi	le mien	les miens	la mienne	les miennes
	2e =	à toi	le tien	les tiens	la tienne	les tiennes
	3e =	à lui	le sien	les siens	la sienne	les siennes
		à elle	le sien	les siens	la sienne	les siennes
	Pluriel					
	1e =	à nous	le nôtre	les nôtres	la nôtre	les nôtres
	2e =	à vous	le vôtre	les vôtres	la vôtre	les vôtres
	3e =	à eux	le leur	les leurs	la leur	les leurs
		à elles	le leur	les leurs	la leur	les leurs

Les pronoms du masculin singulier et pluriel se contractent avec les prépositions *à* et *de*.

> Nous pensons à **la tienne** et **au sien**.
> Nous parlons **des tiennes** et **des leurs**.

C. Les emplois. Lorsque la chose ou la personne dont on parle appartient à une personne, l'emploi du pronom possessif ne présente pas de limite. Lorsque l'appartenance renvoie à une chose, le pronom possessif est généralement exclu.

- UNE PERSONNE

  > J'ai mes amis et mes parents ont **les leurs**.
  >
  > Cet ordinateur est **à moi**. Où est **le tien**?
  >
  > J'espère que tes parents sont aussi compréhensifs que **les miens**.

Le pronom possessif peut exprimer un lien entre une personne et une chose.

> J'ai raté **mon** avion.
> - J'ai raté **le mien** aussi.
>
> J'attends **mon** emploi du temps.
> - Nous attendons **le nôtre** aussi.

- UNE CHOSE

  > Les livres **de la bibliothèque**
  > *On ne dit pas:* [*ses livres, *les siens].

D. Récapitulation. Nous résumons le jeu des prépositions, des adjectifs et des pronoms.

LA 3e PERSONNE	LA 1e OU LA 2e PERSONNE
C'est le vélo **de Paul**.	Ce sac est **à moi**.
C'est <u>son</u> vélo.	C'est <u>mon</u> sac.
C'est **la chambre** de Paul.	Ce **sac** est **à toi**/
C'est <u>celle</u> de Paul.	C'est <u>le tien</u>.
Ce sont **les disques de Marie**.	Ces **livres**, ce sont <u>les nôtres</u>.
Ce sont <u>les siens</u>.	Cette **lettre**, c'est <u>la vôtre</u>?
C'est **la voiture de mes parents**.	
C'est <u>la leur</u>.	

EXERCICES

A. Remplacez le groupe souligné par le pronom possessif qui convient. Exemple: *Ton frère est plus jeune que mon frère. - > Ton frère est plus jeune que le mien.*

1. Tu t'es trompé de clés. Tu as pris <u>mes clés</u>.

2. Votre appartement est mieux situé que <u>notre appartement</u>.

3. Leurs problèmes ne sont pas comparables à <u>vos problèmes</u>.

4. Je m'entends mieux avec ta soeur qu'avec <u>ma soeur</u>.

5. Tu as une bonne carrière. <u>Leur carrière</u> n'est pas aussi brillante.

6. Nous ne parlions pas de mon avenir, nous parlions de <u>ton avenir</u>.

7. Tu ne t'occupes pas de leurs affaires mais eux, ils s'occupent de <u>tes affaires</u>.

8. Est-ce que vous avez passé de bonnes vacances? <u>Nos vacances</u> ont été très reposantes.

9. Mes parents se souviennent très bien de <u>tes parents</u>.

B. Récrivez chaque expression selon le modèle. Exemple: *Le dictionnaire de Jean-Charles - > Il est à lui. C'est son dictionnaire. C'est le sien. C'est celui de Jean-Charles.*

1. Les lunettes de mon père
2. Le château de ma mère
3. Les affaires de Marie-Madeleine
4. Les problèmes de mes amis
5. Notre maison

42 Les pronoms indéfinis

A. La fonction. Ces pronoms désignent en général des noms indéfinis ou indéterminés.

> Il y avait plusieurs personnages importants à la cérémonie. **Certains** lisaient une traduction du discours alors que **les autres** écoutaient intensément. Il y avait chez **les uns** comme chez **les autres** un air de sérieux. L'**un** des organisateurs se tenait à l'écart. A la fin du discours, **tout le monde** a applaudi. Peu de temps après, **chacun** est descendu de l'estrade. **Plusieurs** sont restés à bavarder avec le conférencier.

B. Les formes. Les formes sont multiples et ne présentent pas de séries homogènes. (Voir chapitre 12.) Nous citons les plus usitées.

LES PRONOMS INDÉFINIS

L'idée de zéro	L'idée de 'un'
aucun(e) personne rien pas un(e)	l'un(e) quelqu'un, quelque chose n'importe qui, n'importe quoi quiconque qui que ce soit, quoi que ce soit n'importe lequel(le)

L'idée de pluriel	L'idée d'un ensemble	La ressemblance / différence
certain(e)s quelques-un(e)s n'importe lesquel(le)s les uns, les unes plusieurs	chacun(e) tout(e), tous, toutes tout le monde la plupart	le même, la même, les mêmes l'autre, les autres autre chose ni l'un(e) ni l'autre d'autres

C. Les expansions. Le pronom peut être précisé par un complément. Le complément est introduit par la préposition *de, parmi, d'entre*.

- SUJET : l'expansion peut être supprimée.

   > **Un des candidats** m'a dit que ...
   > **L'un** m'a dit que ...

> Certains parmi nous n'ont pas voté.
> Certains n'ont pas voté.
>
> Ceux d'entre nous qui iront ...
> Ceux qui iront ....

- OBJET : l'expansion est remplacée par le pronom *en*.

  > J'ai vu un <u>des candidats</u> qui m'a dit que ...
  > J'**en** ai vu **un** qui m'a dit que ...
  >
  > J'ai remarqué **quelques-uns** <u>des nôtres</u> qui ...
  > J'**en** ai remarqué **quelques-uns** qui ...

- UN ADJECTIF : la préposition *de* intervient entre le pronom et l'adjectif. L'adjectif est au masculin.

  > **Quelque chose** <u>de</u> vert
  > **Rien** <u>de</u> cher
  > **Quelqu'un** <u>de</u> généreux
  > **Personne** <u>de</u> fainéant

D. Le cas de *tout*

1. *Tout*, neutre - Il représente ou reprend un ensemble ou une énumération. Il se traduit en anglais par *everything*. Il a pour contraire *rien*.

> **Tout** va bien.
> Il a **tout** perdu.
> On peut s'attendre à **tout**.
> La maison, la voiture, le garage, **tout** a été détruit.

2. Le pronom correspond à l'adjectif indéfini

- SUJET : le pronom ne peut être que pluriel. *Tous* et *toutes* peuvent être repris par le pronom personnel sujet. Dans ce cas, le pronom indéfini est reporté après l'auxiliaire ou le verbe.

  > **Tous les pensionnaires** sont rentrés chez eux.
  > **Tous** sont rentrés chez eux.
  > <u>Ils</u> sont **tous** rentrés chez eux.
  >
  > **Toutes les maisons** seront repeintes.
  > **Toutes** seront repeintes.
  > <u>Elles</u> seront **toutes** repeintes.
  >
  > <u>Nous</u> avons **tous** fini.
  > <u>Vous</u> aurez **toutes** un rôle dans la pièce.
  > <u>Ce</u> sont **tous** des <u>voleurs</u>.

- COD : le nom est repris obligatoirement par le pronom COD. Le pronom indéfini se place après le verbe et, le plus souvent, après l'auxiliaire. Avec un infinitif, il peut se placer avant ou après.

  > Il a lu **toute** <u>la pièce</u> en une heure.
  > Il <u>l</u>'a **toute** lue en une heure.

> Nous pourrons voir **tous les chanteurs**.
> Nous pourrons <u>les</u> voir **tous**.
> Nous pourrons **tous** <u>les</u> voir.

Placé avant l'infinitif, le référent de *tous/ toutes* peut être ambigu. L'ambiguïté disparaît si le sujet et l'objet ne sont pas du même genre ou du même nombre.

> Nous pourrons **tous** les voir.
> =*We* will be able to see **them all**
> =*We* will **all** be able to see them.
> Je pourrai **tous** <u>les</u> voir.
> =*I will be able to see **them all**.*

- COI : le COI représente une personne. Le nom est repris par le pronom COI. *Tous/ toutes* reste dans le groupe prépositionnel.

> Tu as téléphoné <u>à</u> **tous** <u>ceux qui se sont inscrit</u>s?
> - Je <u>leur</u> ai téléphoné **à tous**.
>
> J'ai envoyé une lettre <u>à</u> **tous** <u>ceux qui avaient signé</u>.
> -Je <u>leur</u> ai envoyé une lettre **à tous**.

- LE COMPLÉMENT INTRODUIT PAR LA PRÉPOSITION *DE* : lorsque le nom représente une personne, il est repris par le pronom tonique correspondant. Le pronom indéfini se place à la fin du groupe prépositionnel.

> Elle se souvient **de toutes ses camarades de promotion**.
> Elle se souvient **d'**<u>elles</u> **toutes**.
>
> Il se méfie **de tous ceux qui sont ici présents**.
> Il se méfie **d'**<u>eux</u> **tous**.

- L'OPPOSITION ANIMÉE/ NON ANIMÉE : un nom non animé introduit par la préposition *à* ou *de* n'est pas pronominalisé.

Animé : pronominalisation

> Il s'intéresse à tous les **candidats**.
> Il s'intéresse à **eux** tous.
>
> Il parle de tous les **candidats**.
> Il parle d'**eux** tous.

Non animé : pas de pronominalisation

> Il s'intéresse <u>à</u> tous nos **problèmes**.
> Il parle <u>de</u> tous nos **problèmes**.

EXERCICES

A. Complétez les phrases par *on, tout, tout le monde, quelqu'un, quelques-uns, un autre, quelque chose, quelque part.*

1. Il y a __ d'inquiétant chez cette personne.

2. Je me demande s'il y aura assez à manger pour ___ .

3. ___ a oublié son parapluie et ___ , son imperméable.

4. Bientôt, ___ pourra aller dans les pays de l'Est sans visa.

5. J'ai déjà vu cet homme ___ , mais je ne sais plus où.

6. Est-ce qu'il reste des billets? - Il en restait encore ___ quand j'y suis allé ce matin.

7. ___ est bien qui finit bien.

B. Complétez les phrases par *certains, un autre, d'autres, l'un, l'autre.* **Faites l'accord, si nécessaire.**

1. J'ai perdu ma clé; il m'en faut ___ tout de suite.

2. D'où viennent ces tableaux? ___ viennent d'Amsterdam et ___ , de Florence.

3. Dans la ville, il y a deux parcs: dans ___ il y a des pièces d'eau et des statues; dans ___ , de jolies plantations de fleurs.

4. Parmi les touristes, ___ voulaient visiter la cathédrale, ___ préféraient se détendre un peu.

5. Ce parking est plein; je crois qu'il y en a ___ au bout de la rue.

C. Imitez les exemples suivants: Tous les étudiants sont là. -> *Ils sont tous là.* Les enfants ont mangé tous les bonbons. -> *Ils les ont tous mangés.*

1. Je n'ai pas lu toutes les pièces d'Anouilh.

2. Nous avons parlé à tous les intéressés.

3. Tous les jeunes partiront ensemble.

4. J'ai lavé tous les couverts.

5. Faites tous ces exercices pour demain.

D. Remplacez les énumérations par le pronom *tout.* **Faites les changements nécessaires.**

1. Il a vendu son ordinateur, son disque dur, son imprimante et ses logiciels.

2. En Italie, les musées, le climat, les restaurants lui ont plu.

3. A la fin du semestre, les étudiants, les professeurs, les administrateurs sont très occupés.

4. Dans l'appartement, il faudra nettoyer les placards, la salle de bains, la moquette.

✧✧✧

VI. Les propositions
Vue d'ensemble

A. Les propositions. Il y a dans une phrase autant de propositions qu'il y a de verbes. On appelle 'proposition', le groupe formé d'un verbe, de son sujet (exprimé ou sous-entendu) et des compléments de ce verbe. On classe les propositions selon le rôle qu'elles jouent dans la phrase.

1. Les propositions non-dépendantes - Il s'agit de propositions qui ne dépendent d'aucune autre.

- LA PROPOSITION INDÉPENDANTE : une phrase complète qui ne comporte qu'un verbe est dite 'indépendante'.

  > Je vous **parle** de notre projet.
  >
  > Il **fera** beau demain.
  >
  > Nous **aurons** une réunion à 17 heures.
  >
  > Ils **sont arrivés** hier soir.

- LES PROPOSITIONS JUXTAPOSÉES : il s'agit de propositions mises les unes à côté des autres sans mot de liaison. Elles sont reliées uniquement par un signe de ponctuation. Le style journalistique privilégie cet emploi. Nous mettons les propositions entre crochets [...].

  > [Le directeur **est entré**] ; [tout le monde **s'est levé**].
  >
  > [Il y **avait** beaucoup de bruit ce soir-là] : [les jeunes **dansaient**] , [les vieux **chantaient**] ; [les enfants, eux, **dormaient** dans un coin].

- LES PROPOSITIONS COORDONNÉES : les propositions sont reliées par des conjonctions de coordination. Ces conjonctions peuvent indiquer l'union : *et, ni, puis, aussi, ensuite, de plus, ou* ; la cause : *car, en effet* ; la conséquence : *donc, par conséquent, ainsi* ; l'opposition ou la restriction : *mais, sinon, cependant, pourtant, toutefois, néanmoins*.

  > [Le directeur est entré] **et** [tout le monde s'est levé].
  >
  > [Je suis arrivé en retard] **par conséquent** [j'ai manqué le début du film].
  >
  > [Il faut travailler] **sinon** [vous n'y arriverez pas].
  >
  > [Nous interviewerons les candidats] **puis** [nous prendrons une décision].

- LES PROPOSITIONS INCISES : une 'incise' est une proposition insérée à l'intérieur d'une phrase pour indiquer de qui sont les paroles rapportées. L'inversion du sujet est caractéristique de la proposition incise.

  > Pourquoi, **lui demanda-t-on**, avez-vous quitté votre pays?
  >
  > Il faudrait, **me dis-je**, que je leur pose une question.
  >
  > J'ai pensé aux conséquences, **a répondu le type.**
  >
  > Tout est possible, **aurait affirmé le secrétaire général.**

- LES PROPOSITIONS INCIDENTES : la proposition 'incidente' est insérée dans une phrase pour ajouter quelque chose d'accessoire. La pause et l'intonation marquent les limites de l'incidente à l'oral. A l'écrit, on la met entre tirets ou entre parenthèses.

  > Cette déclaration fausse--**les indices démontrant le contraire**--n'a pas troublé l'inculpé.
  >
  > Le candidat--**même s'il continue à jouer en public l'étonné**--se rend compte de la gravité de la situation.
  >
  > Il s'en est fallu de peu--**soit quand même de trois semaines de travail**--pour mettre au point le nouveau télescope.

2. Les propositions dépendantes - Dans un rapport de dépendance, la proposition qui régit les autres s'appelle la 'principale'. Les propositions qui dépendent de la principale sont les 'subordonnées'. Les subordonnées forment deux groupes : les 'complétives' et les 'circonstancielles'.

- LA PRINCIPALE : le verbe de cette proposition est toujours conjugué. Nous mettons la proposition principale entre crochets [...].

  > **[Je voudrais]** que tout le monde arrive à l'heure.
  >
  > **[Il désire]** passer quelque temps avec vous.
  >
  > **[Ils sont partis]** en chantant.
  >
  > **[Nous viendrons]** quand nous aurons fini.
  >
  > S'il pleut, **[nous resterons à la maison]**.

- LES COMPLÉTIVES : on appelle 'complétive' une proposition qui complète le sens du verbe principal parce qu'elle en est soit le sujet, soit l'objet direct, soit l'attribut. Dans les exemples ci-dessous, le verbe principal est souligné.

  La complétive sujet répond à la question *Qu'est-ce qui?*

  > **[Que Paul ait gagné]** a étonné tout le monde.
  >
  > Qu'est-ce qui a étonné tout le monde?   - Que Paul ait gagné.
  >
  > **[Que je suive ou non leurs conseils]** est sans intérêt.
  >
  > Qu'est-ce qui est sans intérêt?   - Que je suive ou non leurs conseils.

La complétive objet répond à la question *Qu'est-ce que?*

> Nous souhaitons [**que tu nous accompagnes**].
>> Qu'est-ce que vous souhaitez? - Que tu nous accompagnes.
>
> Je veux [**partir dimanche**].
>> Qu'est-ce que tu veux faire? - Partir dimanche.

La complétive attribut répond à la question *Quel(s), Quelle(s)?*

> Mon souhait est [**que vous soyez tous heureux**].
>> Quel est votre souhait? - Que vous soyez tous heureux.

- LES CIRCONSTANCIELLES : on appelle 'subordonnées circonstancielles' les propositions qui apportent un rapport de circonstances tel que le lieu, le moment, la cause, la conséquence, le but, la condition, la manière, la comparaison.

> Nous irons à la plage [**à condition qu'il fasse chaud**] *(la condition)*.
>
> Faites [**comme vous voudrez**] *(la manière)*.
>
> Ils parlent [**plus qu'ils (n') écoutent**] *(la comparaison)*.

La proposition principale peut avoir plusieurs propositions dépendantes.

> **Ce gamin fait** *(proposition principale)* **ce qu'il veut** *(complétive objet)* **quand il le veut** *(subordonnée circonstancielle de temps)* **parce que ses parents ne lui refusent rien** *(subordonnée circonstancielle de cause)*.

3. Les propositions relatives - Les propositions relatives ont pour fonction de compléter le sens d'un nom et se placent à côté de ce nom (voir chapitre 38).

> Sais-tu à qui appartient la voiture **qui est à côté de la mienne**?
>
> Le collègue **auquel je pense** a passé plusieurs années en Afrique.
>
> Les athlètes, **qui s'entraînent quotidiennement**, ont peu de temps pour se divertir.

B. Coordination de propositions. Dans une proposition coordonnée, la première conjonction est reprise par *que*.

> Quand l'année sera finie **et que** tu auras reçu ton diplôme ...
>
> Comme j'arrivais **et que** je mettais la clé dans la serrure ...
>
> Depuis que les enfants sont grands **et qu**'ils travaillent ...

Dans les propositions conditionnelles, on emploie le subjonctif après *que* représentant *si*.

> S'il a (indicatif) mal à la tête **et qu**'il veuille(subjonctif)prendre un médicament ...

EXERCICES

A. Identifiez les propositions.

1. Je voudrais, a déclaré le président, que les documents nécessaires soient mis à la disposition de tous.

2. Notre souhait à tous est que tout soit réglé le plus tôt possible.

3. La privatisation de la BNP entre cette semaine dans sa dernière ligne droite.

4. Cette agence, dont le capital s'élève à des milliards de francs, aurait fait des placements frauduleux.

5. Le deuxième projet--on insiste pour souligner son importance--ne sera réalisé que dans dix ans.

6. Le jeune député--après bien des accusations-- s'est levé et il a expliqué à tous ceux qui étaient présents l'heure à laquelle il était parti et où il était allé.

7. Le député accusait le ministre; le ministre ne sachant que répondre est sorti.

B. Même exercice.

Selon la déclaration du ministre de la justice, les Français ne travaillent pas assez. Ils bénéficieraient de 150 jours de repos par an, compte tenu des week-ends, des jours fériés et des ponts. Depuis 1982, la durée hebdomadaire de la semaine est de 39 heures. Les statistiques indiquent que les Français consacrent 1650 heures par an à leurs entreprises. Les Américains y passent 1870 heures alors que les Japonais viennent en tête avec 2100 heures.

43 Le subjonctif

A. Le mode. De façon générale, le subjonctif présente le procès comme virtuel, éventuel plutôt que comme réalisé, d'où la simplification de son système temporel. Dans la plupart des cas, le mode est imposé par le verbe ou l'adjectif opérateur ou par la conjonction de subordination.

> Il <u>faut</u> que vous **sachiez** la vérité.
> Je <u>suis ravi</u> que tu **sois** là.
> Nous finirons <u>avant qu</u>'il (ne) **revienne**.

B. Les formes. Le subjonctif comprend deux temps dans la langue orale, le présent et le passé, et quatre temps dans la langue écrite, le présent, le passé, l'imparfait et le plus-que-parfait. L'imparfait et le plus-que-parfait du subjonctif tendent à disparaître dans la langue écrite.

1. Le présent - Pour les cas réguliers, le radical du présent du subjonctif correspond au radical de la 3e personne du pluriel du présent de l'indicatif. Les terminaisons du subjonctif sont : *-e, -es, -e, -ions, -iez, -ent*.

LE PRÉSENT DU SUBJONCTIF

	Le radical	Les terminaisons
manger	ils *mang-*	que je mang**e**
finir	ils *finiss-*	que tu finiss**es**
dormir	ils *dorm-*	qu'il dorm**e**
rire	ils *ri-*	que nous ri**ons**
vivre	ils *viv-*	que vous viv**iez**
rendre	ils *rend-*	qu'ils rend**ent**

AVOIR
que j'aie, que tu aies, qu'il ait, que nous ayons, que vous ayez, qu'ils aient.

ÊTRE
que je sois, que tu sois, qu'il soit, que nous soyons, que vous soyez, qu'ils soient.

2. Les radicaux irréguliers - Nous présentons les verbes les plus usités.

LES RADICAUX IRRÉGULIERS

UN RADICAL		
faire	*fass-*	
pouvoir	*puiss-*	
savoir	*sach-*	
falloir	*qu'il faille*	
DEUX RADICAUX	je, tu il, ils	nous vous
vouloir	*veuill-*	*voul-*
valoir	*vaill-*	*val-*
aller	*aill-*	*all-*
boire	*boiv-*	*buv-*
devoir	*doiv-*	*dev-*
recevoir	*reçoiv-*	*recev-*
tenir	*tienn-*	*ten-*
venir	*vienn-*	*ven-*
prendre	*prenn-*	*pren-*
mourir	*meur-*	*mour-*

L'HIATUS : le *i* des terminaisons *ions* et *iez* est présent partout sauf pour les verbes *avoir* et *être*. Ainsi avons-nous: *que nous étudiions, que vous étudiiez; que nous croyions, que vous croyiez, etc.*

3. Le passé - Le passé du subjonctif est formé de l'auxiliaire *avoir* ou *être* au présent du subjonctif et du participe passé du verbe.

LE PASSÉ DU SUBJONCTIF

	Auxiliaire	Participe passé
manger	que j'aie	mangé
finir	que nous ayons	fini
arriver	que tu sois	arrivé
venir	qu'elles soient	venues

C. La valeur temporelle - Les temps du subjonctif sont des temps relatifs. Ils reçoivent leur valeur temporelle du verbe de la proposition principale.

1. Le présent - Le présent du subjonctif implique que le procès décrit dans la proposition subordonnée est contemporain ou postérieur au temps décrit dans la proposition principale.

> En ce moment, je suis ravi que vous **soyez** tous là.
> Hier, j'étais ravi que vous **soyez** tous là.

2. Le passé - Le passé du subjonctif indique que le procès décrit dans la proposition subordonnée est antérieur soit au temps décrit dans la proposition principale soit à un moment indiqué dans la subordonnée par un adverbe de temps.

> En ce moment, je suis ravi que vous **ayez** tous **réussi**.
> Hier, j'étais ravi que vous **ayez** tous **réussi**.

LA CONCORDANCE DES TEMPS

Présent du Subjonctif

CONTEMPORAIN À UN PRÉSENT
Je suis content   que tu **ailles** mieux.
Je voudrais   qu'il **dorme**.

POSTÉRIEUR À UN PRÉSENT
Je suis désolé   qu'il **parte** demain.
Je souhaiterais   que tu **prennes** le train.

CONTEMPORAIN À UN PASSÉ
Il était ravi   qu'elle **finisse**.
Il voulait   que tu **parles**.

POSTÉRIEUR À UN PASSÉ
Tu voulais   qu'il **aille** en France.
Nous voulions   qu'ils se **marient**.

CONTEMPORAIN OU POSTÉRIEUR À UN FUTUR
J'attendrai   qu'elle **revienne**.

Passé du Subjonctif

ANTÉRIEUR À UN PRÉSENT
Je suis désolé   qu'il **soit** déjà **parti**.
Je suis content   qu'ils **aient réussi**.

ANTÉRIEUR À UN PASSÉ
Tu aurais voulu   qu'il **ait fini**.
Il avait peur   que tu te **sois égaré**.

ANTÉRIEUR À UN MOMENT FUTUR
Je veux   que vous **ayez fini** avant 5 h.

D. L'infinitif. Lorsque le sujet grammatical de la subordonnée et celui de la principale sont co-référents le sujet de la subordonnée est supprimé et le verbe se met à l'infinitif (voir chapitre 46). On peut garder le sujet si le mode est à l'indicatif.

Le mode de la subordonnée est le subjonctif

> Je voudrais qu'il **sache** toutes les réponses.
> Moi aussi, je voudrais ( ) **savoir** toutes les réponses. (sujets co-référents)
>
> Nous demandons qu'ils nous **écoutent**.
> Nous demandons à ( ) **être écoutés**. (sujets co-référents)

Le mode de la subordonnée est l'indicatif

> J'espère que tu **finiras** à l'heure.
> J'espère ( ) **finir** à l'heure. (sujets co-référents)
> J'espère que je **finirai** à l'heure. (sujets co-référents)

EXERCICES

A. Ecrivez les verbes au présent du subjonctif.

1. Nous cherchons quelqu'un qui (être) patient et indulgent.

2. Il faut que je lui (écrire) ou que je lui (téléphoner) ce soir.

3. Il est normal que l'on (savoir) qui vous êtes.

4. Est-il possible qu'ils (vouloir) nous aider?

5. Il faut que vous nous (rendre) service.

6. Quoi qu'il (advenir), nous serons là.

7. Bien que nous (avoir) très faim, nous attendrons que tu (revenir).

8. Il faudrait que tu (lire) les explications et que tu (faire) les exercices.

9. Où que vous (être), téléphonez-nous.

10. Ils sont ravis que je (prendre) des vacances.

11. Il faut qu'elle (suivre) les indications.

12. Qu'est-ce qu'il faut que nous (apprendre)?

13. Je voudrais que tu (faire) des études de droit.

14. Il vaudrait mieux que nous (écrire) toutes les réponses.

15. L'important est que vous (savoir) résoudre les problèmes.

B. Ecrivez les verbes au présent du subjonctif, au passé du subjonctif ou à l'infinitif, selon le cas.

1. Il est préférable que vous lui (écrire) avant d'aller le voir.

2. Il ne reste plus une seule goutte d'eau. Est-il possible qu'il (boire) tout ce que nous avions?

3. Nous souhaitons que nous (partir).

4. J'aurais préféré que tu (rester) jusqu'à la fin du mois.

5. Nous attendrons que vous (revenir) avant de prendre une décision.

6. Ses parents auraient voulu qu'il (finir) ses études d'abord.

7. C'est l'émission la plus intéressante que nous (voir).

8. J'ai peur que je (être) en retard.

9. Nous cherchons quelqu'un qui (savoir) le français ou l'allemand et qui (habiter) un certain nombre d'années dans l'un de ces pays.

10. Je pense que je (rester) encore deux mois.

11. Quand je reviendrai, je veux que vous (terminer) tout.

12. Bien que je (lire) ce livre deux fois, je ne me rappelle plus le nom du village où l'histoire a lieu.

13. Cela m'étonne qu'il (pleuvoir) toute la nuit.

44 Le subjonctif et les complétives

A. Les propositions indépendantes. Le subjonctif s'emploie rarement dans les propositions indépendantes. Ces phrases sont généralement exclamatives et sous-entendent un verbe opérateur exprimant un ordre, un souhait, une indignation, une hypothèse.

1. Un ordre à la 3e personne - Le mode sert à exprimer un ordre ou une interdiction à un destinataire non présent. Il sert aussi à atténuer un ordre à un destinataire présent.

> Qu'il **sorte** sur le champ!
> = J'ordonne qu'il sorte.
> *He should leave! Let him leave!*
>
> Que Monsieur **veuille** bien me suivre.
> = Je demande que Monsieur me suive.
> *Please, follow me, sir!*

2. Un souhait - Le subjonctif exprime un voeu ou un désir. Si l'on redoute la possibilité contraire, on fait précéder le souhait de *pourvu que*.

> Vive la République!   Soit!   Ainsi soit-il!
> *Long live the Republic!*   *So be it!*   *Amen!*
>
> Que la nouvelle année vous **apporte** joie, santé et bonheur!
> *May the new year bring you joy, health, and happiness!*
>
> Pourvu qu'il ne **fasse** pas de bêtises!
> *I hope he will not do anything foolish.*

3. La supposition - On utilise le subjonctif pour exprimer une hypothèse que l'on retient provisoirement. Cet emploi est limité au verbe *être*.

> Soit le corpus ...
> *Given the data...*
>
> Soit un triangle ...
> *Given a triangle...*

4. L'indignation - Le subjonctif peut traduire l'indignation.

> Moi! Que j'**aie dit** cela!
> *I would have said that!*

B. Les complétives sujets

1. La structure de la phrase - Il s'agit d'une phrase dont le sujet est une proposition. Cette proposition est introduite par *que* et le verbe est au subjonctif. Le verbe de la proposition principale est à l'indicatif ou au conditionnel.

LA COMPLÉTIVE SUJET

La proposition sujet	Le groupe verbal
LE SUBJONCTIF	L'INDICATIF/ LE CONDITIONNEL
Que Paul **ait réussi** au Bac	a surpris tout le monde.
Que tu ne **saches** pas la vérité	est étonnant.
Que Dupont **soit réélu**	m'étonnerait.
Que tu ne **puisses** pas venir	nous chagrine.

2. Le déplacement de la proposition sujet - La langue parlée favorise un sujet court. La complétive sujet est souvent placée après le verbe. La case vide du sujet est remplie par *il* (impersonnel) ou *ce* si le prédicat de la proposition principale est un adjectif et par *cela* si le prédicat est un verbe (voir chapitre 40, C).

- LE PRÉDICAT EST UN ADJECTIF : *ce* est plus familier que *il*.

   Que Marie se soit perdue est étonnant.
   Il est étonnant **que Marie se soit perdue**.
   C'est étonnant **que Marie se soit perdue**.

   Que les enfants adorent le chocolat est normal.
   Il est normal **que les enfants adorent le chocolat**.
   C'est normal **que les enfants adorent le chocolat**.

- LE PRÉDICAT EST UN VERBE : la phrase sujet est remplacée par *cela, (ça)*.

   Que Dupont ait été champion nous surprend.
   Cela nous surprend **que Dupont ait été champion**.
   Que vous passiez les voir les enchantera.
   Cela les enchantera **que vous passiez les voir**.

3. L'élément opérateur - Lorsque la proposition sujet est placée après le verbe, ce sont les éléments de la principale qui régissent le choix du mode.

- SUBJONCTIF

   Que Marie **sache** où Paul se cache est un fait bien connu.

- INDICATIF

   C'est un fait bien connu que Marie **sait** où Paul se cache.

C. Les complétives attributs

1. La structure de la phrase - Il s'agit d'une structure où la proposition principale est construite avec *être* et où la complétive occupe la position attribut. Le sens du nom sujet détermine le choix du mode de la complétive attribut.

LA COMPLÉTIVE ATTRIBUT

Le nom sujet	La copule	La proposition attribut
		SUBJONCTIF
Mon désir	est	que vous compreniez.
Mon souhait	est	qu'il réussisse.
Le mieux	est	qu'il parte.
Sa crainte	est	qu'il (ne) pleuve.
La règle	est	que vous soyez à l'heure.
		INDICATIF
Le fait	est	qu'il a compris.
La vérité	est	qu'ils sont timides.
Mon avis	est	que vous avez eu tort.
Mon opinion	est	qu'il faut persévérer.

2. L'aspect du procès - Le choix du mode dépend de l'aspect du procès; selon qu'on le présente comme virtuel ou accompli.

- L'ASPECT VIRTUEL *(a desired outcome)*

    L'important est que tu **saches** leur parler.
    The important thing is for you to know how to speak to them.

- L'ASPECT ACCOMPLI *(an actual state)*

    L'important est que tu **sais** leur parler.
    The important thing is that you do know how to speak to them.

D. Les complétives compléments : l'adjectif opérateur. L'adjectif opérateur de la proposition principale détermine le choix du mode de la complétive complément. Cet adjectif engendre un subjonctif sauf lorsqu'il exprime la certitude.

1. L'opposition : subjonctif / indicatif

- LE SUBJONCTIF

    Il est regrettable qu'il **soit** si timide.
    It is a shame that he is so shy.

    Je suis navré qu'il **soit** si timide.
    I am sorry that he is so shy.

- L'INDICATIF

    Il est vrai qu'il **est** doué pour la musique.
    It is true that he is gifted in music.

    Je suis certain qu'il **est** doué pour la musique.
    I am sure that he is gifted in music.

- LE MODE CHANGE : on peut à l'aide de la tournure négative ou d'autres éléments émettre un doute. Le mode change selon le cas.

Je suis sûr qu'il **viendra**.
Je <u>ne</u> suis <u>pas</u> sûr qu'il **vienne**.

Il est clair que tout **est** fini.
Il <u>n'</u>est <u>pas</u> clair que tout **soit** fini.

L'OPPOSITION DES MODES

Le doute	La certitude
LES TOURNURES IMPERSONNELLES	
LE SUBJONCTIF	**L'INDICATIF**
Il est peu probable que...	*Il est probable que...*
Il n'est pas certain/ sûr que...	*Il est certain/ sûr que...*
Il n'est pas clair que...	*Il est clair que...*
Il n'est pas évident que...	*Il est évident que...*
Il n'est pas vrai que...	*Il est vrai que...*
Il est douteux que...	*Il est indubitable que...*
Il est faux que ...	*Il est incontestable que...*
Il est exclu que...	*Ça ne fait aucun doute que...*
LES TOURNURES PERSONNELLES	
LE SUBJONCTIF	**L'INDICATIF**
Je ne suis pas certain(e)...	*Je suis certain(e)...*
Je ne suis pas sûr(e)...	*Je suis sûr(e)...*

2. Les tournures impersonnelles qui commandent un subjonctif - Il est urgent, il est juste, il est rare, il est préférable, il est bon, il est mauvais, il est (mal)heureux, il est naturel, il est important, il est essentiel, il est nécessaire, il est étonnant, il est fâcheux, il est incroyable, il est (im)possible, il est regrettable, il est indispensable, il est capital, il est dommage, etc.

3. Les tournures personnelles qui commandent un subjonctif - Il s'agit d'expressions où le locuteur exprime divers sentiments. Toutes les personnes grammaticales sont possibles: *je suis content, je suis ravi, je suis désolé, je suis navré, je suis inquiet, je suis surpris, je suis étonné, je suis triste, je suis fâché, je suis fier, je suis flatté, je suis gêné,* etc.

E. Les complétives compléments : le verbe opérateur

1. L'opposition : subjonctif / indicatif - Le choix du mode est dicté par le verbe.

- LE SUBJONCTIF

    <u>Il arrive</u> qu'il **fasse** froid en septembre.
    It happens that it gets cold in September.

    <u>Je doute</u> qu'il **fasse** froid en septembre.
    I doubt that it gets cold in September.

- L'INDICATIF

    <u>Il paraît</u> qu'il **fait** froid en septembre.
    People say that it gets cold in September.

Je sais qu'il **fait** froid en septembre.
I know that it gets cold in September.

L'OPPOSITION DES MODES

La situation souhaitée	La situation probable ou réelle
LE SUBJONCTIF *Il faut que...* *Il se peut que...* *Il vaut mieux que...* *Il convient que...* *Il arrive que ...* *Je préfère que...* *Je veux que...* *Je regrette que...* *Je demande que...* *Je m'étonne que...*	**L'INDICATIF** *Il est entendu que...* *Il paraît que...* *Il ressort que...* *Il découle que...* *Il résulte que...* *J'espère que...* *Je sais que... / Je ne savais pas que...* *Je trouve que...* *Je crois que .../ Je pense que...* *Je dis que...* *Je suppose que...*
SUBJONCTIF OU INDICATIF **La négation** *Je ne crois pas que...* *Je ne pense pas que...* **L'interrogation** *Croyez-vous que..?* *Pensez-vous que...?*	

2. Tournures personnelles qui commandent un subjonctif. <u>Les verbes d'émotions</u>: *Je crains que, j'ai peur que, je doute que, je nie que, je me réjouis que, je regrette que, je trouve bon que, je trouve excellent que, j'aime mieux que, je préfère que, je souhaite que, je m'étonne que,* etc. <u>Les verbes de volonté</u> : *Je veux que, j'exige que, je demande que, je tiens à ce que, j'ordonne que, j'interdis que, je permets que, je défends que,* etc.

F. Choix du mode

1. La négation et l'interrogation - De façon générale, on emploie le subjonctif lorsque les verbes *penser* et *croire* sont à la forme négative ou interrogative. L'indicatif sert à exprimer un certain degré de certitude.

Je ne pense pas qu'il **ait fini.**
=Je doute qu'il ait fini.

Je ne crois pas qu'il **a fini.**
=Je suis à peu près sûr qu'il n'a pas fini.

Croyez-vous qu'il **vienne**?
Do you think he will come?

Pensez-vous qu'il **viendra**?
*Do you **truly** believe he will come?*

2. L'antécédent d'une relative - La certitude ou le doute quant à l'existence du procès peut émaner de l'antécédent.

- LE SUBJONCTIF : le doute quant à l'existence de la personne ou de la chose.

    > Nous **voudrions** un employé qui **sache** parler russe.
    > **Y a-t-il** un restaurant où l'on **puisse** manger tranquille ?

- L'INDICATIF : l'être ou la chose existe.

    > Nous **avons** un employé qui **sait** parler français.
    > **Il y a** un restaurant où l'on **peut** manger tranquille.

Lorsque l'antécédent de la relative est modifié par un superlatif ou par un adjectif exprimant l'unicité, le subjonctif insiste sur la rareté du fait ou sur la subjectivité du jugement porté. L'indicatif insiste sur la réalité du fait.

- LE SUBJONCTIF

    > C'est le film le plus intéressant que **j'aie** jamais **vu**.
    > C'est le moins cher que nous **ayons**.
    > C'est le seul étudiant qui **sache** bien écrire.

- L'INDICATIF

    > C'est le film le plus passionnant que **j'ai vu** cette semaine.
    > C'est en effet le moins cher que nous **avons**.
    > C'est le seul étudiant qui **a reçu** un A.

Remarque : le choix du mode dans la proposition relative dépend de l'antécédent et non du verbe/ adjectif opérateur qui commande l'antécédent.

> Nous sommes **désolés** que la <u>pièce</u> [que nous <u>allons</u> (indicatif) vous présenter] **soit** si longue.
> Il **faut** que les <u>enfants</u> [qui ne <u>sont</u> pas <u>accompagnés</u> (indicatif)] **aient obtenu** la permission de leurs parents.

3. Le cas de *sembler* - Avec un pronom *(il me semble, il leur semble)* ou un adverbe d'intensité, le mode de la complétive est à l'indicatif. Sans pronom, le choix du mode dépend du degré d'incertitude. On utilise de préférence le subjonctif.

> Il <u>me</u> semble que tu **devrais** aller voir un spécialiste.
> Il semble <u>bien</u> que plus personne ne **viendra** ce soir.
>
> Il semble qu'il n'y **ait** plus rien à dire.
> Il semble que sa santé s'**améliore** (subjonctif).

EXERCICES

A. Les complétives attributs. Ecrivez le verbe au mode et au temps qui conviennent.

1. La vérité est qu'il (être) un peu méchant avec nous la dernière fois.

2. Le mieux aurait été que tu leur (dire) ce que nous pensions.

3. Mon avis est qu'il (falloir) partir plus tôt.

4. Mon opinion est qu'ils (se tromper) et qu'ils le regrettent maintenant.

5. L'important est que tu (finir) avant nous et que tu (aller) chercher la voiture.

6. Son désir le plus profond est que nous (réussir) notre vie.

B. Les adjectifs opérateurs. Inversez l'ordre des deux propositions selon le modèle. Exemple: *Il se présentera aux prochaines élections; cela est normal. -> Il est normal qu'il se présente aux prochaines élections.*

1. Vous remplirez ce formulaire avant l'interview; cela est préférable.

2. Que nous ayons eu un printemps formidable, cela est évident.

3. Vous avez été élu! J'en suis ravi.

4. Il est mal en point; cela est triste.

5. Ils ont abandonné la partie! Cela est possible.

6. Nous allons manquer l'avion; j'en suis sûr.

C. Les verbes opérateurs. Même exercice.

1. Jeanne ne va pas bien; j'en ai peur.

2. Nous aurons un automne pluvieux; on le dit.

3. Il gagnera; tu le sais bien.

4. Nous aurons fini avant ce soir; il le faut.

5. Tu étais fort en maths; je m'en souviens.

6. Mario fera son droit; son père le veut.

7. Tu guériras; nous le savons.

8. Tu n'as pas trouvé le livre à la bibliothèque! Cela m'étonne.

9. Vous suivrez les conseils du doyen; le directeur l'exige.

D. Transformez les phrases selon le modèle. Exemple: *Je regrette de ne pas vous avoir prévenus. -> Oui, il est regrettable que tu ne nous aies pas prévenus.*

1. Nous sommes surpris d'avoir obtenu le troisième prix à cette compétition.

2. Je suis très ennuyé d'avoir oublié les documents.

3. Je trouve normal de féliciter l'adversaire après le match.

4. On souhaiterait plus de finesse chez les joueurs.

E. Remplacez le groupe nominal par une proposition subordonnée. Exemple: *J'ai besoin de ton aide. -> J'ai besoin que tu m'aides.*

1. Nous attendons le départ du TGV.

2. Nous regrettons la mort de votre chat.

3. Marie nous a annoncé son mariage.

4. Vous avez remarqué la timidité de cet élève.

5. Ils ont décidé l'union des deux partis politiques.

F. Ecrivez le verbe au temps et au mode qui conviennent.

1. Je crains fort que ce ne (être) la fin de leurs aventures.

2. Je ne savais pas que vous (arriver) déjà.

3. Il se peut que je (avoir) la réponse avant ce soir.

4. Il est peu probable que nous (aller) au ski cet hiver.

5. J'espère que vous (venir) nous voir souvent.

6. Je suppose que vous (lire) ce livre quand vous étiez au collège.

7. Quand je vous ai vu, j'ai compris que vous (être) fatigué.

8. Après tout ce travail, je comprends que vous (être) fatigué.

9. 60% des Français trouvent qu'il n'y (avoir) pas assez d'enfants en France.

10. Ils regrettent que tu ne (pouvoir) pas les accompagner hier soir.

11. Jean semblait déçu qu'Elizabeth ne (vouloir) plus sortir avec lui.

12. Le fait est que personne ne (comprendre) rien à cet article.

13. Il paraît que le gouvernement (avoir) de gros ennuis en ce moment.

14. L'automobiliste a reconnu qu'il (brûler) un feu rouge.

45 Le subjonctif et les subordonnées circonstancielles

A. Les subordonnées circonstancielles. Les subordonnées qui ne sont pas des complétives ni des relatives sont généralement des circonstancielles. Elles expriment les circonstances de temps, de cause, de conséquence, de but, etc. qui entourent le procès décrit dans la proposition principale. Ce sont les conjonctions qui établissent les rapports de dépendance.

1. La place dans la phrase - Contrairement aux propositions complétives, qui occupent des positions clés dans la phrase (sujet, attribut du sujet, complément du verbe, complément de l'adjectif), les subordonnées circonstancielles ne sont pas indispensables. Elles peuvent se placer en position de complément ou au début de la phrase.

> Faisons une partie d'échec **en attendant qu'ils finissent**.
> **En attendant qu'ils finissent**, faisons une partie d'échec.
> *Let's play a game of chess while waiting for them to finish.*
>
> Il a le moral **bien qu'il ait perdu le match**.
> **Bien qu'il ait perdu le match**, il a le moral.
> *He is in fairly good spirits though he lost the game.*

2. Le rôle de la locution conjonctive - Le mode de la subordonnée circonstancielle est dicté par la conjonction ou la locution conjonctive.

- L'INDICATIF

  > Philippe est heureux <u>parce que</u> tu **es** là.
  > Martin est content <u>quand</u> tu **vas** bien.
  > Les enfants ont peur <u>depuis qu</u>'il les **a grondés**.

- LE SUBJONCTIF

  > Philippe est heureux <u>à condition que</u> tu **sois** là.
  > Martin est content <u>bien que</u> tu ne **sois** pas là.
  > Les enfants commenceront <u>avant qu</u>'il ne **soit** trop tard.

3. La coordination de deux subordonnées - Pour unir deux propositions de même valeur, on emploie *et que*.

> En attendant que tu reçoives tes meubles **et que** tu t'installes, je t'offre mon appartement.
>
> Nous participerons à condition que ce soit le soir **et que** nous trouvions un babysitter.

B. Les subordonnées circonstancielles de temps. Les rapports de temps exprimés par les conjonctions sont de deux types. Si le procès exprimé dans la proposition subordonnée est antérieur ou simultané à celui de la proposition principale, le procès est connu et le mode qui l'exprime est l'indicatif. Si le procès exprimé dans la proposition subordonnée est postérieur au procès de la proposition principale, il est virtuel et le mode qui l'exprime est le subjonctif.

- L'INDICATIF

  > Maintenant qu'il **est** là, arrêtons-nous.
  > *Now that he is here, let's stop.*
  >
  > Nous commencerons après qu'il **sera parti**.
  > *We will begin after he is gone.*

- LE SUBJONCTIF

  > Finissons avant qu'il (ne) **parte**.
  > *Let's finish before he leaves.*
  >
  > Nous attendrons jusqu'à ce qu'on nous **dise** "oui".
  > *We will wait until they say "yes".*

LES CONJONCTIONS DE TEMPS

LE SUBJONCTIF	L'INDICATIF
avant que	lorsque, quand
en attendant que	aussitôt que, dès que
jusqu'à ce que	après que
d'ici à ce que	tant que
	depuis que
	pendant que
	maintenant que

On peut changer les locutions *avant que, jusqu'à ce que* par *avant le moment où, jusqu'au moment où* pour marquer la réalisation d'un procès. La proposition qui suit est une relative et se met à l'indicatif.

C. Les subordonnées circonstancielles de cause. Les rapports de cause sont les suivants: si le procès de la proposition subordonnée exprime une cause connue ou censée connue, le verbe est à l'indicatif. Si le procès de la subordonnée exprime une cause irréelle ou une cause que l'on nie, le verbe est au subjonctif.

> Je ne prendrai pas l'avion.
> ... ce n'est pas que j'**aie** peur. - *It is not that I am afraid.*
> ... ce n'est pas parce que j'**ai** peur. - *It is not because I am afraid.*
> ... c'est que j'**ai perdu** mon billet. - *It is because I lost my ticket.*

LES CONJONCTIONS DE CAUSE

LE SUBJONCTIF	L'INDICATIF
non que non pas que ce n'est pas que soit que ... soit que	parce que, puisque c'est que ce n'est pas parce que sous prétexte que étant donné que vu que comme d'autant (moins/ plus) que

D. Les subordonnées de conséquence et de but. Si le procès de la proposition subordonnée exprime une conséquence, le verbe est généralement à l'indicatif. Si le procès de la subordonnée exprime une conséquence désirée ou un but, le verbe est au subjonctif. Les propositions subordonnées circonstancielles de conséquence et de but se placent généralement après la proposition principale.

- L'INDICATIF : la conséquence réalisée.

    Elle a expliqué de sorte que tout le monde **a compris**.
    > *She explained in such a way that (the result was that) everyone understood.*

    Il travaille au point qu'il en **est** malade.
    > *He works to the point of making himself sick (he is sick).*

    Il voyage tellement qu'il n'**a** plus de temps pour sa famille.
    > *He travels so much that he has no time left for his family.*

- LE SUBJONCTIF : le but souhaité.

    Elle a expliqué de sorte que tout le monde **comprenne**.
    > *She explained so that everyone would understand.*

    On crie afin qu'on nous **entende**.
    > *We scream so as to be heard.*

    Il ne fait pas de bruit de peur qu'on (ne) le **voie**.
    > *He does not make any noise for fear of being discovered.*

- LE SUBJONCTIF : la conséquence non souhaitée, le but non atteint.

    Je prends mon parapluie de peur qu'il (ne) **pleuve**.
    > *I am taking my umbrella for fear that it may rain.*

    Il parle trop pour qu'on **fasse** attention à ce qu'il dit.
    > *He talks too much for anyone to pay attention to what he says.*

    Il répète sans que l'on **puisse** le comprendre.
    > *He repeats but we still do not understand him.*

LES CONJONCTIONS DE BUT ET DE CONSÉQUENCE

Le but LE SUBJONCTIF	La conséquence L'INDICATIF
de sorte que	*de (telle) sorte que*
de manière que	*de (telle) manière que*
de manière à ce que	*de (telle) façon que*
de façon que	*au point que*
de façon à ce que	*à tel point que*
sans que	*tellement que*
afin que, pour que	*si bien que*
trop/ assez pour que	*tant que*
de peur que, de crainte que	

E. Les subordonnées de condition et d'hypothèse. Dans le cadre du mode conditionnel, on exprime la condition ou l'hypothèse à l'indicatif (voir chapitre 24). Dans les autres cas, c'est la conjonction qui dicte le choix du mode.

- LE CONDITIONNEL

  Préparons-nous <u>au cas où</u> il **viendrait**.

  Let's get ready in case he comes.

- L'INDICATIF

  Il parle <u>comme s'</u>il **savait** tout.

  He talks as if he knew everything.

  <u>Selon que</u> l'on **est** jeune ou vieux, on anticipe certains comportements.

  Depending on whether one is young or old, one expects certain behavior.

- LE SUBJONCTIF

  Nous partirons <u>à condition qu'</u>il **fasse** beau.

  We will leave provided the weather is nice.

  <u>Que</u> vous **restiez** <u>ou que</u> vous **partiez**, cela leur est égal.

  Whether you stay or go, it does not make any difference to them.

LES EXPRESSIONS DE CONDITION ET D'HYPOTHÈSE

LE SUBJONCTIF	LE CONDITIONNEL
à condition que	*au cas où*
pourvu que	*dans l'hypothèse où*
à moins que	**L'INDICATIF**
que ... ou que	*si*
à supposer que	*comme si*
en admettant que	*sauf si*
pour peu que	*selon que*

F. Les subordonnées d'opposition et de concession. L'opposition et la concession consistent à mettre en rapport deux procès contradictoires ou contraires. Le choix du mode dépend de la conjonction.

- L'INDICATIF

  Tu lis <u>alors que</u> nous **travaillons**.
  You read while we are working.

  Nous partirons <u>même s'il</u> **fait** mauvais.
  We will leave even if the weather is bad.

- LE SUBJONCTIF

  <u>Bien que</u> je ne **sois** pas poète, j'écris des sonnets.
  Though I am not a poet, I write sonnets.

  <u>Qui que</u> vous **soyez** et <u>quoi que</u> vous **vouliez**, n'entrez pas.
  Whoever you are and whatever you want, do not come in.

  <u>Quelles que</u> **soient** ses intentions, ils voteront pour lui.
  Whatever his intentions, they will vote for him.

  <u>Si importante que</u> **soit** cette lettre, nous ne la garderons pas.
  No matter how important this letter may be, we will not keep it.

- LE CONDITIONNEL

  <u>Quand bien même</u> vous **seriez** dix, je vous tiendrais tête.
  Even if there were ten of you, I would not change my mind.

LES CONJONCTIONS D'OPPOSITION ET DE CONCESSION

LE SUBJONCTIF	L'INDICATIF
bien que, quoique	alors que
encore que	tandis que
au lieu que	même si
qui que, quoi que, où que	s'il est vrai que
quel(le)(s) que soi(en)t	**LE CONDITIONNEL**
tout + (adjectif) + que	quand bien même
si/ aussi + (adjectif) + que	
quelque + (adjectif) + que	
pour + (adjectif) + que	

EXERCICES

A. Les circonstancielles de temps. Mettez le verbe entre parenthèses au mode et au temps convenables.

1. En attendant que mon vélo (être) réparé, je fais du footing.

2. Maintenant que je (être) majeur, je peux aller où je veux.

3. Dépêchez-vous de vous inscrire avant qu'il ne (être) trop tard!

4. Tant qu'il y (avoir) des fonds, on fonctionnera.

5. Insistez jusqu'à ce que l'on (venir) vous ouvrir.

6. Au moment où l'orage (éclater), nous traversions un champ.

7. Depuis que cet athlète (devenir) champion, il fait des spots publicitaires.

8. Reprenez du potage avant qu'il ne (refroidir)!

B. Complétez les phrases suivantes par une conjonction de temps.

1. Tu resteras à table ____ tu aies fini tes légumes!

2. Je l'ai reconnue ____ elle s'est mise à chanter.

3. ____ il fera un peu plus chaud, j'irai peut-être à la montagne.

4. ____ il y aura des enfants, il y aura des jouets.

5. ____ il a son bac, il fait la fête.

6. ____ il aura son permis de conduire, son père lui prêtera sa voiture.

7. Qu'est-ce qu'on va faire ____ il apprenne son rôle?

8. Vous entrez sur scène ____ le valet dit: «Je ne le connais pas».

C. Les subordonnées de cause. Mettez le verbe au mode et au temps convenables.

1. Partez puisque vous (être) si pressés!

2. Etant donné qu'il (faire) très chaud hier, on a laissé les portes ouvertes.

3. Si notre équipe n'a pas gagné, ce n'est pas parce que l'entraîneur ne (être) pas compétent.

4. Vu que tu (travailler) toute la journée hier, tu peux te reposer aujourd'hui.

5. Je n'aime pas ce climat; ce n'est pas qu'il (faire) trop chaud, c'est que ce (être) trop humide.

6. Il a pris sa retraite tôt non parce qu'il (être) fatigué mais parce qu'il (avoir) des projets à réaliser.

D. Les subordonnées de but et de conséquence. Même exercice.

1. J'ai travaillé tard hier soir, si bien que je ne (entendre) pas sonner le réveille-matin.

2. Cet éditeur contrôle tout, de sorte que les journalistes ne (pouvoir) plus écrire ce qu'ils veulent.

3. J'ai laissé un mot sur la porte de Jean pour qu'il (savoir) que nous sommes rentrés.

4. Nous leur avons envoyé nos coordonnées de peur qu'ils (perdre) celles que nous leur avions données.

5. Vérifiez de nouveau afin qu'il n'y (avoir) plus d'erreurs.

6. Il y a eu un ouragan terrible, de sorte qu'on (évacuer) la population menacée.

7. Le TGV est un train très rapide, si bien que vous (être) à Dijon avant midi et que nous pourrons déjeuner ensemble.

E. Complétez les phrases suivantes par l'une des conjonctions suivantes: *pour que, afin que, de peur que, de crainte que, parce que, sous prétexte que, vu que, étant donné que.*

1. ____ ils ne sont pas là, nous commencerons sans eux.

2. Nous avons déplacé les meubles ____ les jeunes puissent danser.

3. ____ il y a une crise économique, le gouvernement a éliminé les bourses d'études.

4. Je leur ai laissé mon adresse ____ ils fassent suivre mon courier.

5. J'ai acheté trois autres litres de vin ____ il n'y en ait pas assez pour tout le monde.

6. J'ai fait un petit plan ____ il se perd tout le temps.

7. J'ai fait un petit plan ____ il ne se perde pas.

F. Reliez les phrases suivantes et faites les transformations nécessaires.

1. Vous perdez votre carte de crédit. Prévenez immédiatement votre banque. *(au cas où)*

2. Tu peux emprunter ce livre. Tu me le rendras avant la date limite. *(pourvu que)*

3. Les enfants sont allés se baigner. Leurs parents ne le leur avaient pas permis. *(bien que)*

4. On fait tout. Il y a toujours des gens mécontents. *(quoi que)*

5. Il neigerait. Je partirais quand même. *(même si)*

6. Ses amis lui ont préparé une fête. Il ne savait rien. *(sans que)*

7. Le petit ne faisait pas de cauchemars. Nous laissions une petite lampe allumée. *(à condition que)*

8. Tout est perdu. Que faites-vous? *(à supposer que)*

9. Il n'accepte pas qu'on arrive en retard. La raison importe peu. *(quel que)*

10. Je ne sais pas qui vous êtes. Je ne vous ouvrirai pas. *(qui que)*

11. Nous ne recevrons pas ce personnage. Même s'il est important. *(si important que)*

G. Récapitulation Mettez les verbes à la forme convenable.

1. Emporte un pull au cas où il (faire) froid.

2. Nous attendrons jusqu'à ce que tu (finir).

3. Ne partez pas sans que je vous (dire) adieu.

4. Nous dormions tous au moment où ils (rentrer).

5. Ils étaient très tristes parce qu'elle les (quitter).

6. Il est trop tôt pour que vous (aller) vous coucher!

7. Sous prétexte qu'il y (avoir) un bon film à la télé, ils n'ont pas étudié.

8. J'écouterai à condition que ce ne (être) pas trop long.

9. J'ai mal à la gorge de sorte que je ne (pouvoir) plus chanter.

10. C'est une drôle d'histoire; pourvu que ça (finir) bien.

11. Partons avant qu'il ne (faire) nuit.

12. Depuis qu'il (gagner), il ne fait plus rien.

46 L'infinitif

Le mode. L'infinitif est un mode qui ne varie pas en personne. Comme tout autre verbe, l'infinitif a un agent et peut avoir des compléments. En proposition subordonnée, le sujet non exprimé de l'infinitif correspond soit au sujet soit à l'objet du verbe qui commande la subordonnée.

> J'espère le **voir** avant son départ.
> = J'espère que je le verrai avant son départ.
>
> On a permis à Marc de **partir** tôt (et il est parti).
>
> On nous a dit que nous pouvions **rester** jusqu'à minuit (et nous sommes restés).

A. Les formes. L'infinitif comporte deux temps relatifs. Le présent correspond aux formes du dictionnaire : *aimer, finir, prendre, sortir, s'évanouir*. Le passé est formé de l'auxiliaire à l'infinitif et du participe passé du verbe.

> **L'auxiliaire est *avoir***
> *avoir aimé - avoir fini - avoir lu - avoir pris - avoir eu - avoir été*
>
> **L'auxiliaire est *être***
> *être sorti - être rentré - être tombé - être resté - être né - être mort*
> *(être sortie, sortis, sorties - être rentrée, rentrés, rentrées, etc.)*
>
> **Les verbes pronominaux**
> *s'être levé(e)(s) - s'être souri - s'être demandé - s'être évanoui(e)(s)*

1. L'infinitif présent - Comme pour le subjonctif, le présent marque la simultanéité ou la postériorité par rapport au temps de la proposition principale.

> Il espère **arriver** à l'heure.
> *He hopes to arrive on time.*
>
> Je l'ai vu **partir**.
> *I saw him leave.*
>
> Il voudra se **reposer**.
> *He will want to rest.*

2. L'infinitif passé - Cette forme situe le procès avant le temps de la proposition principale.

> Je voudrais **avoir fini**.
> *I wish I were done.*
>
> Il a téléphoné après **avoir reçu** le télégramme.
> *He called after he got our telegram.*

> Il croyait **avoir réussi**.
> *He thought he had succeeded.*

B. Cas d'emploi

1. L'infinitif est utilisé comme nom - Dans cet usage, le groupe infinitif est le sujet du verbe.

> **Manger** est indispensable à la vie.
> Qu'est-ce qui est indispensable à la vie? - Manger.
>
> **Travailler** six jours par semaine n'est pas juste.
> Qu'est-ce qui n'est pas juste? - Travailler six jours par semaine.

2. L'infinitif remplace le subjonctif - Dans une subordonnée introduite par une conjonction autre que *que*, l'effacement du sujet n'est possible que dans les cas où il existe une préposition qui correspond à la conjonction. Si la préposition n'existe pas, on garde la tournure, le sujet et le verbe conjugué. C'est le cas de *bien que, quoique, jusqu'à ce que, pourvu que*.

- LA CONJONCTION A UNE PRÉPOSITION CORRESPONDANTE

> Il étudie **pour qu'**on l'admire.
> Il étudie **pour** être admiré.
>
> J'écris **en attendant qu'**ils partent.
> J'écris **en attendant de** partir.
>
> Nous rangeons **de manière à ce que** tout soit en ordre.
> Nous rangeons **de manière à** tout mettre en ordre.

- LA CONJONCTION N'A PAS DE PRÉPOSITION ÉQUIVALENTE

> <u>Elle</u> veillera **jusqu'à ce qu'**<u>elle</u> n'en puisse plus.
> <u>Elle</u> partira **bien qu'**<u>elle</u> préfère rester.

SUBJONCTIF/ INFINITIF - LES PRÉPOSITIONS

La préposition	La préposition + *de*	La préposition + *à*
sans	avant de	de façon à
pour	afin de	de manière à
assez pour	de peur de / de crainte de	
trop pour	à condition de	
	à moins de	
	au lieu de	
	loin de	
	en attendant de	

3. L'infinitif remplace l'impératif - L'infinitif remplace souvent l'impératif pour exprimer une consigne, donner des indications, décrire les recettes. Les pronoms objets se mettent devant l'infinitif.

> **Composter** votre billet avant d'accéder au quai.
> = Compostez votre billet avant d'accéder au quai.
>
> **Répondre** aux questions par des phrases complètes.
> = Répondez aux questions par des phrases complètes.
>
> **Battre** les oeufs puis <u>les</u> **incorporer** au mélange.
> =Battez les oeufs puis incorporez-les au mélange.

4. Avec un semi-auxiliaire sous-entendu - *falloir, pouvoir, devoir*.

> Qui **croire**?
> = Qui [faut-il] croire?
>
> Nous demandons où **aller**.
> = Nous demandons où [nous devons/ pouvons] aller.
>
> Elle cherche quelqu'un à qui **se confier**.
> = Elle cherche quelqu'un à qui [elle pourrait] se confier.

5. L'infinitif est le complément d'un verbe de mouvement - Les verbes de mouvement sont *aller, venir, monter, descendre, partir, sortir*.

> Je <u>viens</u> **chercher** ma voiture.
> *I am coming to get my car.*
>
> Il <u>est allé</u> **s'acheter** une cravate.
> *He went to buy himself a tie.*
>
> <u>Monte</u> **te laver** les mains.
> *Go up and wash your hands.*

C. Les verbes de perception. Lorsque le complément d'un verbe de perception est une proposition, le verbe de cette proposition est à l'infinitif. Les verbes dits de perception sont *voir, regarder, écouter, entendre, sentir*.

1. La place du sujet de l'infinitif

- SANS EXPANSION : le sujet se place avant ou après l'infinitif.

> J'entends **chanter** <u>les enfants</u>.
> J'entends <u>les enfants</u> **chanter**.
>
> J'ai vu **partir** <u>le train</u>.
> J'ai vu <u>le train</u> **partir**.

- LE SUJET A UNE EXPANSION : le sujet se place après l'infinitif.

> Tu entends **chanter** <u>les jeunes qui passent dans la rue</u>?
> *On ne peut pas dire:* [*Tu entends les jeunes qui passent dans la rue chanter?]

- L'INFINITIF A UN COMPLÉMENT : le sujet reste devant l'infinitif.

> J'entends **les jeunes chanter une chanson**.
> *Et non:* [*J'entends chanter les jeunes une chanson.]

2. La pronominalisation du sujet de l'infinitif - Le sujet de l'infinitif prend la forme d'un pronom complément. Ce pronom complément se place devant le premier verbe, sauf à l'impératif affirmatif.

> J'entends **chanter** les enfants.
> Je les entends **chanter**.
>
> Regarde **partir** l'avion.
> Regarde-le **partir**.

D. *Faire faire* et *laisser faire*

Faire + infinitif **-** Dans la structure *faire* + infinitif, le sujet de l'infinitif est toujours placé après l'infinitif. Il occupe la position COD si l'infinitif n'a pas de complément d'objet direct. S'il en a un, le sujet se place après ce complément et occupe la position COI, que l'on spécifie par la préposition *à*. Si la case de ce complément est occupée, le sujet s'exprime sous la forme d'un complément d'agent introduit par la préposition *par*. La forme du pronom correspond à la position qu'il occupe dans la phrase. Le participe passé du verbe *faire* ne s'accorde jamais.

> Nous **avons fait lire** Jeanne.
> Nous l'**avons fait lire**.   *Jamais:* [*Nous avons fait Jeanne lire.]
>
> Nous **avons fait lire** le poème à Jeanne.
> Nous lui **avons fait lire** le poème.
> Nous le lui **avons fait lire**.
>
> Nous **avons fait lire** le poème au président par Jeanne.
> Nous l'**avons fait lire** au président par **elle**.

L'ambiguïté est possible lorsque le sujet occupe la position COI. Si le contexte n'est pas clair, on introduit l'agent par la préposition *par*.

> Nous avons fait lire ce poème **aux enfants**.
> = Les enfants ont lu le poème.
> = Quelqu'un a lu le poème aux enfants.
>
> Nous avons fait lire ce poème **par les enfants.**
> Nous avons fait lire ce poème aux enfants **par le comédien.**

Se faire + infinitif **-** Lorsque le sujet de *faire* et le complément de l'infinitif désignent la même personne, la forme réfléchie est de rigueur.

> Christophe s'**est fait couper** les cheveux.
> Il se les **est fait couper**.
>> = Christophe a fait couper ses cheveux par quelqu'un.
>> *Christopher got a haircut.*

> Christophe **a fait couper** les cheveux à ses enfants.
> Il <u>leur</u> **a fait couper** les cheveux.
> Il <u>les</u> <u>leur</u> **a fait couper**.
>> = Christophe a fait couper les cheveux à ses enfants (par quelqu'un).
>> *Christopher had them get a haircut.*
>
> Christophe s'**est coupé** les cheveux.
> Il <u>se</u> <u>les</u> **est coupés**.
>> = Christophe a coupé ses propres cheveux.
>> *Christopher cut his own hair.*
>
> Les Dubois <u>se</u> **sont fait construire** une maison.
> Je vais <u>me</u> **faire faire** une robe.
> Ces parents ne <u>se</u> **font** pas **écouter** de leurs enfants.

Laisser + infinitif - Le sujet de l'infinitif construit avec *laisser* peut se placer avant ou après l'infinitif. Le participe passé de *laisser* reste invariable.

> J'ai laissé partir <u>les élèves</u>.
> J'ai laissé <u>les élèves</u> **partir**.
> Je <u>les</u> ai laissé partir.
>
> J'ai laissé <u>Paul</u> lire ma lettre.
> Je <u>l'</u>ai laissé lire ma lettre.
>
> J'ai laissé lire ma lettre <u>à Paul</u>.
> Je <u>lui</u> ai laissé lire ma lettre.

E. Certaines prépositions

Après - L'infinitif qui suit la préposition *après* est au passé. L'effacement du sujet co-référent n'est pas obligatoire.

> Après **avoir fini**, Marc s'est reposé.
> Après que <u>Marc</u> a eu fini, <u>il</u> s'est reposé.
>
> Nous descendrons après **nous être reposés.**
> <u>Nous</u> descendrons après que <u>nous</u> nous serons reposés.

Avant - Le verbe qui suit la préposition *avant* est à l'infinitif présent; il est précédé de la préposition *de*. L'effacement du sujet est obligatoire.

> Tu nous téléphoneras **avant de partir.**
>
> **Avant de donner** sa démission, Jean-Paul a écrit à son patron.
>
> **Avant de parler**, Sébastien aura bien réfléchi.

F. Rappel des prépositions vides.
(Voir chapitre 25, C-D). Lorsque l'objet d'un verbe est un infinitif ou un adjectif, le premier verbe est souvent suivi d'une préposition. Le choix de la préposition est rarement dicté par des critères sémantiques.

1. **L'objet d'un verbe**

   > J'**espère** partir demain.
   > J'**hésite à** partir demain.
   > Je **promets de** partir demain.

2. **L'objet d'un adjectif**

   > Nous sommes **disposés à** partir demain.
   > Nous sommes **ravis de** partir demain.

VERBE + INFINITIF

Verbe + Infinitif	Verbe + *à* + Infinitif	Verbe + *de* + Infinitif
Il <u>**aime**</u> chanter	Il <u>**cherche**</u> à comprendre	Il <u>**accepte**</u> de rester
aimer mieux + Infinitif	songer à + Infinitif	tenter de + Infinitif
oser + Infinitif	aider (x) à + Infinitif	s'efforcer de + Infinitif
estimer + Infinitif	commencer à + Infinitif	finir de, achever de + Infinitif
paraître + Infinitif	se mettre à + Infinitif	cesser de, arrêter de + Infinitif
sembler + Infinitif	s'habituer à + Infinitif	refuser de + Infinitif
vouloir + Infinitif	hésiter à + Infinitif	tâcher de + Infinitif
prétendre + Infinitif	inviter (x) à + Infinitif	avoir envie de + Infinitif
faillir + Infinitif	se préparer à + Infinitif	se dépêcher de + Infinitif
compter + Infinitif	s'apprêter à + Infinitif	promettre (à x) de + Infinitif
espérer + Infinitif	se plaire à + Infinitif	permettre (à x) de + Infinitif
penser + Infinitif	tarder à + Infinitif	conseiller (à x) de + Infinitif
savoir + Infinitif	s'attendre à + Infinitif	rêver de + Infinitif

ETRE + ADJECTIF + INFINITIF

être + adjectif *à* + Infinitif	*être* + adjectif *de* + Infinitif
Il est <u>**prêt**</u> à partir	Il est <u>**capable**</u> de faire ce travail
être disposé à + Infinitif	être incapable de + Infinitif
être lent à + Infinitif	être content de + Infinitif
être prompt à + Infinitif	être heureux de + Infinitif
être propre à + Infinitif	être charmé de + Infinitif
être le premier à + Infinitif	être ravi de + Infinitif
être le dernier à + Infinitif	être sûr de + Infinitif
	être certain de + Infinitif

EXERCICES

A. Mettez le verbe entre parenthèses à l'infinitif présent ou à l'infinitif passé, selon le cas.

1. Vous m'excuserez de vous (faire) attendre si longtemps. Je suis à votre disposition.

2. Cet auteur est célèbre pour (écrire) 97 romans.

3. Nous leur avons conseillé de (rédiger) une lettre.

4. Je regrette de ne pas (lire) assez quand j'étais petit.

5. Vous auriez pu (s'inscrire) plus tôt.

6. Il a fait très froid pendant la saison des fêtes. Je regrette de ne pas (aller) en Floride avec vous.

7. Je suis désolé de ne pas (se lever) en même temps que toi.

8. Vous leur direz de me (attendre)!

B. L'infinitif, le subjonctif ou l'indicatif. Ajoutez les mots qui manquent et changez les verbes de façon à former une phrase complète.

1. Je doute / vous / me / comprendre.

2. Il / falloir / vous / passer / au moins un an dans ce pays pour / en / apprécier la culture.

3. Entrez avant /on vous / voir.

4. Tu fermeras à clé quand tu / partir.

5. Ce n'est pas la peine / les / déranger.

6. Je m'attends / je / partir / demain.

7. Vous pouvez rester à condition / vous / ne pas / fumer.

8. Y a-t-il quelqu'un qui / lire / *Le nom de la rose*?

9. Elle est trop effacée pour / on / apprécier.

10. Nous avons juré / nous / ne plus / y / mettre les pieds.

C. Ajoutez la préposition, s'il y a lieu.

1. Eric voudrait __ s'acheter une raquette.

2. Je commence __ m'inquiéter.

3. Tâchons __ les encourager!

4. On nous a commandé __ nous en aller.

5. Mon frère m'a appris __ conduire.

6. As-tu le temps __ passer nous voir?

7. Il est facile __ apprendre ce poème.

8. Ceci est facile __ comprendre.

9. Je compte __ vous voir demain.

10. Nous regarderons __ passer le train?

11. Il s'est fait __ couper les cheveux.

12. Ils ont laissé __ sortir les enfants.

13. Je monte __ chercher ma valise.

14. Elle était contente __ nous aider.

15. Ses parents ne lui permettent pas __ voyager seule et elle craint __ les contrarier.

D. *Laisser, faire*, les verbes de perceptions. Remplacez le groupe de mots en italique par le pronom qui convient.

1. J'ai entendu sonner *le téléphone*.

2. Je vais me faire couper *les cheveux*.

3. Il faut laisser cuire les *homards* onze minutes.

4. Va chercher *le petit*, s'il te plaît!

5. Vous avez laissé tomber *votre «carte orange»*.

6. Tout le monde a entendu parler *de cette catastrophe*.

7. Tu serais gentil d'aller chercher *les enfants*.

8. Ecoutez jouer *cette pianiste*. Elle est formidable.

E. Reliez les événements en utilisant les prépositions *avant* et *après*.

Il s'est levé. - Il s'est habillé. - Il a pris un café. - Il a couru prendre le bus. - Il a passé l'examen. - Il a été soulagé.

47 *Le participe présent*

A. Le sens. Le participe présent sert à exprimer des compléments circonstanciels de simultanéité, de manière ou de cause. C'est un mode impersonnel dont le sujet (non exprimé) requiert un antécédent. Le co-référent est toujours le sujet de la proposition principale.

> <u>Nous</u> avons vu Marie-Pierre **en allant** au supermarché.
> = Le sujet de *en allant* est *nous*.

B. Les formes. Le participe présent est composé du radical, qui correspond à la 1ère personne du pluriel du présent de l'indicatif, et de la terminaison en *-ant*. Les temps du participe sont des temps relatifs.

LE PARTICIPE PRÉSENT

	Présent	Passé
chanter	*chantant*	*ayant chanté*
manger	*mangeant*	*ayant mangé*
finir	*finissant*	*ayant fini*
prendre	*prenant*	*ayant pris*
revenir	*revenant*	*étant revenu(e)(s)*
aller	*allant*	*étant allé(e)(s)*
se demander	*se demandant*	*s'étant demandé*

C. L'emploi. Le participe présent s'utilise seul ou accompagné des prépositions *en* ou *tout en*.

1. Sans la préposition - Le participe présent exprime la cause ou les circonstances. La proposition répond à la question *pour quelle raison?* Dans la langue parlée, on exprime ce type de circonstances par *parce que* et un indicatif.

> <u>Olivier</u> n'**avait** plus d'argent. <u>Il</u> est rentré chez lui.
> N'**ayant** plus d'argent, Olivier est rentré chez lui.
>> Pour quelle raison Olivier est-il rentré chez lui?
>> - Parce qu'il n'avait plus d'argent.

> Marie **craignait** de nous déranger. Elle **est** partie tôt.
> **Craignant** de nous déranger, Marie est partie tôt.
>> Pour quelle raison Marie est-elle partie tôt?
>> - Parce qu'elle craignait de nous déranger.

2. Avec la préposition *en* - Introduit par la préposition *en*, le participe présent insiste sur la simultanéité de deux procès. Cet usage est assez fréquent dans la langue orale.

- LA MANIÈRE : la proposition au participe présent répond à la question *comment?*

> Madeleine gagne sa vie. Elle **chante** dans le métro.
> Madeleine gagne sa vie **en chantant** dans le métro.
>> Comment Madeleine gagne-t-elle sa vie?
>> - En chantant dans le métro.

- LA CONDITION : la proposition peut être remplacée par une proposition avec *si*.

> **En persistant**, nous y arriverons.
> Si nous **persistons**, nous y arriverons.
>
> **En démissionnant**, tu lui feras plaisir.
> Si tu **démissionnes**, tu lui feras plaisir.

- LA SIMULTANÉITÉ : la proposition répond à la question *quand?*

> J'ai rencontré ton copain. J'allais à la bibliothèque.
> J'ai rencontré ton copain **en allant** à la bibliothèque.
>> Quand as-tu rencontré mon copain?
>> - En allant à la bibliothèque.
>
> Je **suis rentré** et à ce moment j'ai constaté le désordre.
> **En rentrant**, j'ai constaté le désordre.
>> Quand as-tu constaté le désordre?
>> - Quand je suis rentré.

3. Avec *tout en* - Cette locution est employée pour exprimer la concession ou la simultanéité de deux procès qui semblent contradictoires. On peut lui substituer une subordonnée introduite par *bien que* ou *quoique*.

> Marie parlait. Marie **lisait**.
> Marie parlait **tout en lisant**.
>
> Paul **se dit** anarchiste. Il a voté aux dernières élections.
> **Tout en se disant** anarchiste, Paul a voté aux dernières élections.
>> = Bien qu'il se dise anarchiste, Paul a voté aux dernières élections.

EXERCICES

A. Refaites les phrases suivantes en utilisant le participe présent.

1. Il écoute de la musique et il court.
2. Vous réussirez si vous travaillez.
3. Il craint que le ciel ne lui tombe sur la tête. Il se cache.
4. Je suis tombé; je descendais l'escalier.
5. Il ne savait que répondre; il n'a rien dit.
6. Si vous vous concentrez, vous arriverez à retenir ce que vous avez appris.
7. Il avait l'air sérieux mais il écoutait les blagues qu'on racontait.
8. Vous arriverez à l'heure si vous partez tout de suite.
9. Il avait assez d'argent pour aller à New York et il est parti.
10. Il ne connaît personne dans cette ville, ainsi il a passé la nuit sur un banc dans le parc.
11. Bien qu'il se dise libéral, il est pour la peine de mort.
12. Choisissez bien vos amis; vous n'aurez pas d'ennuis.

B. Traduisez les phrases suivantes.

1. *They listen to records while doing their homework.*
2. *She is leaving her family.*
3. *You have to begin by sharing your things.*
4. *His father keeps him from running away.*

C. Complétez le paragraphe en utilisant l'infinitif ou le participe présent.

(Après / recevoir) l'appel, Paul s'est précipité dans l'escalier et il est parti (courir) sans (regarder) où il allait. Il n'avait pas besoin (voir); il connaissait la route pour (y / aller) si souvent. Mais ce jour-là, tout avait changé. (Avoir peur / arriver) trop tard, il a redoublé sa course (tout / savoir) ce qui l'attendait. Enfin, il est arrivé devant l'immeuble. (Avant / monter), il a appuyé sur le bouton mais personne n'a répondu. (Voir) cela, il est monté et a décidé (de/ forcer) la porte... Là sur le sol, gisait ...

48 Le discours indirect

A. La fonction. Le discours indirect rapporte les paroles de quelqu'un. Lorsqu'on passe du style direct au style indirect, certaines modifications s'imposent, notamment celles de personnes, de temps, de marqueurs interrogatifs, de marqueurs temporels et spatiaux.

B. La proposition introductrice. Cette proposition est du type *dire*. Le temps du verbe de cette proposition annonce le cadre temporel du discours rapporté. Les temps présent et futur annoncent un discours indirect rapporté au présent; les temps du passé, un discours indirect rapporté au passé. Nous citons quelques verbes introducteurs:

dire que	déclarer que	expliquer que	affirmer que
préciser que	spécifier que	annoncer que	répéter que
répondre que	ajouter que	souligner que	

C. Les personnes. La personne des pronoms personnels et des adjectifs possessifs change selon que l'on rapporte ses propres paroles ou celles des autres.

- LE DISCOURS DIRECT : M. Bertrand à son employé.

    «**Je vous** prie de dire à <u>Madame Breuil</u> que **sa** voiture est réparée et que **je la lui** ramènerai ce soir.»

- LE DISCOURS INDIRECT
L'employé à Madame Breuil

    <u>M. Bertrand</u> **m'**a prié de **vous** dire que **votre** voiture était réparée et qu'**il vous la** ramènerait ce soir.

    Un tiers à Madame Breuil

    J'ai entendu <u>M. Bertrand</u> demander à **son** employé de venir **vous** dire que **votre** voiture était réparée et qu'**il vous la** ramènerait ce soir.

    L'employé à un tiers

    <u>M. Bertrand</u> **m'**a prié d'aller dire à <u>Madame Breuil</u> que **sa** voiture était réparée et qu'**il la lui** ramènerait ce soir.

    M. Bertrand à Madame Breuil

    Je vous ai fait dire par **mon** employé que **votre** voiture était réparée et que **je vous la** ramènerais ce soir.

D. Les pronoms et adverbes interrogatifs. C'est la forme simple (la formule sans *est-ce*) des pronoms et des adverbes interrogatifs qui s'utilise dans l'interrogation indirecte. On trouve aussi les transformations suivantes: *est-ce que > si; que, qu'est-ce que > ce que; qu'est-ce qui > ce qui*.

- LE DISCOURS DIRECT

  «**Qu'est-ce que** vous me voulez? **Est-ce que** vous n'avez rien d'autre à faire? **Qui est-ce qui** vous a envoyés et **pourquoi**?»

- LE DISCOURS INDIRECT AU PASSÉ

  La personne leur a demandé **ce qu'**ils lui voulaient et **s'**ils n'avaient rien d'autre à faire. Elle a voulu savoir aussi **qui** les avait envoyés et **pourquoi**.

LES FORMULES INTERROGATIVES

Le discours direct		Le discours indirect
est-ce que	->	si
que	->	ce que
qu'est-ce que	->	ce que
qu'est-ce qui	->	ce qui
qui est-ce que	->	qui
qui est-ce qui	->	qui
qui	=	qui
lequel	=	lequel
quand, où, combien	=	quand, où, combien

E. Les temps et les modes. Une phrase au discours indirect comprend deux parties : la proposition introductrice et les paroles rapportées.

1. La proposition introductrice - Le narrateur choisit le temps de la proposition introductrice. S'il choisit le temps présent, le discours est rapporté au présent. S'il choisit un temps du passé, le discours est rapporté au passé.

  Paul **affirme** que ... (discours rapporté au présent)
  Paul **a annoncé** que ... (discours rapporté au passé)

2. Les paroles rapportées - Le temps des verbes des paroles rapportées change si le discours est rapporté au passé. Les temps ne changent pas si le discours est rapporté au présent. Le mode impératif se transforme toujours en infinitif. Cet infinitif est précédé de la préposition *de*.

- LE DISCOURS DIRECT

  La mère à son fils

  «**Va** chercher ton cahier! Si tu te **dépêches** nous **sortirons**.»

  Catherine à Yvon

  «Je me **suis couchée** à 2 heures, ce matin. En ce moment, je **lis** le journal. Je te **promets** que j'**irai** en ville plus tard avec toi. Il faut que tu **comprennes**. Je **suis** un peu fatiguée.»

- LE DISCOURS INDIRECT

  La proposition introductrice est au <u>présent</u>. Le temps des paroles rapportées ne changent pas.

> En ce moment, la mère <u>dit</u> à son fils **d'aller** chercher son cahier; elle ajoute que s'il se **dépêche**, ils **sortiront**.

La proposition introductrice est au <u>passé</u>. Le temps des paroles rapportées change.

> Catherine <u>a</u> <u>dit</u> à Yvon qu'elle s'**était couchée** à 2 heures du matin et qu'elle **était en train** de lire le journal. Elle lui **a promis** qu'elle **irait** (d'aller) en ville plus tard avec lui mais qu'il **fallait** qu'il **comprenne** parce qu'elle **était** un peu fatiguée.

CONCORDANCE DES TEMPS

Le discours direct		Le discours indirect au passé
L'INDICATIF		
Présent	->	Imparfait
Passé composé	->	Plus-que-parfait
Futur simple	->	Conditionnel présent
Futur antérieur	->	Conditionnel passé
Imparfait	=	Imparfait
Plus-que-parfait	=	Plus-que-parfait
L'IMPÉRATIF		
Impératif	->	de + Infinitif
LES AUTRES MODES		
Conditionnel	=	Conditionnel
Subjonctif	=	Subjonctif

F. Les adverbes de temps et de lieu - Le discours indirect a pour origine un moment autre que le moment présent. Le lieu, même s'il est le même, est désigné autrement.

LE TEMPS ET LE LIEU

Le repérage réel		Le repérage relatif
LE MOMENT		
maintenant	->	alors
en ce moment	->	à ce moment-là
aujourd'hui	->	ce jour-là
cette année	->	cette année-là
(à 5h.)	->	(à l'heure convenue)
hier (soir)	->	la veille (au soir)
avant-hier	->	l'avant-veille
il y a dix jours	->	dix jours plus tôt
dimanche dernier	->	le dimanche précédent
demain	->	le lendemain, le jour suivant
après-demain	->	le surlendemain, deux jours plus tard
dans trois jours	->	trois jours plus tard
tout à l'heure	->	quelques instants plus tard / plus tôt
dimanche prochain	->	le dimanche suivant
LE LIEU		
ici	->	là
là-bas	->	plus loin
près d'ici	->	près de là

LE DISCOURS DIRECT

> «Nous sommes le 25 mai 1976. **Hier** soir, nous avons fêté l'arrivée de notre fils Didier. Il nous a quitté **il y a un an** pour aller faire des études en Amérique. **Ce matin**, il nous a annoncé qu'il voulait repartir **l'an prochain**.»

LE DISCOURS INDIRECT : un témoin, deux ans plus tard

> C'était le 25 mai 1976. **La veille au soir**, les parents avaient fêté l'arrivée de leur fils, Didier, qui les avait quittés **l'année précédente** pour aller faire des études en Amérique. **Ce matin-là**, il leur avait annoncé qu'il voulait repartir **l'année suivante**.

G. Les titres. Le titre que l'on donne aux personnes à qui l'on s'adresse est remplacé par le nom de l'espèce à laquelle appartient la personne.

LES TITRES

Le repérage réel		Le repérage relatif
Madame	->	la femme, la dame
Monsieur	->	l'homme, le monsieur
Mademoiselle	->	la jeune fille, la demoiselle
Maître	->	l'avocat

H. Récapitulation

LE DISCOURS DIRECT

> *Le professeur:* --Vous arrivez toujours en retard! Asseyez-vous! Vous êtes pourtant un bon étudiant. Mais vous êtes un peu fainéant. C'est dommage parce que vous avez des dispositions pour les langues. Comptez-vous changer?
>
> *L'étudiant:* --J'ai une excuse.
>
> *Le professeur:* --Venez me voir dans mon bureau après le cours.

LE DISCOURS INDIRECT AU PASSÉ

> Quand je suis arrivé, le professeur m'<u>a dit</u> d'une voix plutôt sèche que j'arrivais toujours en retard. Ensuite, il m'a ordonné de m'asseoir. Après, il a changé de ton et m'a dit que j'étais un bon étudiant mais que j'étais un peu fainéant. Il a ajouté que c'était dommage parce que j'avais des dispositions pour les langues. Il m'a alors demandé si je comptais changer. Je lui ai répondu modestement que j'avais une bonne excuse. Il n'a pas voulu savoir ce que c'était et m'a gentiment prié d'aller le voir dans son bureau après le cours.

I. Le discours de la pensée. Dans le discours indirect écrit, il arrive souvent que l'énoncé soit une pensée et non une parole.

> Madame Humeau <u>s'avisa</u> qu'elle **partait** le **lendemain** et qu'elle ne **pourrait** pas assister à la fête.

EXERCICES

A. Les personnes. Transposez les phrases du discours direct au discours indirect.

1. Marie dit à Pierre: «Tu serais gentil de me rapporter un café.»

2. On vient de nous dire: «Votre avion décollera dans 15 minutes.»

3. Elle demande à sa copine: «Peux-tu aller faire ma lessive?»

4. Les grévistes annoncent: «Nous voulons que nos patrons nous apprécient.»

5. L'employé répond au voyageur: «Je peux vous réserver une place.»

B. Le jeu des temps. Même exercice.

1. Les enfants crient: «Nous avons faim!»

2. Le professeur dit aux élèves: «Apprenez bien vos leçons!»

3. Les enfants ont dit à leur mère: «Nous avons trouvé un petit chien abandonné dans la rue et nous voudrions le garder.»

4. Jacqueline m'a écrit: «Je viens de changer de travail et je suis très contente de mon nouveau poste parce que je ferai de nombreux déplacements à l'étranger.»

5. «Nous te suivrons où que tu ailles», m'ont-ils dit.

6. «Le président de la République va se rendre en Egypte», a annoncé *le Monde*.

7. «J'aimerais bien avoir une bicyclette neuve», a dit le gamin au Père Noël.

C. Les adverbes. Même exercice.

Il y a un mois,

1. J'ai dit: «Je n'ai pas le temps maintenant.»

2. J'ai ajouté: «Je finirai mon travail dans deux jours.»

3. Le prof a annoncé: «Vous passerez deux examens la semaine prochaine.»

4. Jean a observé: «J'ai été malade hier soir.»

5. Marie a dit hier: «Je pars demain.»

6. J'ai souligné: «On ne t'a pas vu dimanche dernier.»

D. Les questions. Même exercice.

1. Je me demande: «Où ai-je mis mon porte-monnaie?»

2. Le douanier a demandé à chaque automobiliste: «Avez-vous quelque chose à déclarer?»

3. «Reviendras-tu nous voir demain?», m'ont demandé mes amis.

4. Je voulais savoir: «Qui est-ce qui a téléphoné tout à l'heure?»

5. Tous les gens demandent: «Qu'est-ce qui a causé l'accident?»

6. Dis-moi: «Qu'est-ce que tu veux faire quand tu seras grand?»

7. Elle a murmuré: «Quelle catastrophe!»

8. «Etouffante, cette chaleur!», s'est écrié le vieillard.

E. Transposez au discours indirect le monologue de la mère. Variez les verbes introducteurs.

«Prends une feuille de papier. Où est ton crayon? Va le chercher tout de suite! Si tu l'as perdu, tu demanderas à ta soeur de te prêter le sien. Et on fera des dictées toute la soirée! Tu veux qu'on fasse des exercices jusqu'à minuit? Tu sais, moi, ça ne me dérange pas. Non, bien sûr, tu préfères t'amuser, comme à l'école. Ton professeur m'a dit que tu ne faisais rien en classe. Bon, ça y est! Tu es prêt? Mais qui est-ce qui a déchiré la page de dictées? Tu l'auras voulu. Et surtout, ne pleure pas».

49 La voix passive

A. La fonction. La voix passive met en évidence le résultat de l'action. Pour des raisons stylistiques, on évite les phrases passives du type: "quelque chose est fait par quelqu'un" où la séquence est : sujet inanimé - complément animé.

1. La permutation des éléments - La transformation passive consiste à permuter le sujet et le complément d'objet direct autour du verbe que l'on fait précéder de l'auxiliaire *être*. L'auxiliaire *être* prend les formes temporelles requises et le verbe se transforme en participe passé. Le sujet, devenu complément d'agent, est introduit par la préposition *par*. Cette transformation ne s'applique qu'aux verbes transitifs, non pronominaux.

LA FORMATION DU PASSIF

VOIX ACTIVE	L'AGENT Le vent	LE VERBE *(futur)* déracinera	LE COD l'arbre.
VOIX PASSIVE	LE SUJET L'arbre	*ÊTRE (futur)* + LE PART. PASSÉ sera + déraciné	LE COMPL. D'AGENT par le vent.

2. Le complément d'agent introduit par *de* - Le sujet devenu complément d'agent est généralement introduit par la préposition *par*. On trouve, toutefois, la préposition *de* dans un certain nombre de cas.

- LES VERBES DE SENTIMENT : *aimer, adorer, détester, admirer, estimer, préférer, respecter, vénérer*.

  > Cet enfant **est adoré** de ses parents.
  > Cette femme **est respectée** de tous.

- CERTAINS VERBES QUI MARQUENT UNE OPÉRATION INTELLECTUELLE : *connaître, ignorer*.

  > Ce film **est connu** de tous.
  > Ce poète **est ignoré** de tous.

- LES VERBES QUI APPORTENT DES RENSEIGNEMENTS SUR L'ÉTAT : la préposition correspond au '*with*' anglais.

  > La cour **est couvert**e de feuilles mortes.
  > Cette machine **est équipée** d'un rayon laser.

B. Les temps. Tous les temps et les modes sont admis. Le participe passé s'accorde avec le sujet.

LES TEMPS ET LES MODES

Le présent	*Son comportement nous **gêne**.* *Nous **sommes gênés** par son comportement.*
Le passé composé	*On lui **a interdit** le sel.* *Le sel lui **a été interdit**.*
L'imparfait	*On **transportait** les enfants en car, à cette époque-là.* *Les enfants **étaient transportés** en car, à cette époque-là.*
Le plus-que-parfait	*On **avait corrigé** les exercices.* *Les exercices **avaient été corrigés**.*
Le futur simple	*Nous **terminerons** les travaux à temps.* *Les travaux **seront terminés** à temps.*
Le futur antérieur	*Ils **auront voté** la nouvelle loi.* *La nouvelle loi **aura été votée**.*
Le conditionnel présent	*On **publierait** les résultats.* *Les résultats **seraient publiés**.*
Le conditionnel passé	*Le vent **aurait déraciné** l'arbre.* *L'arbre **aurait été déraciné** par le vent.*
Le subjonctif présent	*Il ne faudrait pas que le vent **déracine** l'arbre.* *Il ne faudrait pas que l'arbre **soit déraciné** par le vent.*
Le subjonctif passé	*Il faut que vous **ayez rédigé** vos revendications.* *Il faut que vos revendications **aient été rédigées**.*
L'impératif	***Publiez** les résultats à midi (2e pers.)* *Que les résultats **soient publiés** à midi (3e pers.)*
	LES SEMI-AUXILIAIRES: c'est l'infinitif que l'on met au passif. *On devrait **interdire** les limites de vitesse.* *Les limites de vitesse devraient **être interdites**.* *Les parents auraient pu **discipliner** leur enfant.* *L'enfant aurait pu **être discipliné** par ses parents.*

C. Cas particuliers. Certains verbes sont exclus de la transformation passive : les verbes *avoir, pouvoir, valoir* et l'usage passif des verbes *peser, mesurer* quand le sujet est une personne. Par contre, certains verbes transitifs indirects peuvent être mis au passif : *obéir à, désobéir à, pardonner à.*

- PAS DE PASSIF

  > Elle a un enfant.
  > Marc pèse 60 kilos.
  > Jeanne mesure 1 mètre 60.

- LE PASSIF EST ADMIS

  > On obéit à vos ordres.   On a pardonné au coupable.
  > Vos ordres sont obéis.   Le coupable a été pardonné.

D. Tournures pour éviter le passif

1. Le pronom indéfini *on* - Ce pronom sert à exprimer l'idée d'agent sans avoir à le nommer.

> Ce pont a été restauré en 1920.
> **On** a restauré ce pont en 1920.
>
> L'accusé a été interrogé.
> **On** a interrogé l'accusé.
>
> Les résultats avaient été publiés.
> **On** avait publié les résultats.

2. La forme pronominale - Cette forme met en évidence le résultat de l'action. On l'emploie lorsque l'agent ne peut pas être spécifié.

> Les fruits **se vendent** au kilo.
> L'anglais **se parle** un peu partout.
> La Terre **s'est formée** après le Soleil.
> Le phénomène **s'est répété** à plusieurs endroits.

Quelques expressions idiomatiques

> Ça se fait.   Ça se dit.   Ça se voit.   Ça se comprend.
> *It is done.*   *It is said.*   *It is obvious.*   *It is understandable.*

E. Gradation de l'identification de l'agent

- VOIX ACTIVE : l'agent est le sujet (1); l'agent n'est pas nommé (2).

  > (1) **La police** a appréhendé le voleur.   **Paul** a ouvert la porte.
  > (2) **On** a appréhendé le voleur.   **On** a ouvert la porte.

- VOIX PASSIVE : l'agent est le complément (3); on ne nomme pas l'agent (4).

  > (3) Le voleur a été appréhendé **par la police.**   On ne dit pas: La porte a été ouverte par Paul.
  > (4) Le voleur a été appréhendé.   La porte a été ouverte.

- VOIX PRONOMINALE: aucun agent (5).

  > (5) Pas de forme pronominale pour 'appréhender'.   La porte **s'est ouverte**.

EXERCICES

A. Mettez les phrases suivantes à la voix active.

1. Un pot sera offert par le directeur et sa femme.
2. Tous les renseignements vous seront donnés la veille du départ.
3. Nous avons été retardés par un embouteillage.
4. Les spectateurs ont été déçus par les joueurs.
5. Je suis invitée par des amies.
6. Le scénario de ce film aurait été écrit par un vagabond.

B. Mettez les phrases suivantes à la forme passive.

1. On vient de cambrioler sa maison.
2. On a détruit les pièces à conviction.
3. La police a retrouvé les bijoux volés.
4. A-t-on réglé la note?
5. Qui gouvernera l'île?
6. Qu'est-ce qui a cassé cette vitre?
7. Les parents veulent que les enfants leur obéissent.
8. Il se peut que le comité vous consulte avant de prendre une décision.

C. Donnez un sens passif aux phrases suivantes en utilisant la forme pronominale.

1. On achète le porc chez le charcutier.
2. On n'emploie pas le *tu* avec tout le monde.
3. On célèbre la fête nationale le 14 juillet en France.
4. On boit le champagne bien frais.
5. On parle français au Québec.

D. Refaites les phrases suivantes en évitant la voix passive.

1. Le lieu du crime a été découvert.
2. Le dossier avait été rouvert par un ancien juge.
3. Tous les témoins ont été identifiés.
4. L'accusé sera accompagné de deux agents.
5. Ce phénomène aurait été répété partout.

E. Traduisez les phrases suivantes dans un style conforme à l'usage.

1. *I was taught to listen.*
2. *This book may be found in all the bookstores.*
3. *We were served champagne on the plane.*
4. *He was killed in a car accident.*
5. *We were approached by a policeman.*

50 L'accord du participe passé

A. Le participe passé employé avec *avoir*. Le participe passé s'accorde en genre et en nombre avec le complément d'objet direct (COD), si le complément précède le verbe. Le COD se présente alors sous une forme pronominale, interrogative ou exclamative.

1. **Le COD précède le verbe : accord**

   LE COD SOUS LA FORME DU PRONOM RELATIF - *que*
   Les personnes [que nous avons **rencontrées**] étaient drôles.
   J'ai trouvé la lettre [que tu m'avais **écrite**].
   Il se souvient des leçons [qu'on lui a **apprises**].
   Nous pensons à ces étudiants [que vous nous avez **envoyés**].

   LES PRONOMS PERSONNELS COD : *me, te, le, la, nous, vous, les.*
   Tu connais Marie et Jean? -Oui, je les ai **rencontrés** l'été dernier.
   Et ma lettre, tu l'as **lue**?
   Je ne vous ai pas tous **vus** hier soir à la pièce.
   La personne [qui nous a **reçus**] s'appelle Robert.

   Remarque: L'ACCORD NE SE FAIT PAS SI LE PRONOM EST 'EN'.
   Des gens, j'en ai **rencontré** l'été dernier.
   Des lettres, j'en ai **écrit**.

   LES INTERROGATIFS ET EXCLAMATIFS : *quel, quelle, quels, quelles* ou le pronom équivalent *lequel, laquelle, lesquels, lesquelles.*
   Quelles bonnes nouvelles as-tu **apprises**?
   Quelle lettre il nous a **écrite**!
   Je me demande [quels amis il a **rencontrés**].
   Nous avons plusieurs formulaires. Lesquels avez-vous **remplis**?

2. **Le COD occupe sa place normale après le verbe : pas d'accord**

   J'ai **rencontré** Pierre et Marie l'été dernier.
   Les enfants [qui ont **écrit** cette lettre] sont sérieux.
   Tu as **appris** la bonne nouvelle?

B. Le participe passé employé avec *être*. Le participe passé s'accorde en genre et en nombre avec le sujet du verbe.

   LES VERBES CONJUGUÉS AVEC *ÊTRE*
   Elle est **rentrée** tard hier soir.
   On se demande [ce qu'ils sont **devenus**].
   Les branches [qui sont **tombées** dans le jardin]

> LA VOIX PASSIVE
> Ces fleurs ont été **cueillies** ce matin.
> Plusieurs voleurs ont été **appréhendés** par la police.
> Je ne connais pas la dame [qui a été **convoquée**].
>
> *Remarque:* attention aux verbes qui changent d'auxiliaire.
> Nous **sommes descendus** mais nous n'**avons** pas **descendu** nos valises.

C. Le participe passé des verbes pronominaux. Tous les verbes pronominaux se conjuguent avec *être*. Ils se conjuguent également avec un pronom réfléchi, *me, te, se, nous, vous,* qui correspond toujours au sujet. Les règles d'accord sont les suivantes:

1. Accord avec le sujet : le pronom réfléchi n'est pas analysable - Le pronom réfléchi est dit 'non analysable' lorsque le verbe n'existe qu'à la forme pronominale ou lorsque le verbe change de sens quand il est employé à la voix pronominale (voir chapitre 35). Les verbes pronominaux de sens passif suivent également cette règle d'accord avec le sujet.

> LE VERBE N'EXISTE QU'À LA FORME PRONOMINALE
> Elle s'est **évanouie**.
> Ils se sont **moqués** de vous.
> Nous nous sommes **reposés**.
>
> LE VERBE CHANGE DE SENS QUAND IL EST À LA FORME PRONOMINALE
> Ils se sont **aperçus** de leur erreur.
> Nous nous sommes **disputés.**
>
> LES VERBES PRONOMINAUX DE SENS PASSIF
> La baignoire s'est **vidée.**
> Ces livres se sont bien **vendus.**

2. Accord avec le COD s'il précède le verbe - Il est question d'accord lorsque le pronom réfléchi est 'analysable'. Le pronom réfléchi est dit 'analysable' lorsque le verbe est réfléchi ou réciproque. L'accord se fait avec COD s'il précède le verbe. Les verbes qui prennent une préposition ne s'accordent jamais.

> UN VERBE TRANSITIF DIRECT : UN COMPLÉMENT
> Elle s'est **réveillée** à sept heures mais elle ne s'est pas **levée** tout de suite.
> Elles se sont **lavées** puis elles se sont **habillées.**
> UN VERBE TRANSITIF DIRECT : DEUX COMPLÉMENTS
> Elle s'est **lavé** les mains.
> Elle s'est **brossé** les cheveux.
>   =Le COD est placé après le verbe, donc pas d'accord. Le pronom *se* est COI.
> Elle se les est **lavées.**
> Elle se les est **brossés.**
>   =Le COD est placé avant le verbe, donc accord.
> LES VERBES QUI PRENNENT UN COI : pas d'accord
> Elles se sont **téléphoné** et elles se sont **parlé** pendant une heure.
> Ils se sont **souri** et ils se sont **plu**.
>   =*téléphoner à, parler à, plaire à, sourire à* = COI.

D. Cas particuliers

1. Les faux objets directs - Les verbes *coûter, valoir, peser, courir, dormir, vivre, perdre* sont intransitifs lorsque le complément représente une quantité ou une durée. Sinon, ils sont transitifs et admettent l'accord.

> Les sacs qu'il a **perdus**
> Les kilos qu'il a perdu
> Les dangers que j'ai **courus**
> Les kilomètres que j'ai couru
> Les efforts que ce travail m'a **coûtés**
> Les $50 que ce livre m'a coûté

2. Les verbes impersonnels et le verbe *être* - Le participe passé de ces verbes ne s'accorde jamais.

> Les vents qu'il a **fait**
> Les tempêtes qu'il y a **eu**
> La joie qu'il a **été** pour nous

3. Le participe passé suivi d'un infinitif - Le participe passé des verbes *faire* et *laisser* ne s'accorde pas lorsqu'il est suivi d'un infinitif. Les verbes qui sous-entendent un complément à l'infinitif ne s'accordent pas.

> LES VERBES *FAIRE* ET *LAISSER* + INFINITIF
> Les poèmes que nous avons **fait** lire aux enfants
> Les élèves que j'ai **laissé** partir
> LE COD EST UN INFINITIF SOUS-ENTENDU
> J'ai appris toutes les règles que j'ai **pu**.
> = J'ai appris toutes les règles que j'ai **pu** apprendre.
> Les efforts qu'il m'a **fallu**.
> = Les efforts qu'il m'a **fallu** faire.

Un exemple :

Quand ils se sont **réveillés**, la bonne était **partie**. Ils se sont **fait** cuire des oeufs qu'ils ont **mangés** à même le plat, sans pain ni café, parce qu'ils n'en avaient pas **acheté** la veille. Après le déjeuner, ils ont **erré** dans l'appartement et ils se sont **ennuyés**. Un peu plus tard, ils ont **acheté** deux journaux qu'ils ont **lus**. Ils y ont **découpé** une réclame qu'ils ont **collée** dans un cahier. Ils se sont **lavé** les mains et ils se sont **mis** au balcon. Peu de temps après, Marie s'est **sentie** malade...

EXERCICES

A. Faites l'accord des participes passés, s'il y a lieu.

1. Les enfants ont déjà déjeuné__ parce qu'ils se sont levé__ tôt.

2. Après s'être regardé__ dans la glace, Flora s'est peigné__.

3. Vous écouterez avec attention les réformes qui seront proposé__.

4. Il faut que les changements soient effectué__ avant la fin de la session.

5. Nous sommes sorti__ acheter trois cadeaux. Nous n'en avons trouvé__ que deux.

6. Voici la cassette que tu m'avais prêté__.

7. C'est aux enfants qu'il a parlé__. Je ne sais pas s'ils en ont retiré__ grand chose.

8. Qui a fait__ cette tarte? Elle est très réussi__.

9. Elles se sont reposé__ parce qu'elles étaient mort__ de fatigue.

B. Même exercice.

1. Ton aventure les a bien fait__ rire.

2. Est-ce que ce n'est pas le couple que nous avons vu__ au restaurant?

3. Quand ils sont passé__ devant le cinéma, les gens se sont retourné__ et les ont regardé__.

4. Voilà tes papiers; tu les avais laissé__ tomber.

5. Il y avait de très belles affiches à la librairie; j'en ai acheté__ trois.

6. Cette pièce est plus grande que je ne l'aurais cru__.

7. Que de promesses il a fallu__ pour les calmer.

8. Ces chansons que vous avez pu__ entendre venaient d'en bas.

C. Même exercice.

La cantatrice

Son premier mouvement a été de refuser de chanter. Pourtant, elle était venu__ pour cela. On l'avait invité__ un an auparavant parce qu'elle était très connu__ maintenant dans la région. Que venait-il de se passer? En entrant, elle avait repéré__ , parmi les invités, deux anciens camarades du Conservatoire. Elle s'était promis__, il y a bien des années, de ne jamais chanter devant eux. Pourquoi? Elle-même ne s'en souvenait plus. L'hôtesse s'est avancé__ vers elle et l'a invité__ à s'asseoir. Elle lui a répété__ les éloges que tout le monde avait lu__ dans la chronique locale. La cantatrice s'est décontracté__ puis s'est dirigé__ vers la porte du grand salon où l'attendaient les invités.

Appendice

Tableaux des auxiliaires et des verbes

avoir

INDICATIF

Présent
J'ai
Tu as
Il a
Nous avons
Vous avez
Ils ont

Imparfait
J'avais
Tu avais
Il avait
Nous avions
Vous aviez
Ils avaient

Futur simple
J'aurai
Tu auras
Il aura
Nous aurons
Vous aurez
Ils auront

Passé composé
J'ai eu
Tu as eu
Il a eu
Nous avons eu
Vous avez eu
Ils ont eu

Plus-que-parfait
J'avais eu
Tu avais eu
Il avait eu
Nous avions eu
Vous aviez eu
Ils avaient eu

Futur antérieur
J'aurai eu
Tu auras eu
Il aura eu
Nous aurons eu
Vous aurez eu
Ils auront eu

Passé simple (temps littéraire)
J'eus
Tu eus
Il eut
Nous eûmes
Vous eûtes
Ils eurent

Passé antérieur (temps littéraire)
J'eus eu
Tu eus eu
Il eut eu
Nous eûmes eu
Vous eûtes eu
Ils eurent eu

CONDITIONNEL

Présent
J'aurais
Tu aurais
Il aurait
Nous aurions
Vous auriez
Ils auraient

Passé
J'aurais eu
Tu aurais eu
Il aurait eu
Nous aurions eu
Vous auriez eu
Ils auraient eu

SUBJONCTIF

Présent
Que j'aie
Que tu aies
Qu'il ait
Que nous ayons
Que vous ayez
Qu'ils aient

Imparfait (temps littéraire)
Que j'eusse
Que tu eusses
Qu'il eût
Que nous eussions
Que vous eussiez
Qu'ils eussent

Passé
Que j'aie eu
Que tu aies eu
Qu'il ait eu
Que nous ayons eu
Que vous ayez eu
Qu'ils aient eu

Plus-que-parfait (temps littéraire)
Que j'eusse eu
Que tu eusses eu
Qu'il eût eu
Que nous eussions eu
Que vous eussiez eu
Qu'ils eussent eu

IMPÉRATIF

Présent
Aie
Ayons
Ayez

INFINITIF

Présent
Avoir

Passé
Avoir eu

PARTICIPE

Présent
Ayant

Passé
Eu
Ayant eu

être

INDICATIF

Présent
Je suis
Tu es
Il est
Nous sommes
Vous êtes
Ils sont

Imparfait
J'étais
Tu étais
Il était
Nous étions
Vous étiez
Ils étaient

Futur simple
Je serai
Tu seras
Il sera
Nous serons
Vous serez
Ils seront

Passé composé
J'ai été
Tu as été
Il a été
Nous avons été
Vous avez été
Ils ont été

Plus-que-parfait
J'avais été
Tu avais été
Il avait été
Nous avions été
Vous aviez été
Ils avaient été

Futur antérieur
J'aurai été
Tu auras été
Il aura été
Nous aurons été
Vous aurez été
Ils auront été

Passé simple (temps littéraire)
Je fus
Tu fus
Il fut
Nous fûmes
Vous fûtes
Ils furent

Passé antérieur (temps littéraire)
J'eus été
Tu eus été
Il eut été
Nous eûmes été
Vous eûtes été
Ils eurent été

CONDITIONNEL

Présent
Je serais
Tu serais
Il serait
Nous serions
Vous seriez
Ils seraient

Passé
J'aurais été
Tu aurais été
Il aurait été
Nous aurions été
Vous auriez été
Ils auraient été

SUBJONCTIF

Présent
Que je sois
Que tu sois
Qu'il soit
Que nous soyons
Que vous soyez
Qu'ils soient

Imparfait (temps littéraire)
Que je fusse
Que tu fusses
Qu'il fût
Que nous fussions
Que vous fussiez
Qu'ils fussent

Passé
Que j'aie été
Que tu aies été
Qu'il ait été
Que nous ayons été
Que vous ayez été
Qu'ils aient été

Plus-que-parfait (temps littéraire)
Que j'eusse été
Que tu eusses été
Qu'il eût été
Que nous eussions été
Que vous eussiez été
Qu'ils eussent été

IMPÉRATIF

Présent
Sois
Soyons
Soyez

INFINITIF

Présent
Etre

Passé
Avoir été

PARTICIPE

Présent
Etant

Passé
Été
Ayant été

*Tableaux des verbes réguliers

aimer

INDICATIF

Présent
J'aime
Tu aimes
Il aime
Nous aimons
Vous aimez
Ils aiment

Imparfait
J'aimais
Tu aimais
Il aimait
Nous aimions
Vous amiez
Ils aimaient

Futur simple
J'aimerai
Tu aimeras
Il aimera
Nous aimerons
Vous aimerez
Ils aimeront

Passé composé
J'ai aimé
Tu as aimé
Il a aimé
Nous avons aimé
Vous avez aimé
Ils ont aimé

Plus-que-parfait
J'avais aimé
Tu avais aimé
Il avait aimé
Nous avions aimé
Vous aviez aimé
Ils avaient aimé

Futur antérieur
J'aurai aimé
Tu auras aimé
Il aura aimé
Nous aurons aimé
Vous aurez aimé
Ils auront aimé

Passé simple (temps littéraire)
J'aimai
Tu aimas
Il aima
Nous aimâmes
Vous aimâtes
Ils aimèrent

Passé antérieur (temps littéraire)
J'eus aimé
Tu eus aimé
Il eut aimé
Nous eûmes aimé
Vous eûtes aimé
Ils eurent aimé

CONDITIONNEL

Présent
J'aimerais
Tu aimerais
Il aimerait
Nous aimerions
Vous aimeriez
Ils aimeraient

Passé
J'aurais aimé
Tu aurais aimé
Il aurait aimé
Nous aurions aimé
Vous auriez aimé
Ils auraient aimé

SUBJONCTIF

Présent
Que j'aime
Que tu aimes
Qu'il aime
Que nous aimions
Que vous aimiez
Qu'ils aiment

Imparfait (temps littéraire)
Que j'aimasse
Que tu aimasses
Qu'il aimât
Que nous aimassions
Que vous aimassiez
Qu'ils aimassent

Passé
Que j'aie aimé
Que tu aies aimé
Qu'il ait aimé
Que nous ayons aimé
Que vous ayez aimé
Qu'ils aient aimé

Plus-que-parfait (temps littéraire)
Que j'eusse aimé
Que tu eusses aimé
Qu'il eût aimé
Que nous eussions aimé
Que vous eussiez aimé
Qu'ils eussent aimé

IMPÉRATIF

Présent
Aime
Aimons
Aimez

INFINITIF

Présent
Aimer

Passé
Avoir aimé

PARTICIPE

Présent
Aimant

Passé
Aimé
Ayant aimé

*Consulter un dictionnaire français ou un manuel spécialisé de la conjugaison pour les autres verbes réguliers et les verbes irréguliers.

finir

INDICATIF

Présent
Je finis
Tu finis
Il finit
Nous finissons
Vous finissez
Ils finissent

Imparfait
Je finissais
Tu finissais
Il finissait
Nous finissions
Vous finissiez
Ils finissaient

Futur simple
Je finirai
Tu finiras
Il finira
Nous finirons
Vous finirez
Ils finiront

Passé composé
J'ai fini
Tu as fini
Il a fini
Nous avons fini
Vous avez fini
Ils ont fini

Plus-que-parfait
J'avais fini
Tu avais fini
Il avait fini
Nous avions fini
Vous aviez fini
Ils avaient fini

Futur antérieur
J'aurai fini
Tu auras fini
Il aura fini
Nous aurons fini
Vous aurez fini
Ils auront fini

Passé simple (temps littéraire)
Je finis
Tu finis
Il finit
Nous finîmes
Vous finîtes
Ils finirent

Passé antérieur (temps littéraire)
J'eus fini
Tu eus fini
Il eut fini
Nous eûmes fini
Vous eûtes fini
Ils eurent fini

CONDITIONNEL

Présent
Je finirais
Tu finirais
Il finirait
Nous finirions
Vous finiriez
Ils finiraient

Passé
J'aurais fini
Tu aurais fini
Il aurait fini
Nous aurions fini
Vous auriez fini
Ils auraient fini

SUBJONCTIF

Présent
Que je finisse
Que tu finisses
Qu'il finisse
Que nous finissions
Que vous finissiez
Qu'ils finissent

Imparfait (temps littéraire)
Que je finisse
Que tu finisses
Qu'il finît
Que nous finissions
Que vous finissiez
Qu'ils finissent

Passé
Que j'aie fini
Que tu aies fini
Qu'il ait fini
Que nous ayons fini
Que vous ayez fini
Qu'ils aient fini

Plus-que-parfait (temps littéraire)
Que j'eusse fini
Que tu eusses fini
Qu'il eût fini
Que nous eussions fini
Que vous eussiez fini
Qu'ils eussent fini

IMPÉRATIF

Présent
Finis
Finissons
Finissez

INFINITIF

Présent
Finir

Passé
Avoir fini

PARTICIPE

Présent
Finissant

Passé
Fini
Ayant fini

rendre

INDICATIF
Présent
Je rends
Tu rends
Il rend
Nous rendons
Vous rendez
Ils rendent

Imparfait
Je rendais
Tu rendais
Il rendait
Nous rendions
Vous rendiez
Ils rendaient

Futur simple
Je rendrai
Tu rendras
Il rendra
Nous rendrons
Vous rendrez
Ils rendront

Passé composé
J'ai rendu
Tu as rendu
Il a rendu
Nous avons rendu
Vous avez rendu
Ils ont rendu

Plus-que-parfait
J'avais rendu
Tu avais rendu
Il avait rendu
Nous avions rendu
Vous aviez rendu
Ils avaient rendu

Futur antérieur
J'aurai rendu
Tu auras rendu
Il aura rendu
Nous aurons rendu
Vous aurez rendu
Ils auront rendu

Passé simple (temps littéraire)
Je rendis
Tu rendis
Il rendit
Nous rendîmes
Vous rendîtes
Ils rendirent

Passé antérieur (temps littéraire)
J'eus rendu
Tu eus rendu
Il eut rendu
Nous eûmes rendu
Vous eûtes rendu
Ils eurent rendu

CONDITIONNEL
Présent
Je rendrais
Tu rendrais
Il rendrait
Nous rendrions
Vous rendriez
Ils rendraient

Passé
J'aurais rendu
Tu aurais rendu
Il aurait rendu
Nous aurions rendu
Vous auriez rendu
Ils auraient rendu

SUBJONCTIF
Présent
Que je rende
Que tu rendes
Qu'il rende
Que nous rendions
Que vous rendiez
Qu'ils rendent

Imparfait (temps littéraire)
Que je rendisse
Que tu rendisses
Qu'il rendît
Que nous rendissions
Que vous rendissiez
Qu'ils rendissent

Passé
Que j'aie rendu
Que tu aies rendu
Qu'il ait rendu
Que nous ayons rendu
Que vous ayez rendu
Qu'ils aient rendu

Plus-que-parfait (temps littéraire)
Que j'eusse rendu
Que tu eusses rendu
Qu'il eût rendu
Que nous eussions rendu
Que vous eussiez rendu
Qu'ils eussent rendu

IMPÉRATIF
Présent
Rends
Rendons
Rendez

INFINITIF
Présent
Rendre

Passé
Avoir rendu

PARTICIPE
Présent
Rendant

Passé
Rendu
Ayant rendu

Index

INDEX

A
à 83-84, 155-158, 201-203, 211-212, 249-250, 286, 290
à condition que 280
à moins que 280
à nouveau 166
à peine 4
Accord
   des adjectifs qualificatifs 75-78, 80
   cas particuliers 309
   le verbe et son sujet 95-97, 185
   du participe passé 117, 198, 217, 307-308
   un, vingt, cent 64
actuellement 102, 167
Adjectifs
   à valeur d'adverbe 77, 164
   compléments de l'adjectif 84
   de + adjectif 45
   démonstratifs 53-54
   en apposition 74
   épithètes, attributs 73
   exclamatifs 57-58
   expansions du nom 8
   indéfinis 67-69
   interrogatifs 57-58
   numéral cardinal et ordinal 61-65
   opérateurs 271-272
   participes 8, 73
   possessifs 40, 49-51
   qualificatifs 8, 73-80
   verbal 73
Adjective, phrase 2
Adverbes 87, 154, 161-167
   adjectifs utilisés comme adverbes 77
   d'affirmation 154
   d'insistance 179, 185
   d'intensité 154
   d'opinion 154
   de comparaison 154
   de durée 105, 118-119, 132, 142
   de fréquence 104, 105, 119, 132
   de lieu 4, 154
   de manière 154
   de quantité 45, 154, 164, 207
   de temps 4, 102, 118, 136, 138, 154
   la comparaison 178
   fonction 161
   formation en *-ment* 161-162
   place des adverbes 162-164
Adverbiaux, pronoms
   en 207-209
   y 211-212
ail 21
aimer bien 197
aimer, adorer, détester, préférer 37
ainsi 4
ainsi de suite 166

ainsi que 180
-al 21, 74
aller + infinitif 102
Antécédent
   d'un pronom relatif 237, 239, 243
   du pronom personnel 192
Apostrophe 29
Apposition 30, 74
après 289
après que 137, 142, 278
Articles
   contractés 35-36
   définis 35-40
   élidés 35-36
   indéfinis 43-46
   omission 46
   parties du corps 38-40
   partitifs 43-46
Articulateurs 115
Aspect
   opposition aspectuelle 91
   passé composé et imparfait 127-132
   périphrases aspectuelles 101, 124
   verbes dits aspectuels 130-132
Attribut
   adjectif 58, 73-74
   complétives 270-271
   nom 30
   nominalisation 25
   pronominalisation 197
   verbes 89
-au, -aux 21
au, aux 35-36, 155
au cas où 150, 280
aucun(e) 67, 170, 257
aussi 4, 166, 167
aussi longtemps que 110
aussitôt que 119
autant 166, 167
autre(s) 67, 68, 180, 257
avant 289
avant que 278
avec 31, 158
avoir 38, 116, 131-132
avoir l'air 76

B
beau, bel 75
beaucoup 165, 179
bien 165, 178, 179
bien que 281
bon 165, 178

C
Cacophonie, règle 46
c'est 220, 240, 247-250
Causatif, *faire faire* 288-289
ce 76-77, 240, 247-250, 270
ce, cet, ces 53

ceci 76
cela, ça 76, 245, 247-250, 270
cela fait, il y a, voilà 103
celui, celle 239, 243
cent 64
certain(e)(s) 37, 43, 67-68, 257
ces jours-ci 102
ceux, celles 243
chacun(e) 96, 257
chaque 67
chaud, froid 78-79
-ci 54, 244
cinq 63
Circonstanciels
   compléments 3
   subordonnées 277-281
combien 230
comme 111, 124, 180, 279
comment 230
Comparaison
   article indéfini 38
   les degrés 177-180
   ordre des éléments 178
Compléments
   circonstanciels 3, 277-281
   complétive 197, 208, 272-274
   d'objet 88-89
   d'objet direct 195-198, 258-259
   d'objet indirect 201-204, 259
   de distribution 32
   de l'adjectif 84
   de la préposition 153-154, 156-158, 208
   de lieu 155, 209, 211-212
   du nom 8, 83
   groupe nominal 8
Complétives
   attribut 197, 270-271
   complément 208, 262-263, 272-274
   sujet 262, 270
Concordance des temps
   discours indirect 298-299
   futur 110-112
   futur antérieur 138
   Impératif 138
   passé 119-120
   passé composé et imparfait 129-132
   passé surcomposé 137
   plus-que-parfait 136
   présent 102-106
   si hypothétique 112, 125, 149-151
   subjonctif 267
Conditionnel 149-151
   discours indirect 151
   mode 90
   si hypothétique 125, 149-151
Conjonctions
   d'opposition, de concession 281

de but 279
de but et de conséquence 279
de cause 278
de condition, d'hypothèse 280
de coordination 261
de subordination 124
de temps 106, 111, 278
connaître 131, 303
contre 158
Couleurs, accord 77

D

dans 32
dans le cas où 150
Date 62
    anticipée 106
davantage 178
de 32, 46, 49, 83-84, 155-158, 164, 184, 208, 249, 254, 290, 303
    de la négation 45-46, 171
    devant un adjectif 45
de (telle) manière que 280
de ... à 119
de même que 180
de moins en moins 179
de nouveau 166
de plus en plus 179,
de sorte que 280
de suite 166
Déclarative, phrase 2
Définis
    articles 35-40
    déterminants 7, 29
demi- 77
Démonstratifs
    adjectifs 53-54
    pronoms 243-245
    pronoms neutres 76
depuis (que) 102-105, 125, 278
depuis combien de temps 103
depuis quand 103
depuis que 278
des 35-38, 43, 155
dès que 106, 110, 111, 119, 142
Déterminants 7, 29-32
    avec un nombre 63
    avec un titre 30-31
    énumération 30
    insertion 30-31
    noms propres 11
    omission 29-30
    parties du corps 38-40
    superlatif 184
    (voir: articles, adjectifs possessifs, démonstratifs, indéfinis, interrogatifs)
détester 303
devoir 88, 131, 287
différents 67
Discours indirect 151, 297-300
divers 67
dix 63
dont 237-238
du 35, 43, 155

Durée
    adverbes 105, 132, 142
    anticipée 106
    depuis 102-105, 130, 225

E

-eau 21
écouter 157
Elision 35-36, 195
en
    préposition 32, 84, 118, 119, 129, 138, 155, 156, 158, 258, 286
    pronom 207-209, 258
    participe présent 294
en ce moment 102
encore 4
entendre 157
Enumération 4, 30
Epithète, adjectif 57, 73-74
est-ce que 227, 228
étant donné que 279
être, auxiliaire 116
être en train de 101, 124
être sur le point de 102
-eu 21
éventuellement 167
Exclamatifs, adjectifs 57-58
Exclamative, phrase 2
Expansions 4
    de l'adjectif 84
    du nom 7-8, 83
    des pronoms indéfinis 257
    du verbe 87
Explétif, *ne* 174, 278

F

faire faire 288
falloir 287
Féminin, formation 15-16, 74-75
fois 104, 119
fou 75
Fractions 62
Fréquence, adverbes 119, 132
Futur, discours indirect 151, 299
Futur antérieur 135, 137-138
Futur simple 109-112

G

Genre
    article du superlatif 184
    des noms 15-18
    formation des adjectifs 74-75
    noms de pays, de régions 16-17, 155
Gérondif, mode 90
    (voir participe présent)
Groupe nominal 7-8, 87, 187
Groupe prépositionnel et adverbial 87, 153-154
Groupe verbal 87-89

H

h-aspiré 35

h-muet 35, 50, 53
Heure 63, 132

I

il est, c'est 247-250, 270
il faut 88
il impersonnel 87-88, 193, 249
il s'agit de 88
il y a 43, 88, 118, 250
Imparfait 123-125, 129
    et le plus-que-parfait 136
    et le passé composé 127-132
Impératif 90, 145-146
    et le futur antérieur 138
    et l'infinitif 286
    les pronoms objets 146, 220
    mode 90
    ordre des pronoms 189
Impérative, phrase 2
Impersonnels, verbes 88
Incise, proposition 4, 262
Indéfinis
    adjectifs 67-69, 208
    articles 43-46
    déterminants 7, 29
    pronoms 257-259
Indicatif 89-90, 270-274, 277-281
Infinitif 90, 267, 285-290
    complément 157
    négation 171
Infinitive, phrase 2
Interrogatifs
    adjectifs 57-58, 231
    pronoms 227-232
Interrogation
    directe, indirecte 57-58
    ordre des pronoms 189
    partielle 229-232
    totale 227-228
Interrogative, phrase 2
Intransitifs, verbes 89
Inversion 3-4
    avec certains adverbes 163-164
    du sujet 97
    interrogation 227-228
    stylistique 231, 240
Itératif, répétition 103, 106, 120, 124-125, 132, 136

J

je
    inversion 228
Jours de la semaine 30, 38
jusqu'à (ce que) 105-106, 118-119, 142

L

la plupart de 76
laisser faire 289
là 54, 244
le jour où 110
le plus, le moins 183
le, la, les articles 35-40
le, la, les pronoms 195-198

lequel, laquelle 232, 238
les autres 257
les uns 257
leur, adjectif 49
lui, leur, pronoms 201-204
Lieu
   discours indirect 299
     prépositions 155, 209, 211-212
lorsque 110, 119

M

mal 178
mauvais 178
me, te, nous, vous 195, 201, 215
meilleur 177, 184
même 67, 68, 180
même si 149, 281
Mesures 45
mien, tien, sien 253
mieux 177, 184
mille, million, milliard 64
Mise en relief 3
   c'est...qui, que 250
   place de l'adjectif 78
Modes
   conditionnel 149-151
   Impératif 145-146
   impersonnel 90
   indicatif 89-90, 270-274, 277-281
   infinitif 285-290
   participe présent 293-294
   personnel 89
   subjonctif 265-284
moi, toi, lui antécédent 239
moi, toi, soi 219
moins, plus 177
Mois de l'année 30
mon, ma, mes 49
mou 75
Moyens de transport 31-32, 156

N

n'est-ce pas 227-228
n'importe quel 67-69
Narration, temps présent 101
ne
   avec corrélatif négatif 169-174
   explétif 174, 278
Négation 169-174
   avec *depuis* 105
   de 44-46
ne ... ni ... ni 173
ne ... que 172-173
neuf, nouveau 63, 79
ni 96, 169
Nombre 21-22
   formation des adjectifs 74-75
Nombres
   cardinaux 61-65
   fractions 62
   horaire 63
Nominal, groupe 7-8
Nominale, phrase 2

Nominalisation 25-26
   passé surcomposé 137
Noms 7-8, 11-12
   animés, inanimés 12, 50, 202, 208, 211, 254
   attributs 30
   collectifs 12, 96
   communs, propres 11, 21-22
   compléments 83
   composés 18, 22
   comptables 12, 44
   concrets, abstraits 31
   de villes 16-17
   en apposition 30
   expansions 83
   genre 15-18
   nombre 21-22
   nominalisation 25-26
   non comptables 44
   particularisés 44
   propres, modifiés 79
   une entité 36
   uniques 36
non 169
nous de majesté, de modestie 192-193
nouveau 75
nu- 77
nul 67
Numéral, adjectif 61-65

O

Objet direct, pronoms 195-198
Objet indirect, pronoms 201-204
Omission
   du déterminant 29-30
   expansion 258
   pronom 191
on 193, 305
Ordinal, adjectif 62
Ordre des mots 2-4, 97
   adjectifs qualificatifs 78-79
   adverbes 162-164
   comparatif 178
   interrogation 227-228
   inversion stylistique 231, 240
   ne + corrélatifs négatifs 170-172
   voix passive 303
   séquence de pronoms 189, 192, 198, 204, 212, 215
ou 96
où 230, 238

P

par 31, 156
parce que 279
pareil 180
Participe passé
   accord 117, 198, 217, 307-308, 309
Participe présent 90, 293-294
Parties du corps
   déterminants 38-40
Partitifs, articles 43-46

pas 174
pas un 67
pas une seule fois 105
Passé antérieur 141-142
Passé composé 115-120, 127-132
   et le plus-que-parfait 136
Passé composé et imparfait 127-132
Passé simple 141-142
Passé surcomposé 120, 135, 137
Passif
   formation 303
   nominalisation 25
Pays, villes, régions 16-17
pendant (que) 105-106, 110-111, 118, 124, 127, 130, 278
Permutation des mots *(voir ordre des mots)*
personne 257, 258
Personnels, pronoms 187-189
   discours indirect 297
   en apposition 220
   (Voir: pronoms sujets, compléments d'objet)
peu (de) 166
peut-être 4
Phrase
   adjective 2
   condensée 26
   déclarative 189
   impérative 189
   interrogative 189
   négative 30, 169-174
   ordre des mots 2-4
   réduite 2
   simple, complexe 1
   types de phrases 2
pire, pis 184
Pluriel *(voir nombre)*
plus, moins 177, 179
Plus-que-parfait 135-136
plusieurs 44, 67, 257
Possessifs
   adjectifs 49-51
   avec le superlatif 184
   parties du corps 38-40, 51
   pronoms 253-254
Possession
   parties du corps 38-40, 51
   pronoms démonstratifs 244
pour 84, 106, 158
pourquoi 230
pouvoir 88, 131, 287
Prépositions 153-154, 155-157
   et l'infinitif 286
   expansion de l'adjectif 84
   groupe prépositionnel 153-154
   le lieu 155
   moyens de locomotion 156
   verbes transitifs indirects 202
   vides 289-290
Présent de l'indicatif 99-106
Présentatifs 247-250
Pronominaux, verbes 215-217

Pronoms, le système 187-189
   adverbiaux 207-209, 211-212
   compléments d'objet direct 195-198
   compléments d'objet indirect 201-204
   démonstratifs 243-245
   en 207-209
   indéfinis 257-259
   interrogatifs 227-232
   omission 191
   possessifs 253-254
   récapitulation des emplois 222-223
   relatifs 235-240
   réfléchis 215-217
   système pronominal 187-189
   toniques 219-220
   y 211-212
   séquence des pronoms 189, 204
   sujets 191-192
Propositions
   circonstancielles 263, 277-281
   complétives 197, 262, 269-274
   dépendantes 262
   incidentes 262
   incises 4, 262
   juxtaposées, coordonnées 261
   non dépendantes 261
   principale 262
   relatives 8, 235-237, 263

Q

Qualificatif, adjectif 73-80
quand 106, 110-111, 119-120, 124, 128, 130, 136, 137, 230, 278
Quantité 38, 45, 96, 207
que 164, 179, 219, 231, 237, 263, 307
qui 237, 238
qui est-ce que, qu'est-ce que 229
qui que, quoi que, où que 281
quel(le)(s) 57-58
quelqu'un 258
quelque 67, 68
quelque chose 76, 258
quoi 238

R

Réfléchis, pronoms 215-217
regarder 157
Règle de cacophonie 46
Relatifs
   pronoms 235-240
   temps 135-136
Relatives, propositions
   expansion du nom 8, 263
   formation d'une relative 236-237
   mode verbal 240
   restrictives et explicatives 235-236
rien 171, 257-258

S

sans 31, 171
sans (aucun) doute 166
sans que 280
savoir 131
se 215
sembler 274
Semi-auxiliaires, verbes 88, 89
sept 63
si 149, 150, 166, 167, 169
   hypothétique 111-112, 125, 136, 149-151
   plus-que-parfait, conditionnel 136
six 63
soi 219
soit que 279
souvent 119
Subjonctif 90, 265-283
Subordonnées circonstancielles 277-281
   d'opposition, concession 281
   de but 279
   de cause 278
   de condition, d'hypothèse 280
   de temps 132, 278
Sujet
   cas particuliers d'accord 95-97
   certain+nom 43
   coordonné 96
   de l'infinitif 287
   groupe nominal 8
   inversion 3-4, 97
   les personnes 95-96
   montée du sujet 88
   pronoms 191-193
   qui 238
   réel 249
   vide 87
Superlatif 37, 183-185
sur 158
Système métrique 62

T

tandis que 106, 281
tant 166, 167
tant que 110-111, 280
tel 67, 69
tellement 166-167
tellement que 280
Temps
   absolus, relatifs 90
   formes 92
   futur antérieur 138
   futur simple 109-112
   imparfait 123-125
   littéraires 91, 141-142
   passé antérieur 142
   passé composé 115-120
   passé composé et imparfait 127-132
   passé simple 141-142
   passé surcomposé 137
   plus-que-parfait 136
   présent de l'indicatif 99-106
   relatifs 135-137
   simples, composés 90
   surcomposé 26
Titre 26, 30-31, 193, 300
Toniques, pronoms 219-220
tout 67, 69, 96, 118, 164-165, 258-259
tout de suite 166
tout en 294
Transitifs directs, verbes 88, 195
Transitifs indirects, verbes 89, 202
très 165
tu 192

U

un(e) 43, 64
un peu (de) 166

V

venir de 102
Verbes
   à deux compléments 156, 202
   à sens réciproque 216
   à sens réfléchi 216
   à un complément 157, 202
   attribut 89
   copulatifs 73-74
   de mouvement 39, 287
   de perception 287-288
   essentiellement pronominaux 216
   impersonnels 88
   intransitifs 89
   nominalisés 25-26
   opérateurs 272
   pronominaux 215-216
   réfléchis 92
   semi-auxiliaires 89, 287
   transitifs directs 88-89, 195
   transitifs indirects 89, 202
vieux 75
vingt 64
voici 54, 250
voilà 54, 250
voir 157
Voix
   active, passive 92
   passive 303-305
   pronominale 92, 305
vouloir 130, 145, 197
vous de politesse 193

X

- *x* pluriel 21

Y

y 211-212

Apprendre à traduire
Valentine Watson Rodger, *University of Western Ontario*
(Accompagné du livre du maître)

Apprendre à traduire a été écrit parce qu'il n'existait aucun cahier d'exercices qui répondît spécifiquement aux besoins des étudiants anglophones de troisième année dans les universités canadiennes.

Ce cahier d'exercices a pour but de familiariser l'étudiant avec des techniques simples et pratiques qui permettent de résoudre quelques-uns des problèmes les plus courants de la traduction français-anglais et anglais-français.

Apprendre à traduire vise également à améliorer les connaissances de l'étudiant dans les domaines du vocabulaire, de la syntaxe et des niveaux de langue.

Sommaire de la table des matières

I.	Le substantif et son contexte	XVIII.	L'opposition locution adjectivale/adjectif
II.	Le verbe et son contexte	XIX.	Les chiffres dans le français parlé
III.	Les proverbes et l'utilisation des dictionnaires	XX.	Le français parlé: Let's kill two birds with one stone!
IV.	L'opposition locution adjectivale/adjectif	XXI.	Les prépositions ou adverbes qui accompagnent certains verbes anglais
V.	Au sens propre, au sens figuré: mot-clé: Tête	XXII.	Le mot et son contexte: mot-clé: Mine
VI.	Les compléments circonstanciels et les niveaux de langue	XXIII.	Les prépositions ou adverbes qui accompagnent certains verbes anglais
VII.	Les prépositions ou adverbes qui accompagnent certains verbes anglais	XXIV.	Les compléments circonstanciels: mots-clés: Blanc et Noir
VIII.	Les expressions figées: L'Arche de Noé I		
IX.	L'opposition substantif singulier/pluriel	XXV.	Le mot et son contexte: mot-clé: Do
X.	Les expressions figées: L'Arche de Noé II	XXVI.	Les niveaux de langue: mot-clé: Hard
XI.	Les incises et les compléments circonstanciels de manière	XXVII.	Le mot passe-partout 'chose' et les unités de traduction
XII.	Mots-clés: Soleil et Lune	XXVIII.	Les divers équivalents de 'will','would'
XIII.	Les divers compléments circonstanciels		
XIV.	Au sens propre, au sens figuré: mot-clé: Tomber	XXIX.	Le verbe: emploi des temps, des modes et des voix
XV.	Les onomatopées	XXX.	La mise en relief
XVI.	Les expressions de quantité et de degré		
XVII.	Mot-clé: Main		

ISBN 0-921627-50-5 $19.95 226 pages Édition brochée

Structure du français moderne
Deuxième édition corrigée

Pierre Léon, Parth Bhatt et Renée Baligand,
University of Toronto

Ce texte est destiné à initier à l'analyse linguistique les étudiants ayant déjà une bonne connaissance du français. La terminologie et les méthodes d'investigation linguistiques sont enseignées progressivement à partir de l'exploration des différentes composantes linguistiques—phonétique et phonologie, morphologie, syntaxe, sémantique et sociolinguistique.

L'analyse vise essentiellement à dégager les structures du français moderne. Cependant les exemples sont également empruntés à d'autres langues à titre de comparaison.

"On peut certainement tirer grand profit de ce manuel dans l'enseignement de la linguistique à des clientèles plus variées que celles prévues, et je pense ici particulièrement aux cours à vocation moins spécialisée offerts dans les programmes de didactique du français langue seconde ou offerts à titre de cours de service."

Louise Dagenais
Université de Montréal

"Un très utile manuel, qui initie non seulement à la langue française avec ses multiples facettes, mais aussi à tous les domaines où elle est présente comme outil, comme moyen d'analyser, d'abstraire, de créer ou...de rêver!"

Fernand Carton
Verbum

"*Structure* seems to be as much a linguistic grammar for the French speaker as it is an introduction to linguistics for the student of French. Its structure, content and style of writing, indeed all aspects of the book, are clear, correct and orderly. It is an excellent user's handbook for the fundamental concepts and facts of the structure of French. Both teachers and students can learn much from it."

Allan W. Grundstrom,
Bucknell University

"Intéressera vivement étudiants et enseignants du FLE."

Le Français dans le Monde

ISBN 0-921627-95-5 $34.95   258 pages   Édition brochée

Pratique des affaires et correspondance commerciale en Français

C. Besnard et C. Elkabas, *Université York, Université de Toronto*

- Pour les étudiants de français de 2e et 3e année d'université
- Pour les étudiants des écoles de formation continue
- Pour les francophones hors Québec
- Pour les professionnels en contact épistolaire avec le Québec et les pays francophones

Un manuel ancré dans la réalité quotidienne du monde économique et commercial francophone

ISBN 0-921627-80-7	$34.95	305 pages	Édition brochée

Order Form

Canadian Scholars' Press Inc. • 180 Bloor St. West • Suite 402
Toronto • Ontario • M5S 2V6
Tel. 416-929-CSPI (2774) • Fax 416-929-1926

Title	Quantity	Price	Total
Apprendre à traduire		$19.95	
Structure du français moderne		$34.95	
Pratique des affaires		$34.95	
		Subtotal	
		Shipping	
		7% G.S.T. (Canadian Residents Only)	
		Total	

Canadian and U.S. residents please pay $3.50 for the first book and $1.00 for each additional book for shipping and handling. Overseas orders please pay $8.00 (U.S.) per book for shipping and handling. Canadian residents please pay in Canadian funds. U.S. and overseas residents please pay in U.S. funds.

Name: _____ Tel.: _____

Department: _____ Institution: _____

Address: _____

City/Province: _____ Postal/Zip Code: _____

❏ Cheque Enclosed ❏ Mastercard _____ Exp. Date _____
❏ Visa _____ Exp. Date _____